大学生心理卫生

陈小玲　袁子桐　著

北京工业大学出版社

图书在版编目（CIP）数据

大学生心理卫生 / 陈小玲，袁子桐著．— 北京：北京工业大学出版社，2019.11（2021.4 重印）
ISBN 978-7-5639-7101-5

Ⅰ．①大… Ⅱ．①陈… ②袁… Ⅲ．①大学生—心理卫生—健康教育 Ⅳ．①G444

中国版本图书馆 CIP 数据核字（2019）第 256955 号

大学生心理卫生

著　　者： 陈小玲　袁子桐
责任编辑： 刘　蕊
封面设计： 点墨轩阁
出版发行： 北京工业大学出版社
（北京市朝阳区平乐园 100 号　邮编：100124）
010-67391722（传真）　bgdcbs@sina.com
经销单位： 全国各地新华书店
承印单位： 三河市嵩川印刷有限公司
开　　本： 710 毫米 ×1000 毫米　1/16
印　　张： 12.25
字　　数： 250 千字
版　　次： 2019 年 11 月第 1 版
印　　次： 2021 年 4 月第 2 次印刷
标准书号： ISBN 978-7-5639-7101-5
定　　价： 63.00 元

前 言

众所周知，高等学校肩负着培养中国特色社会主义事业建设者和接班人的重任，这要求大学生不仅要有良好的思想道德素质、文化素质、专业素质和身体素质，而且要有良好的心理素质。随着中国特色社会主义进入新时代，我国社会主要矛盾已经转化为人民日益增长的美好生活需要和不平衡不充分的发展之间的矛盾，我国经济社会发展情况发生了复杂而深刻的变化。如何全面贯彻党的教育方针，落实立德树人根本任务，指导学生在观念、知识、能力、心理素质等方面尽快适应新时代、新形势的要求，如何坚持育心与育德相结合，着力培育大学生良好的个性心理品质和理性平和、积极向上的健康心态，促进学生心理素质与思想道德素质、文化素质、专业素质和身体素质的协调发展，是高等学校思想政治工作的重要内容，也是需要研究和解决的一个现实课题。带着这些问题与思考，我们编写了这本《大学生心理卫生》。

作者在撰写本书过程中，力求做到以下几个“结合”。

一是理论与实际相结合。本书既概要阐释了有关大学生心理卫生的基本理论，探讨了心理卫生对大学生成长成才的重要意义、青春期大学生的心理发展特点，以及大学生心理健康的一般标准，同时又注重与高等学校人才培养的规格要求相适应、与大学校园生活的实际状况相吻合、与大学生的心理发展和成长诉求相贴近。

二是宏观与微观相结合。本书站在立德树人和心理育人的高度，立足于我国经济社会发展对大学生成长的客观要求，阐述了党和国家关于重视大学生心理健康教育，促进学生心理健康素质与思想道德素质、科学文化素质协调发展的指示精神等宏观背景，同时，针对大学生在学习、交往、性爱、就业等方面遇到的心理问题与困扰，给予客观分析和具体指导。

三是知识性与思想性相结合。大学生心理健康教育是思想政治教育的重要组成部分，又是思想政治教育的重要载体。大学生的许多心理困扰常常与目标定位、价值取向、人生观念等有着密切的联系。疏解大学生心理困惑，既需要合理地运用心理学的方法和技术，更需要通过世界观、人生观、价值观的矫正，帮助大学生正确认识自己，调整目标追求，勇敢面对困难，树立不屈不挠、乐观进取的人生态度。本书不仅向学生介绍有关心理卫生的理论知识和心理调适的技术方法，同时也着力凸显心理健康教育的思想导向和价值引领。

四是主导性与主体性相结合。大学生心理健康教育的根本目的在于，引导大学生以科学的态度认识自己和对待环境，培养良好的心理素质和意志品质，促进其自身综合素质的协调发展。这一过程离不开教育者的组织、引导和启发、激励，但最终要靠大学生对外界环境和自身问题的正确认知，以及对相关理论、观念、方法的内化和自我潜能的激发。因此，本书既强调教育者的主导作用，又突出大学生的自我调节与自我教育。

当今时代既是科技迅猛发展、信息高速流通的时代，也是改革创新与激烈竞争的时代。当代大学生作为参与世界竞争和实现中华民族伟大复兴中国梦的骨干力量，他们的综合素质包括心理素质和意志品质素质，这关系着我国在世界竞争中的地位，关系着中华民族的前途和命运。我们真诚地期望本书的出版能对大学生心理健康教育有所裨益、对促进大学生健康成长有所助力。同时，也热切地期待有关专家及大学生读者给予批评、指正。

目　录

第一章 大学生心理卫生的基本认知

随着我国对外开放的不断扩大、社会主义市场经济的深入发展，社会竞争日趋激烈，人际关系日渐复杂，价值观念也呈现出多元化的倾向。大学生在其思想的独立性、选择性和多变性日益增强，自强意识、创新意识、成才意识逐步确立的同时，各种心理问题也明显增多，自杀等恶性事件时有发生。目前，大学生心理卫生问题引起了诸多专家、学者和社会各界的广泛关注。重视心理卫生，既是现代社会发展的必然结果，也是大学生健康成长和发展的客观要求。

第一节 心理卫生与大学生成长成才

一、心理卫生的含义和内容

心理卫生又称精神卫生，是相对于生理卫生而言的。我国著名心理学家潘菽在 20 世纪 40 年代就曾指出："我们因注重身体的健康，故研究生理卫生；我们若要使心理得到健全的发展，则必须注重心理卫生。"对于心理卫生的概念，《简明不列颠百科全书》将其定义为："心理卫生包括一切旨在改进及保持心理健康的措施。诸如精神疾病的康复及预防；减轻充满冲突的世界带来的精神压力，以及使人处于能按其身心潜能进行活动的健康水平。"

"心理卫生"一词的本义是维护和增进人的心理健康，但在实际运用中，它一般表示为三个方面的含义。一是指一门学科，即心理卫生学；二是指一种实践，即心理卫生工作；三是指人的一种状况，即心理健康状况。以上三个方面相互联系、相互促进。

心理卫生的内容是十分广泛的。作为一门学科，它包括心理卫生的发展历史，心理卫生的功能，心理健康的标准，增进心理健康的一般原则和途径，心理挫折及其适应的机理，心理障碍和心理疾病的主要表现、原因及其调治，心理咨询、心理治疗以及心理测量在心理卫生工作中的应用。心理卫生作为一项工作和实践活动，从纵向方面看，从新生命的孕育开始，它的各个年龄阶段各有其相应的心理卫生，如儿童心理卫生、青少年心理卫生、中老年心理卫生等；从横向方面看，不同的职业、不同的群体也各有其心理卫生问题，如家庭心理卫生、学校心理卫生、职业心理卫生以及特殊群体（如监狱、部队、海员等）的心理卫生等。心理卫生工作已渗透到社会生活的各个方面，涉及每一个社会成员。

大学生心理卫生是心理卫生的理论和方法在大学生这一特定群体中的运用和发展。它以塑造大学生健全的人格为主旨，研究大学生心理健康的形成、发展和变化的规律，以及如何使大学生达到心理健康、人格健全和具有良好的社会适应能力，以增强大学生的心理素质，促进大学生全面、和谐发展。

二、心理卫生运动的兴起与发展

心理卫生思想可谓源远流长。早在2000多年以前，我国先秦时期的医学和哲学著作中就有大量关于心理卫生方面的论述，国外心理卫生思想的起源最早可追溯到古希腊时代，但是心理卫生受到人们的关注和社会的普遍重视，并在世界范围内作为一种运动，却只有为期不长的历史。

20世纪以来，随着各门科学的迅速发展，医学逐渐由治疗转向防治并重，对精神疾病的预防也受到人们的重视。自1792年法国精神病医生比奈尔首先提出废除对精神病人的约束和1872年宾尼首先提倡重视心理卫生以后，大规模的心理卫生运动开始于美国，最有影响的人物是克利福德·比尔斯。

比尔斯1876年出生于美国康涅狄格州，18岁时就读于耶鲁大学商科。其兄患有癫痫，病情发作时常会出现突然昏倒、四肢抽搐、面色苍白、口吐白沫、声似羊鸣的可怕症状。比尔斯听说此病属于遗传性疾病，时刻担心自己也会得这种病，终日处于恐惧、焦虑与紧张之中，最终由于精神失常而住进精神病院。在精神病院生活的3年中，他受到了种种粗暴残酷的待遇，目睹了病友们所过的非人的生活，尤其是社会上有些人对于精神病患者的歧视与偏见更使他感到痛苦和悲愤。从此，他立志献身于心理疾病的研究和预防事业。

1903年，比尔斯病愈出院后，四处奔走，呼吁改善精神病人的待遇，但响应者甚少。于是，他根据自己的住院经历和感受，以生动的文笔写成了一部名为《自觉之心》的自传体著作。书中再现了他在住院期间的悲惨经历，描写了精神病院的设备的简陋、环境的肮脏以及精神科医生的冷酷和护士的粗暴，呼吁人们要关注精神病患者所遭遇的种种不公正的、不人道的待遇这一事实，引起了社会的普遍重视。1908年出版后，一版再版，成为风靡一时的畅销书。当时美国著名的心理学家、哈佛大学教授威廉·詹姆斯为该书作序，对其给予了充分肯定和高度评价。精神病学创始人、美国著名的精神病学家阿道夫·迈耶也赞扬此书为“心理卫生”的杰作，“心理卫生”一词从此被广泛采用。

1908 年 5 月，由比尔斯发起并在社会各方人士的鼓励和赞助下，世界上第一个心理卫生组织——康涅狄格州心理卫生协会宣告成立，参加者有大学教授、心理学家、精神病学家、医生、社会工作者、法官、律师和已康复的精神病患者及其家属。这个组织的工作目标如下：①保持心理健康；②预防心理疾病；③改善精神病人的待遇；④宣传有关心理疾病的知识；⑤同与心理卫生有关的各个机构合作。

1909 年 2 月，全美心理卫生委员会在纽约成立。此后，美国各州纷纷成立了心理卫生协会。

在美国心理卫生运动的影响和推动下，心理卫生活动很快发展到世界各国。比尔斯的《自觉之心》先后在许多国家有了译本，各国心理卫生组织纷纷成立。比如，1918 年，加拿大全国心理卫生协会正式成立。法国（1920）、比利时（1921）、英国和巴西（1923）、匈牙利（1924）、德国和日本（1925）、意大利（1926）等国均先后建立了心理卫生协会。此外，阿根廷、奥地利、古巴、捷克、芬兰、印度、新西兰、南非联邦、西班牙、瑞士、苏联、土耳其、智利、挪威、瑞典等国也相继建立了此类组织。1930 年 5 月，首届国际心理卫生大会在美国华盛顿召开，来自 53 个国家的 3042 名代表出席了大会。大会的论文及提案被汇编成册。此间还产生了一个永久性的国际组织——国际心理卫生委员会。

1948 年，在联合国教科文组织的主持下，与世界保健机构协作，建立了新的国际心理卫生组织——世界心理健康联合会（World Federation for Mental Hygiene，WFMH）。1949 年，世界卫生组织（World Heath Organization，WHO）总部设立了心理卫生处，并开展了卓有成效的活动。为呼吁全世界人民重视心理卫生，根据 WHO 和 WFMH 的协议，1960 年被宣布为“国际心理健康年”。1961 年，WFMH 对其第一个纲领进行了修改，并提出这一任务：“在生物学、医学、教育学、社会学等最为广泛的方面，使居民的心理健康达到尽可能高的水平。”随着世界各国心理卫生运动的发展，心理卫生工作的领域也越来越宽，并被越来越多的人所重视。

三、我国高校心理卫生工作

受国际心理卫生运动的影响，20 世纪 30 年代，我国许多有识之士日益认识到这一运动的意义和重要性，并著书立说，呼吁加强我国的心理卫生工作。

我国著名教育家吴南轩先生在《中大教育丛刊》上曾发表以下观点:“除我国外,日光照临之地,几乎无处不有心理卫生的踪迹。”他于1930年前后在原中央大学首开《心理卫生》选修课。1936年4月19日,由教育界、心理学界、医学界、社会学界以及其他社会各界知名人士酝酿并发起的中国心理卫生协会在南京正式成立。次年,因抗日战争爆发而被迫停顿。但在此期间,不少学者仍积极从事心理卫生的宣传和学术研究工作。

新中国成立后,我国的心理学研究和心理卫生工作走过了一段曲折的历程。直到1979年冬在天津召开的中国心理学会学术年会上,许多与会者又提出恢复中国心理卫生协会的倡议,并得到关心此项活动的各有关方面和许多著名人士的积极赞助。1985年3月,这一倡议得到实现,并于同年9月27—30日在山东泰安召开了首届代表大会,会议通过了《中国心理卫生协会章程》。1987年,《中国心理卫生杂志》创刊。此后,全国各地相继成立了协会下属的专业委员会和分会,我国的心理卫生工作逐步开展起来,并越来越为社会各界所重视。

对于高等学校来说,自20世纪80年代以来,心理卫生活动得到了迅猛发展,许多高校先后开设了《心理学》《心理卫生学》等选修课程,建立了大学生心理咨询和心理卫生教育机构。与此同时,大学生心理卫生工作得到了党和国家的高度重视。1994年8月,《中共中央关于进一步加强和改进学校德育工作的若干意见》把“如何指导学生在观念、知识、能力、心理素质方面尽快适应新的要求”作为新形势下学校思想政治教育需要研究和解决的新课题,指出要“通过谈心、咨询等活动,指导他们处理好在学习、成才、择业、交友、健康、生活等方面遇到的矛盾和问题”。1995年11月,《中国普通高等学校德育大纲(试行)》明确提出,要把大学生心理健康教育作为高校德育的重要组成部分,大学生应“具备良好的个性心理品质和自尊、自爱、自律、自强的优良品格,具有较强的心理调适能力”,要“加强心理健康和心理素质方面的咨询与指导”。1999年6月,《中共中央国务院关于深化教育改革全面推进素质教育的决定》强调,在全面推进素质教育工作中必须重视加强学生的心理健康教育。

进入新的世纪后,高校心理卫生工作日渐普及和深入。2001年3月,教育部专门颁布了《关于加强普通高等学校大学生心理健康教育工作的意见》,进一步强调了大学生心理健康教育工作的重要性,明确了大学生心理健康教育工作的主要任务,即根据大学生的心理特点,有针对性地讲授心理健康知识,开展辅导或咨询活动,帮助大学生树立心理健康意识,优化心理品质,增强心理调适能力和社会生活的适应能力,预防和缓解心理问题。帮助他们处理好环境适应、自我管理、学习成才、人际交往、交友恋爱、求职择业、人格发展和情绪调节等方面的问题，提高其健康水平，促进其德智体美等全面发展。高等学校大学生心理健康教育工作的主要内容如下：宣传普及心理健康知识，使大学生认识自身，了解心理健康对成才的重要意义，树立心理健康意识；介绍增进心理健康的途径，使大学生掌握科学、有效的学习方法，养成良好的学习习惯，自觉地开发智力潜能，培养创新精神和实践能力；传授心理调适的方法，使大学生学会自我心理调适，有效消除心理困惑，自觉培养坚韧不拔的意志品质和艰苦奋斗的精神，提高承受和应对挫折的能力，以及社会生活的适应能力；解析心理异常现象，使大学生了解常见心理问题产生的原因及主要表现，以科学的态度对待各种心理问题。此外，该文件还提出了大学生心理健康教育工作的原则、途径和方法。

2004 年 8 月，中共中央、国务院印发的《关于进一步加强和改进大学生思想政治教育的意见》指出："要开展深入细致的思想政治工作和心理健康教育，根据大学生的身心发展特点和教育规律，注重培养大学生良好的心理品质和自尊、自爱、自律、自强的优良品格，增强大学生克服困难、经受考验、承受挫折的能力。要制定大学生心理健康教育计划，确定相应的教育内容、教育方法。要建立健全心理健康教育和咨询的专门机构，配备足够数量的专兼职心理健康教育教师，积极开展大学生心理健康教育和心理咨询辅导，引导大学生健康成长。"为贯彻落实这一精神，2005 年 1 月，教育部、卫生部、共青团中央联合颁布《关于进一步加强和改进大学生心理健康教育的意见》，重申了大学生心理健康教育的总体要求、基本原则和主要任务，强调要遵循大学生心理发展规律，开展心理健康教育，做好心理咨询工作，提高心理调节能力，培养良好心理品质，促进大学生思想道德素质、科学文化素质和身心健康素质协调发展。同时，建立和完善大学生心理健康教育领导体制与工作机制，教育部应成立全国大学生心理健康教育专家指导委员会，对全国大学生心理健康教育提供咨询与指导。

2010 年 7 月，《国家中长期教育改革和发展规划纲要（2010—2020 年）》指出，要"加强心理健康教育，促进学生身心健康、体魄强健、意志坚强……促进德育、智育、体育、美育有机融合，提高学生综合素质，使学生成为德智体美全面发展的社会主义建设者和接班人"。为推进大学生心理健康教育工作科学化建设，2011 年 2 月，教育部办公厅印发《普通高等学校学生心理健康教育工作基本建设标准（试行）》，对大学生心理健康教育的体制机制、师资队伍、教育体系和工作条件等方面的建设提出明确的要求。比如，高校应将大学生心理健康教育纳入学校人才培养体系，成立专门工作领导小组，并有健全的校、院

（系）、学生班级三级心理健康教育工作网络；应将大学生心理健康教育师资队伍建设纳入学校整体教师队伍建设工作中，且每校配备专职教师的人数不得少于 2 名；应根据心理健康教育的需要建立或完善相应的课程体系，开设必修课或必选课，给予相应学分；应设立心理咨询室，将心理健康教育工作经费纳入学校预算；等等。同年 5 月，教育部办公厅印发《普通高等学校学生心理健康教育课程教学基本要求》，具体规定了大学生心理健康教育的课程设置及教学目标、教学内容与教学方法、组织实施与教学评估等方面的内容。

2017 年 6 月，教育部印发《普通高等学校健康教育指导纲要》，再次明确了大学生心理健康教育的目标。该目标为：树立自觉维护心理健康的意识，掌握正确应对学业、人际关系等方面的不良情绪和心理压力必需的相关技能，提高心理适应能力。心理健康教育的核心内容包括：心理健康的概念；心理健康与身体健康的关系；学生心理发展特点和相关社会因素；抑郁症和焦虑症的表现，自我心理调适与技能，促进积极情绪与缓解不良情绪的基本方法；维护良好人际关系与有效交流的方法；心理咨询与服务利用，常见心理问题或危机的辨识与求助；珍爱生命。

2018 年 7 月，中共教育部党组印发的《高等学校学生心理健康教育指导纲要》进一步明确指出：心理健康教育是提高大学生心理素质、促进其身心健康和谐发展的教育，是高校人才培养体系的重要组成部分，也是高校思想政治工作的重要内容。同时，提出大学生心理健康教育的主要任务包括推进知识教育、开展宣传活动、强化咨询服务、加强预防干预，基本形成教育教学、实践活动、咨询服务、预防干预“四位一体”的心理健康教育工作格局。

党和国家的一系列指示要求有力地推动和促进了大学生心理卫生教育的开展，大学生心理卫生工作逐步走上规范化、专业化和常态化的轨道。

四、心理卫生与大学生健康成长

人的任何活动都是在一定的心理活动参与之下实现的，活动越复杂、越艰苦，心理活动的参与程度就越大，活动对人的心理素质的要求也就越高。成为社会所需要的合格人才，这是大学生普遍关心并孜孜以求的目标，也是时代赋予大学生的光荣使命。这是一项复杂而艰苦的活动，它始终是在一系列复杂的心理活动参与下进行的。没有健康的心理和健全的人格作为保证，要实现这一目标是不可能的。同时，在我国社会主义市场经济深入发展和社会竞争日趋激烈的形势下，人才的成长不仅取决于智力因素，也取决于心理素质。因此，心理卫生对于大学生健康成长成才具有十分重要的意义。

首先，心理健康是大学生确立人生理想和成才目标的前提和基础。大学生要成为社会所需要的合格人才，必须根据社会的需要和时代的要求，确立远大的理想和适合自己情况的成才目标。为此，大学生就要对社会和自我有一个正确的认识。一方面了解社会对大学生的要求，把握社会为个人的成才与发展所提供的机遇和条件；另一方面，了解自己所处的社会地位和历史使命以及自己的知识、能力、特长、品质等。这一切都离不开健康的心理这一先决条件。

其次，心理健康是大学生智能充分发展的重要保证。大学阶段是大学生由"学习准备期"向"创造活动期"转变的过渡阶段，也是大学生成长过程中的关键时期。大学生要实现自己的成才目标，应当不失时机地在大学阶段重视知识的学习和智能的发展。然而，知识的学习和智能的发展是一项紧张而艰苦的脑力劳动，它需要以良好的心理素质作为基础和保证。如果大学生长期心理状态不良，大脑机能发生紊乱，脑功能不能正常发挥，就不能进行正常的知识学习和能力锻炼。

最后，心理健康是大学生赢得良好的人际关系的必备条件。每个人都不是离群索居的个体，而是生活在一定的人际关系之中。人际关系的好坏不仅直接影响到人们相互交往的效果，而且影响到人的积极性和创造性的发挥，影响到人才的成长和发展。古人云："天时不如地利，地利不如人和。"由此可见良好的人际关系对于人才成长的重要意义。而与他人建立良好的人际关系，同样要有良好的心理素质。只有这样，大学生才能形成正确的自我意识，才能客观地评价他人，从而自觉地去建立和维护和谐的人际关系。

总之，心理健康与大学生成长成才密切相关。每个大学生都应注重自身心理素质的培养和训练，不断提高社会适应能力，以迎接未来社会的挑战。

第二节　青春期大学生的心理发展

一、青春期的总体特征

在人的一生中，要经历各个不同的发展阶段。其中，从不成熟的儿童期、少年期向成熟的成年期的过渡阶段就是青春期。

人的成熟必须具备三个基本条件：一是身体的长成，以个体生理成熟，特别是性成熟为标志；二是心理发展完善，以自我意识的完善，主要是个性的稳定性形成为标志；三是社会化程度的提高，以人的社会成熟，即个体对自己在社会中所处的角色及所担负的社会责任的正确认识为标志。这三个条件均达到预期水平，则形成人的完整人格，即为一个真正成熟的人。

各个国家或民族对青春期年龄阶段的划分，因社会条件与文化背景的差异而不同。一般来说，青春期可大体分为青春期初期（十四五至十七八岁）、中期（十八九至二十三四岁）和晚期（二十四五至二十八岁左右）三个阶段。

从总体上看，青春期的基本特征可归纳为：它是一个过渡时期、变化时期、负重时期和反抗时期。

（一）青春期是一个过渡时期

青春期是个体由儿童向成年人过渡的时期。通常人们把青春期与儿童期加以明显区分，区分的界限即是性的成熟。以性成熟为核心的生理方面的发展，使个体具有了与儿童期明显不同的社会、心理特征。随着年龄的增长、生活范围和活动内容的复杂化，他们逐渐有了一定的特定意向和责任感，并自己决定某些活动如何进行；对自己的行为尤其是违法行为要承担一定的法律责任，甚至是刑事责任。但是，他们又不同于成年人。他们虽有一定的独立性，但还没有完全独立；在许多方面，尤其是在物质生活方面还要依赖父母；他们还没有成为具有完全责任能力的人，并不是对自己的所有行为都要承担法律责任。他们在这个介于儿童和成人的过渡阶段，地位的不确定性和社会向他们提出的要求的不确定性，往往使他们容易产生诸多特殊的心理卫生问题。

（二）青春期是一个变化时期

青春期是继婴儿期后，人生第二个生长发育的高峰期，也是个体身心变化最为迅速而明显的时期。身体及性的发育对个体的心理特征及社会生活产生了重大的影响。这一时期，个体在身体、外貌、自我意识、行为模式、交往与情绪特点、人生观等方面，都脱离了儿童的特征而逐渐成熟起来，更为接近成人。这些迅速的变化常会使一些个体产生困扰、自卑、不安、焦虑等心理卫生问题，甚至产生不良行为。

（三）青春期是一个负重时期

从个体所要应付的各种问题来看，青春期也是一个负担很重的时期。一方面，他们要应付由于自身生理发育特别是性的发育成熟所引起的各种变化及问题；同时，人际交往、异性兴趣、繁重的学习任务等也会给他们的身心造成较大的负担，有时可能成为主要矛盾。另一方面，在这个过渡时期，他们要逐渐担负一部分由成人担负的工作，环境可能不断把一些由成人来办理的事项交给他们去办理，他们必须抛弃各种幼稚的思想观念和行为模式，逐步建立起较为成熟、更加符合社会规范的思想观念和行为模式。这无疑加重了他们的负担，但这些负担是他们成熟所不可缺少的。

（四）青春期是一个反抗时期

由于身心逐渐发展和成熟，个体在这个时期往往对生活采取消极反抗的态度，否定以前发展起来的一些良好本质。这种反抗倾向会引起他们对父母、学校以及社会生活的其他要求、规范的抗拒态度和行为，从而会引起一些不利于他们的社会适应的心理卫生问题。

二、大学生心理发展的一般特点

目前，我国普通高校大学生多在十七八至二十二三岁，处于青春期中期阶段。生理发育的成熟和社会生活环境的影响，特别是大学生特有的学习和生活方式，使大学生的智力发展达到了较高的水平，情感和意志表现以及个性心理等方面也出现了许多重要的变化，形成了他们自己的一些主要特征。

（一）思维能力达到较高水平，但易产生主观片面性

人的认识活动是一个复杂的过程，由人的感觉、知觉、记忆、思维和想象等认知要素组成。其中，思维是人脑对客观现实概括的和间接的反映，它探索与发现事物的内部本质联系和规律性，是认识过程的高级阶段。对于大学生来说，其思维的主要特点如下。

第一，辩证逻辑思维迅速发展。在大学阶段，随着大学生知识量的增加，特别是专业训练的需要，大学生的抽象概括能力大大增强，能够对事物进行全面的认识和分析。他们在自己思考问题或与别人进行讨论时，不满足于现成的结论，而要求找出事物之间的相互联系，对事物的因果关系的规律性探索越来越感兴趣。

第二，思维的独立性和批判性增强。大学生在抽象概括能力发展的同时，独立思考的能力也得到迅速发展。他们不人云亦云，而是喜欢独立地提出问题和找到解决问题的办法。同时，他们开始用怀疑和批判的目光看待周围的一切，喜欢争论，敢于大胆地发表自己的独立见解。

第三，思维的深刻性和广阔性显著提高。随着大学生知识水平的提高、社会经验的丰富，思维的深度和广度有了进一步发展，主要表现为：思路比较开阔，善于全面地思考问题，不仅考虑当前各方面的情况，而且照顾大局，善于对事物的现象进行本质的分析，揭露现象的原因，并且预见事物发展的进程和结果。

第四，思维的灵活性和敏捷性迅速发展。大学生思维的灵活性表现为，善于随机应变，不固执己见，能够根据实际情况，灵活地采取不同的途径和方法解决问题；大学生思维的敏捷性表现为，思考的速度较快，从一个问题转移到另一个问题的速度也较快。

第五，思维的创造性达到较高水平。创造思维是思维活动的高级过程。由于专业训练和知识、经验的日益丰富以及独立思考和想象力的发展，一部分大学生能够灵活地运用各种思维技巧，提出大胆的设想和新颖独到的见解，或者尝试使用一些新的方法解决问题。

当然，由于大学生的辩证逻辑思维的基础还不够深厚、社会经验不够丰富、识别能力还不够高，他们在观察、分析事物时，缺乏深思熟虑，易带主观片面性，有的则表现出过分自信和固执己见的特点。

（二）情感世界日益丰富，但情绪容易波动

情感是重要的心理现象之一，也是人们行为活动中最为复杂的方面。随着年龄的增长和智力的发展，大学生的内心情感已经趋向成熟，但与成人相比又显得热情有余而理智不足。其基本特征主要表现为以下几个方面。

第一，热情奔放、容易激动。随着身体发育的渐臻成熟和各种社会因素的影响，大学生的心理出现了许多矛盾，表现在情绪、情感上就是丰富强烈而跌宕起伏。一方面，他们办事积极、热情，行动迅速、果断；另一方面，他们的情绪也容易激动，遇到刺激便容易爆发。有些学生常为一点小事而冲动，或因看法不同而争论不休，有时甚至出现偏激情绪和盲从行为。

第二，内向性积郁和表现性夸张共存。随着大学生知识、阅历的增长，他们逐步具备了调节和控制自己情绪的能力，闭锁性成为青春期大学生的一个显著的心理特点。他们往往把自己的真实情感隐蔽起来，把一些情感埋在心底，即使对父母和亲朋好友也不愿吐露真情；另一方面，大学生又具有强烈的与别人交往、渴求别人理解的愿望，希望被别人接纳、被别人注意，尤其是在异性面前，常常故意做一些夸张动作，以期引起注意和博得别人的好感。

第三，社会情感得到充分发展。一方面，大学生的情感生活日益和广泛的社会生活相联系，常常因社会生活中的许多事物而触动情感，如社会生活中的正义和非正义、善与恶、高尚与庸俗等涉及社会意识、人生哲学的重大问题。另一方面，各种高级情感迅速发展，主要体现在道德感、责任感、荣誉感、美感等，尤其是大学生十分珍惜友谊，渴望有推心置腹、肝胆相照的知心朋友。另外，爱情体验的出现是大学生情感世界的一个重要变化，它给大学生心理的

影响也是较为强烈和深刻的。

（三）意志品质明显提升，但不平衡、不稳定

意志是人有意识、有目的、有计划地调节和支配自己行动的心理过程。自觉性、坚韧性、果断性和自制力是意志品质的基本要素。从总体来看，大学生的意志品质主要表现为以下特征。

第一，自觉性和独立性达到较高水平。从中学升入大学后，大学生开始真正地独立生活和面对社会。随着身心的发展和环境的变化，大学生的独立性和自我意识迅速增强，绝大多数学生能够自觉地确立个人的远大志向和近期目标，并清晰地意识到自己行动的目的性和社会意义，据此制定自己的大学生涯规划。但是，也有少数学生自觉性偏低、依赖性较强，存在着无所适从的“迷茫”或随波逐流的“盲从”现象。

第二，坚韧性和自信心呈现个体差异。一部分同学有较强的信心和毅力，能够在学习、生活中克服各种困难，不为暂时的挫折、阻碍所吓倒，坚持朝着既定目标奋发进取、不懈努力。一般来说，他们学习成绩优秀，对时间安排合理，生活上挑剔少，适应性较强，情绪比较稳定。而一些同学虽然富有热情和勇气，但缺乏韧性和耐力，遭遇困难容易丧失信心，做事容易虎头蛇尾，甚至怨天尤人、半途而废。

第三，果断性和自制力发展较为缓慢。随着知识和阅历的增长、自我意识的发展，大学生已能较为理智地思考自己的目标和调节自己的行动，但与其意志的自觉性、坚韧性品质的发展相比仍显滞后和缓慢。这主要表现在许多大学生能独立、迅速地对学习、生活中的一般性问题做出决定并付诸实施，但在处理某些关乎个人前途和发展的关键性问题或面临重大抉择时，往往会表现出优柔寡断、摇摆不定或鲁莽草率、盲目从众的心态。为此，有些学生缺乏自制力，常出现焦虑和不安的情绪。

（四）自我意识进一步增强，但发展尚不成熟

自我意识是指人对自己以及自己与周围关系的认识。它包括自我观察、自我评价、自我体验、自我监督、自我控制、自我教育等形式。自我意识的形成和发展在人的个性中占有重要的地位，人的兴趣、能力、性格、情感、意志和道德行为，无不受自我意识的影响和制约。大学生自我意识的增强主要表现在以下几个方面。

第一，要求深入了解自己的发展。大学生由于掌握了一定的专业知识和专业技能，面对社会对他们的期望和要求，总想了解“我究竟是怎样的人？”“我

在周围人的心目中处于什么地位？”“我将来会成为什么样的人？”等。对于这些问题他们常常扪心自问，不少学生常以某些成功人士作为榜样，或从伟人传记和书刊中摘取符合自己个性和理想的名言警句来鞭策自己，并希望从周围同学对自己的态度、评价中了解自己。总之，大学生深切关注着自己的发展。

第二，自我评价能力提高。特别是高年级的大学生，他们对自己的分析和评价逐渐变得全面、客观，不仅分析自己在做某件事时的思想矛盾和心理状态，还常常对自己整个心理状态进行评估；不仅分析自己的兴趣、爱好，而且还分析自己的意志、性格、能力等。

第三，自尊心明显增强。自尊心是一个人要求自己受到社会、集体和他人的尊重，维护自己的社会地位与荣誉的一种意识倾向，是一种与自信心、进取心、责任感和荣誉感相联系的积极的心理品质。自尊心在大学生整个心理活动中占有突出的地位。这是由于大学生自我意识的发展和知识、能力的提高，使他们突然认识到自己的存在、价值、地位和作用，因而有着强烈地肯定自己、保护自己以及防御侵害的要求，对触及他们自尊心的任何刺激十分敏感，真诚的赞扬和尊重会使他们感到欣慰，诚恳的批评又常使他们倍感羞愧，而嘲笑、蔑视则会使他们反感和愤怒。

此外，大学生性机能的成熟反映在心理上便是性意识的觉醒。他们强烈地意识到两性的差异，同时开始关注异性，对其产生好感和爱慕之情，他们渴望了解性的知识，对描写性爱内容的电影、电视和文学作品喜闻乐见，喜欢争论关于爱情和道德方面的问题，一些大学生已开始坠入爱河。但是也应当看到，大学生性生理发育成熟与性心理发展尚未完全成熟之间的矛盾、性的生理欲求与社会规范之间的冲突以及科学的性观念和性知识的缺乏，使得不少大学生心理上产生了诸多困惑与苦恼。

总之，大学生正处在迅速走向成熟而又未完全成熟的发展阶段。

三、大学生常见的心理矛盾与冲突

随着生理、心理的发展和身处大学校园特定的环境之中，青春期大学生常见的心理矛盾与冲突主要表现为以下几个方面。

一是独立性与依赖性的矛盾。进入大学校园后，大学生在心理上最突出的表现即是独立意识、成人意识明显增强。他们深感自己摆脱了父母的管束，可以自由自主地处理各种问题。同时，大学生活中又确有很多事情需要他们自己来处理，这无疑进一步强化了他们的独立意识。他们渐渐地在生活上不愿受父母过多的干预；在一些事上不再一味地听从父母或他人的意见，并有强烈表现自己意见的愿望；对一些传统的、权威的结论开始持有异议，甚至会提出过激的批评之词。然而，由于其社会经验、生活阅历的不足和经济上的不独立，他们又无法完全靠自己处理所遇到的一系列复杂的实际问题，特别是在大学生涯规划、专业能力训练和今后择业等方面，还得接受老师的指导和听取父母的意见、建议。这种独立性和依赖性的心理矛盾经常使许多学生尤其是低年级学生感到困扰和苦恼。

二是封闭性与开放性的矛盾。一方面，由于自我意识的发展，大学生常常对自己的内心世界进行深入的探索、反省，希望有一方完全属于自己的自由角落。这是青年大学生最为显著的心理特征之一。这种心理闭锁性与真正的自我确立有一定的联系，但同时也常使一些大学生深感孤独。另一方面，大学生正值朝气蓬勃、精力充沛时期，他们要学习知识、锻炼能力、了解社会，就必须加强同他人的信息交流、思想沟通和感情联络，因而又有强烈的交往要求和被人理解、接纳的愿望。他们渴望人与人之间能够彼此间敞开心扉、吐露真情，但由于心理的闭锁性和自尊心的发展，自己在他人面前又常常有所顾虑，不愿向他人袒露自己的一切，于是就形成既想让他人了解又害怕被他人了解的矛盾心理。这种心理特征上的二重性使大学生的人际关系和情感生活更为复杂。

三是自制性和冲动性的矛盾。这是大学生心理矛盾在情绪情感上的表现。大学生在心理独立性、成人感出现的同时，自觉性和自制性也得到了加强。在校园学习、生活和与他人的交往中，他们主观上希望自己遵守有关规章制度，自觉约束自己的行为，但客观上又往往难以较好地管理和控制自己的情感，有时会鲁莽行事，使自己陷入既想自制但又冲动的矛盾之中。从生理角度看，处于青春期的大学生，其高级神经活动的兴奋与抑制尚不平衡，往往兴奋占有优势；从心理角度看，进入大学后，环境、学习、生活、个人地位的变化等引起很多心理矛盾，而大学生的社会经验和认识水平又未达到能够真正独立地、正确地调节自身行为的程度，加上情绪丰富而不稳定的特点，这就出现了他们内心要求自制与行为结果相悖的情况，从而内心感到痛苦和不安。

四是信息视野的扩大与鉴别能力相对不足的矛盾。大学生处于智能发展的黄金时期，有很强的求知欲望。随着时代的进步、科技的发展和物质生活条件的改善，各种知识、信息交流交融日益频繁，除了图书、报刊、广播、电视等传统媒体外，以网络信息技术为支撑的新媒体亦被大学生所广泛应用，成为他们学习、生活和交往方式的新常态。大学生处在这样的环境中，耳闻目睹，见多识广，信息视野和认识空间得到极大拓展。但是，由于他们的世界观、人生观和价值观尚未完全确立，认知结构和思想方法相对简单，对精华与糟粕、真善美与假恶丑的辨别力、鉴别力还不强，加之客观现实的错综复杂，因而其对事物的认知往往不太全面，或被表面现象所迷惑而出现认知的混乱，一些大学生甚至误入歧途，这影响了他们的健康成长。

此外，青春期大学生常见的心理矛盾与冲突还有理想与现实的矛盾、成才欲望强烈与职业生涯规划不清晰的矛盾、性成熟与性心理的矛盾等。

第三节　大学生心理健康的一般标准

一、树立健康新观念

在日常生活中，一提到“健康”，人们自然就会想到身体强壮、没有疾病，甚至以往的汉语词典也把“健康”解释为“（人体）生理机能正常，没有疾病和缺陷”。然而，随着科学、文化和社会的不断发展，健康的概念不再仅仅限于生物学领域，而是与社会、心理、精神、环境等诸多因素联系在一起。人们在重视生理健康的同时，对心理健康的关切也与日俱增。于是，传统的健康观渐被摒弃，新的健康观应运而生。在现代健康概念的众多说法中，被普遍接受和最受重视的是世界卫生组织的观点。1948 年世界卫生组织在其宪章中把健康定义为：“健康不仅是指没有身体缺陷和疾病，而且还要有完满的生理、心理状态和良好的社会适应能力。”也就是说，人既是一个生物性的个体，也是一个社会性的个体。人的健康不仅受生物因素的制约，也受心理因素和社会因素的影响。一个人在生理、心理和社会适应等方面都处于健全的状态，才是真正的、完全健康的人。

之后，世界卫生组织具体提出了健康的十条标准。①有充沛的精力，能从容不迫地应付日常生活和工作中的压力，而不感到过分紧张；②态度积极，乐于承担责任，不论事情大小，都不挑剔；③善于休息，睡眠良好；④能适应外界环境的各种变化，应变能力强；⑤能够抵抗一般性的感冒和传染病；⑥体重得当，身材匀称，站立时头、肩、臂的位置协调；⑦反应敏锐，眼睛明亮，眼睑不发炎；⑧牙齿清洁，无空洞，无痛感，无出血现象；⑨头发有光泽，无头屑；⑩肌肉和皮肤富有弹性，走路轻松匀称。

1989 年世界卫生组织关于健康的概念有了新的发展，即把道德修养纳入了健康的范畴，认为健康应包括躯体健康、心理健康、社会适应良好和道德健康，要求人们应从这四个方面来综合评判一个人的健康水平。1999 年，世界卫生组织又提出了身心健康的新标准，即肌体健康的“五快”和精神健康的“三良好”。

前者是指：吃得快——进餐时，有良好的食欲，不挑剔食物，并能很快吃完一顿饭，说明内脏功能正常；便得快——能快速畅快地排泄大小便，且感觉良好，说明肠胃功能良好；睡得快——上床后能较快入睡，睡眠舒畅，醒后头脑清醒，精神饱满，睡眠质量好；说得快——语言表达正确，说话流利，表明头脑敏捷，心肺功能正常；走得快——行走自如，活动灵敏，说明精力充沛，身体状态良好。后者是指：良好的个性人格——情绪稳定，性格温和，意志坚强，感情丰富，胸怀坦荡，豁乐达观；良好的处世能力——观察问题客观、现实，具有较好的自控能力，能适应复杂的社会环境；良好的人际关系——助人为乐，与人为善，与他人的关系良好。

从世界卫生组织关于健康的标准可以看出，生理健康、心理健康和社会关系健康构成了健康的三要素。三者之间相互影响、相辅相成、密不可分。生理健康是健康的基础和必要条件，心理健康是健康的重要保证，社会关系健康则是建立在生理健康和心理健康基础上的，是人类区别于其他动物的最主要特征，也是健康的最高层次和最终表现。健康是伴随一个人生命全过程的最重要的资本与财富，也是个体应对各种人生环境与挫折压力而获得生存与发展的最基本要素。

二、大学生心理健康的一般标准

人的健康是生理健康和心理健康的统一。就生理活动而言，一个人的身体是否健康，现代医学已有比较客观的标准，只要躯体器官没有实质上的细胞病变，就可以说是健康的，并且随着科技的发展还可以通过仪器来进行判断。而人的心理活动无论是正常还是异常，都是动态的和比较复杂的，目前尚没有一个公认的、客观的心理健康标准，而且对它的评价还要受诸多因素的影响，如种族、社会、文化、宗教信仰等。因此，心理健康与否只是相对的。正因如此，国内外许多专家、学者见仁见智，从不同的角度进行了积极的探索。

1946 年第三届国际心理卫生大会曾为心理健康下过这样的定义："所谓心理健康，是指在身体、智能以及情感上与他人的心理健康不相矛盾的范围内，将个人心境发展成最佳状态。"同时还具体指出了心理健康的标志：身体、智力、情绪十分协调；适应环境，人际关系中彼此能谦让；有幸福感；在工作和职业中，能充分发挥自己的能力，过有效率的生活。

《简明不列颠百科全书》认为心理健康的具体标准包括六个方面：①认知过程正常，智力正常；②情绪稳定乐观，心情舒畅；③意志坚强，做事有目的；④人格健全，性格、能力、价值观均正常；⑤养成健康习惯和行为，无不良行为；

⑥精力充沛地适应社会，人际关系良好。

著名的美国心理学家马斯洛和密特尔曼提出了心理健康的标准包括以下10个方面：①有充分的自我安全感；②能充分了解自己，并能恰当地估价自己的能力；③生活理想切合实际；④不脱离周围现实环境；⑤保持人格的完整与和谐；⑥善于从经验中学习；⑦能保持良好的人际关系；⑧能适度地宣泄和控制情绪；⑨在符合团体要求的前提下，能有限度地发挥个性；⑩在不违背社会规范的前提下，能适当地满足个人的基本需求。

我国学者也提出了心理健康的内容与标准，认为心理健康应包括健全的认识能力，适度的情感反应，坚定的意志品质，和谐的个性结构，以及良好的人际关系。

综合国内外专家、学者的意见，针对大学生的心理发展及成长实际，一般认为，大学生心理健康的标准包括以下几个方面。

（一）智力正常

智力是一个人的认识能力和活动能力所能达到的水平，是人的观察力、注意力、记忆力、想象力、思维力、创造力及实践活动能力的综合。正常的智力是人们在获得知识和运用知识解决实际问题时所必须具备的心理条件或特征，也是心理健康的基本条件和首要标准。如果一个人的智力发育不全或阻滞，心理健康就无从谈起。一般来说，大学生的智商是比较高的，因而衡量大学生智力是否正常的关键在于其是否正常而充分地发挥效能。大学生智力正常发挥的标准如下：有强烈的求知欲望和浓厚的探索兴趣，能充分发挥自身潜在的素质，努力取得优良的成绩，保持良好的学习效率，并从中体验到满足与快乐。

（二）情绪健康

情绪是人对事物的态度的体验，是人的需要得到满足与否的反映。情绪健康是心理健康的一个重要指标，其主要标志是情绪稳定和心情愉快。具有健康心理的人，能时常保持乐观自信的心态，善于从生活中寻找乐趣，热爱生活，积极向上，对未来充满希望；同时，能够适度表达和控制自己的情绪，喜不狂、忧不绝、胜不骄、败不馁，使自己的情绪保持相对稳定。而情绪异常则往往是心理异常或心理疾病的先兆。

（三）意志健全

意志是人有意识、有目的、有计划地调节和支配自己行动的心理过程。意志健全的主要标志是行动的自觉性、果断性、坚持性和自制力。心理健康的人总是有意识、有目的地进行各项活动，能适时地做出决定，并运用切实有效的方法解决所遇到的各种难题；在困难和挫折面前，能采取合理的反应方式，能在行动中控制自己的情绪和言行，不因挫折而灰心，不为困难所吓倒。优柔寡断、轻率鲁莽、害怕困难、顽固执拗等都是意志不健全的表现。

（四）人格完整

人格在心理学上是指个体比较稳定的心理特征的总和。人格完整是指有健全统一的人格，即个人的所思所想、一言一行都是协调一致的。心理健康的人，其人格结构包括气质、性格、能力和理想、信念、动机、兴趣、人生观等各个方面能平衡发展，人格作为人的整体精神面貌能够完善、协调、和谐地表现出来；具有正确的自我意识，不产生自我同一性混乱，思考问题的方式是适中而合理的，待人接物能采取恰当灵活的态度；以积极进取的人生观作为人格的核心，并以此为中心与社会的步调合拍，把自己的需要、愿望、目标和行为统一起来，言行一致。

（五）自我评价正确

心理健康的人有“自知之明”，即能体验到自身的存在价值，能对自己的知识、能力、性格及优缺点做出恰当的、客观的评价；对自己不会提出过高的期望和要求，生活目标和理想追求定得切合实际；同时，努力发展自身的潜能，不回避自己的缺陷和不足，也不自暴自弃，而是善于正确地自我悦纳。即使对自己无法补救的缺陷，也能安然处之，接受自己。

（六）人际关系和谐

人际关系是人们在共同活动中，为满足彼此的各种需要而建立起来的相互间的心理关系。人是社会的人，和谐的人际关系是心理健康不可缺少的条件。人际关系和谐表现为：乐于和别人交往，能用尊重、平等、信任、友爱、宽容、谅解的积极态度与别人相处，既有广泛而稳定的人际关系，又有志同道合、推心置腹的知心朋友；在交往中保持自身独立而完整的人格，既不夜郎自大，也不妄自菲薄，而是不卑不亢、把握分寸，并善于取人之长，补己之短。

（七）适应能力强

较强的适应能力是大学生心理健康的重要保证。心理健康的大学生总能较好地适应现实环境，对周围事物和环境能做出客观的认识和评价；对生活、学习和工作中的各种困难和挑战都能妥善处理，对自己的行为负责，不推卸责任，不诿过于人；既有高于现实的理想，又不会沉湎于不切实际的幻想与奢望，当发现自己的需要、愿望与社会现实的要求相矛盾时，能及时地进行自我调整，而不是一意孤行，或总是抱怨自己生不逢时，甚至以幻想代替现实。

（八）心理行为符合年龄和角色特征

在人的生命发展的不同年龄阶段，各有相应的不同的心理和行为表现，从而形成了不同年龄阶段独特的心理行为模式。心理健康者应有与同年龄多数人相一致的心理行为特征。如果一个人的心理行为经常严重偏离其年龄特征，则可能是心理不健康的表现。另外，心理健康的人，其心理行为还应与其角色、身份相符合。

需要指出的是，以上标准只是为评价一个人的心理健康水平提供了一个参考的尺度，它不是绝对的。在具体运用这些标准时，我们应当持辩证的态度。一方面，心理不健康是一种持续的不良状态，一个人因一时一事的挫折出现一些不正常的心理和行为，并不等于其心理不健康；另一方面，心理健康与不健康也不是泾渭分明的对立面，而是一种连续状态，从良好的心理状态到严重的心理疾病之间还有一个广阔的过渡带。在许多情况下，异常心理与正常心理、变态心理与常态心理之间，没有绝对的界限而只是程度的差异。

三、维护和增进大学生心理健康的途径

心理卫生旨在维护和增进心理健康，消除危害心理健康的不良因素——包括外界环境的客观因素和个体自身的主观因素。因此，维护和增进大学生心理健康需要从两方面入手。一方面，家庭、学校、社会要为大学生创造一个有利于其身心健康发展的良好环境，并通过多种渠道向大学生进行心理卫生知识的宣传教育，同时建立健全心理咨询、辅导机构；另一方面，对于大学生来说，关键在于增强自身的心理素质，提高环境适应能力和挫折承受能力。

（一）树立正确的理想、信念和科学的世界观、人生观

理想、信念和世界观、人生观是一个人内心世界的核心。人们对未来事物和目标的向往与追求就是理想，对特别符合自己需要的事物和目标的坚信和身体力行就是信念；而世界观、人生观则是人们对世界、对人生的根本态度和看法。一个人具有远大的理想和坚定的信念，就会对自己理想中的奋斗目标充满希望，就会充满动力，坚信自己所追求的目标是正确的，因而在压力或挫折面前能够不屈不挠、勇往直前；一个人只有树立了科学的世界观和人生观，才能正确地认识世界、认识社会、认识自己、把握人生，才能理性地对待人生道路上所遇到的各种挑战或挫折，保持乐观主义精神，胸怀坦荡，积极进取。古今中外无

数出类拔萃的人才之所以在充满困难的条件下，仍然锲而不舍、上下求索，表现出坚忍的意志品质和良好的心理素质，其最根本的原因就在于他们胸怀远大的理想且具有坚定的信念，具有科学的世界观和人生观。对于大学生来说，正确的理想、信念和科学的世界观、人生观，不仅是他们学习知识、锻炼能力、砥砺品格的精神动力，也是维护和增进大学生心理健康最坚实的思想基础。

（二）正确认识和评价自己，确立适当的自我抱负水平

当代大学生大多没有经历过艰苦生活的磨炼，社会阅历不够丰富，他们一般有着较强的成就动机，希望自己今后干出一番事业，因而对自己往往有较高的目标定位。但是，社会环境是非常复杂的，面对激烈的竞争形势，一些大学生由于缺乏正确的自我认知和迎接困难与挫折的心理准备，在面对压力和挑战时常常表现出承受能力不足或迷茫无措。这就要求大学生必须依据社会需要和自身实际，恰当地分析自身的长处和不足，正确地认识自我和评价自我，确立合适的目标期望和抱负水平。所谓抱负水平就是个体在进行某种实际活动之前，对自己所要达到的目标规定的标准。这个自定的标准仅仅是个体对自己所要达到的成就的一种心理期望，与进行该活动后的实际成就不一定是完全符合的。如果一个人的抱负水平过低，目标很容易实现，一般不会给人带来真正的满足感和成就感；相反，如果一个人的抱负水平过高，超过了他的实际能力，虽然全力以赴仍达不到所期望的目标，就会使人在心理上产生较强的挫折感，进而影响心理健康。大学生在确立自我抱负水平时，既要有超越现实的理想，又要立足于现实的土壤。一个人只有眼望天空，而又脚踏着现实，才更有可能达成目标，才能保持积极的心态和增强自信。

（三）科学安排学习和生活，培养优良的个性品质

一方面，大学生的主要任务是学习，他们心理活动的许多方面都与学习任务完成的情况相联系。研究表明，一定的学习压力对大学生的心理发展和心理健康是有益的，但绝不应过分加重大学生学习的负担。大学生长期处于高度亢奋、紧张的状态，不仅无助于其学习任务的完成，而且还会妨碍其心理健康。同时，大学生还要注意养成良好的生活习惯，科学、合理地把握生活节奏，做到张弛有节、松紧有度、劳逸结合，保证大脑和神经系统的健康和效率。另一方面，良好的个性品质也是大学生心理健康的重要条件。它要求大学生首先要能够客观地认识和了解自己，培养自我接受的态度，做到自尊、自信、自强、自立。其次，要学会全面、辩证地看问题，遇事豁达开朗，善于合理归因。所谓归因，即人们从可能导致行为发生的各种因素中，认定行为的原因并判断其

性质的过程。大学生在遭遇各种困难或挫折时，能够以积极的态度冷静地分析和判断问题发生的原因，弄清问题究竟是由于外部客观环境还是自身主观因素，抑或是主客观因素相互交织、共同作用所导致的，这不仅有利于及时发现问题的症结所在，从而找到解决问题的对策，而且也是良好个性品质的表现，有利于大学生保持情绪的平衡和心理健康。

（四）学习心理卫生知识，掌握自我调节的技巧

自觉地学习有关心理卫生的知识和理论，了解大学生心理发展的特征和规律，正确理解和把握心理健康的标准，是形成健康心理的重要基础。许多大学生心理健康问题的产生，就是由于缺乏必要的心理卫生知识，不能及时地进行自我控制与调节而造成的。为此，大学生可通过图书、讲座或选修有关心理健康的课程学习心理卫生知识，提高心理卫生意识，掌握如何保持稳定、乐观情绪的策略和技巧，并应用于自己的学习、工作、交往和日常生活之中。理学研究表明，积极情绪的增力作用和消极情绪的减力作用都是比较明显的。如果一个人长期情绪波动不稳，患得患失、郁郁寡欢，处在不良的情绪状态之中，而自己又不能调节和化解，就会导致心理失衡或心理危机。因此，大学生要学会用理智的力量抑制冲动的情绪，对于不良的情绪，应及时采取各种有效的方法予以合理宣泄或转移，积极进行自我心理调整，这对保持自身身心健康、增强挫折承受力具有十分重要的意义。

（五）积极参加社会实践，建立和谐的人际关系

社会实践是大学生接触社会、了解社会、认识自我的有效途径。通过专业实习、社会调查、生产劳动、志愿服务、公益活动、科技发明和勤工助学等形式多样的社会实践活动，使大学生亲自去了解生活、体验生活，丰富阅历、完善个性、锻炼毅力、培养品格，增强独立意识和适应能力，并自觉地按照社会的要求及时修正自己的认知、调整自己的目标期望，在实践中体会世界的丰富性、竞争性和复杂性、多变性，了解自己的社会位置和应担负的社会责任，从而缩短理想与现实之间的距离，保持自身的心理平衡。与此同时，努力拓展自己的交往空间，构建和谐的人际关系，既是人的社会性的突出表现，也是人类社会活动的基本形式之一。马克思曾经说过，交往是人类的必然伴侣。处于青年期的大学生思想活跃、感情丰富、精力充沛、兴趣广泛，人际交往的需要极为强烈，希望被人理解、接受的心情尤为迫切。和谐的人际互动不仅是大学生认识他人、认识自我、交流信息、获取知识的重要途径，也是大学生沟通情感、完善人格、增进友谊、获得支持的心理需要。这就是人们常说的“一个好汉三

个帮，一个篱笆三个桩”的道理。建立和谐的人际关系，要求大学生坚持平等与尊重、诚实与守信、团结与互利、宽容与谅解等基本原则，并掌握一些增进人际交往的方法与艺术。这样就会被所处的集体所容纳，被朋友所认同，就不会因人际关系的紧张而导致心理挫折或情绪低沉；而当自己身处逆境和遇到困难时，朋友就会伸出友谊之手，自己就会获得社会支持和心理慰藉，从而成功地跨越障碍、度过危机。

此外，大学生在出现心理失衡或心理危机时，及时寻求心理咨询机构的帮助，也是维护心理健康的重要途径。

第二章　大学生心理困扰及心理异常

大学生正处于由不成熟向逐渐成熟迅速过渡的时期，各方面都发生着很大的变化。他们虽然在生理上已基本成熟，但由于生活阅历尚浅、社会经验不足以及自我调节和自我控制能力还比较弱，同时又由于他们正处在一个变革的时代，社会节奏加快，人际关系复杂，竞争日益激烈，心理活动比以往任何时代都更为复杂。因此，他们在处理学习、工作、交往、友谊、爱情、择业等方面的问题时，常会产生各种各样的心理矛盾与冲突，这些造成了大学生心理不平衡等问题，有的大学生甚至产生了严重的心理障碍和心理疾病，这影响了他们正常的学习、工作和生活。因此，大学生需要正确认识和处理成长过程中的心理困扰，科学面对心理异常。

第一节　大学生常见的心理困扰

大学生作为文化层次较高的青年群体，历来被认为是最有活力的人群。从生理卫生角度来看，这似乎无可争议。但从心理卫生角度来看，大量调查统计结果表明，因心理问题的困扰导致大学生休学、退学、死亡的人数在休退学总人数中占有相当高的比例。其常见的心理困扰主要表现在环境适应、专业学习、人际交往、职业选择以及恋爱和性心理困惑等方面。

一、环境适应方面的心理困扰

大学生在环境适应方面的心理困扰多见于一年级新生。一方面，他们从中学来到大学，由于多数学生首次远离家门，远离长期依赖的父母以及早已熟悉的中学老师、同学和校园，生活环境、学习环境、人际交往环境以及教学内容和教学方法的变化，使得许多个大学生在心理上产生了不同程度的紧张和焦虑。随着时间的推移，绝大多数大学生能够逐步适应大学生活，但也有一些大学生产生种种不良的心理反应，如烦躁、恐惧、失眠、食欲不振、注意力不集中等，个别大学生甚至休学。另一方面，大学生进入大学以后，客观环境的改变和近期目标的实现使得他们对自己的认识和评价，亦即对自身角色的认知和定位也会发生变化。他们的独立意识、自立意识、成人意识等不断增强，同时，因阅历、知识、能力、经验以及自制力薄弱以及入学以来的诸多不适应等原因，一些学生在自我意识方面产生了偏差或障碍。比如，有的学生对自己评价过低，表现为缺乏自信、胆怯、退缩；有的学生则对自己评价过高，表现为自高自大、目空一切；有的学生过分追求“理想自我”，而“理想自我”与“现实自我”之间的矛盾与冲突，使他们陷入紧张、焦虑、苦闷之中。

二、专业学习方面的心理困扰

学习问题是许多大学生产生心理困扰的根源之一。一方面，有的大学生对大学课程的教学方式不太适应，仍然固守和沿用中学时的思想观念和学习方法，结果造成学习成绩不佳，这使之在学习问题上被动应付，且由于心理压力过大而出现了严重的紧张、焦虑情绪。另一方面，一些大学生在中学时曾是班里的尖子生，进入大学后，学习动机过强，面对“强手如林”的新的竞争，为了保持学习上的优势地位，或者为了以后评优、保研、出国等，每天早出晚归，拼命学习，这使他们的大脑长期处于高度紧张和疲惫状态。有的学生一旦不能达到自身期望，便陷于羞愧和绝望之中。此外，有的学生则表现为学习动力不足、无精打采、消极颓废、逃避学习等。

三、人际交往方面的心理困扰

大学生处于青春期的中后期，闭锁性和开放性是其显著的心理特点之一。一方面，随着大学生知识、阅历的丰富、自我意识的发展以及自尊心的不断增强，他们逐渐封闭自己的内心世界、保守个人秘密，不少大学生不愿敞开心扉，喜欢自我沉思，久而久之，就会产生孤独感；另一方面，大学生又有着强烈的交往需求和被人理解、接纳的愿望，他们渴望自己能够融入某个社团、组织，希望和同学、老师交换意见，但是，由于大学生情绪的稳定性还比较差，且缺乏协调人际冲突的能力和经验，因此，大学生普遍感到人际交往困难。同时，也有一些大学生由于自身不良的个性特征和交往能力不足而在交往过程中产生自卑、嫉妒、猜疑，甚至对交往产生恐惧心理。

四、职业选择方面的心理困扰

职业选择是人生的一个重大课题。它关系到大学生的发展前程和切身利益，时刻牵动着他们的神经。大学生在进行职业选择时，其价值观念、个人品质、自我认知、择业动机、决策能力等心理素质都会得到充分的体现和检验。与此同时，大学生职业选择本身也是一个十分复杂的行为过程。面对严峻的就业形势和竞争压力，不少大学生产生了不同程度的恐慌和焦虑。另外，在职业选择的过程中，自我选择与社会需要的矛盾，高期望值与低实现率的冲突，自负心理、依赖心理、虚荣心理，以及择业心理准备和择业技巧的不足等因素，使得许多大学生感到无所适从、紧张、忧郁、痛苦不安。

五、恋爱与性心理方面的心理困扰

大学生已进入青春期性心理发展的第三阶段——恋爱期。恋爱过程尤其是热恋阶段需要双方付出巨大的心理能量，要求身处恋爱之中的大学生能够合理把握和应对，而如何正确对待恋爱问题，如何处理好恋爱与学习、恋爱与友情、恋爱与亲情等一系列的问题，又常常会引起大学生心理上的波澜，使其产生困惑。同时，大学生性生理成熟与性心理滞后的矛盾和性的生理需求与性的社会规范的冲突，以及大学生性教育尚不尽如人意等原因，容易使大学生出现性认知偏差、性冲动困扰、性行为失误等问题。

此外，在日常生活方面，大学生难免会遭遇这样或那样的挫折或意外事件。当这些挫折或事件不能被妥善处理时，就会对大学生的心理产生强烈的刺激，导致种种心理困扰乃至心理障碍的出现。比如，失学、失恋、严重的躯体疾病、经济困难以及亲人亡故等。

第二节　大学生常见的心理障碍

心理障碍是指人的心理活动和个性特征的异常，是各种不同的心理和行为失常的统称。心理障碍的形式是多种多样的，主要表现为感知障碍、记忆障碍、思维障碍、智力障碍、情感障碍、意志障碍、人格障碍和性心理障碍等。这里介绍其中的几种。

一、感知障碍

感知包括感觉和知觉两个过程，是认识的初级阶段，也是最基本的认识过程。感知障碍包括感觉障碍和知觉障碍。

感觉障碍是指在反映刺激物个别属性的过程中出现困难和异常。常见的感觉障碍有如下几种。①感觉过敏：对外界刺激的感受能力异常增高，较弱的刺激即可引起很强的反应。如对一般的语言声音感到震耳，对普通灯光觉得刺眼，甚至棉花球接触皮肤也可产生疼痛。②感觉减退和感觉缺失：对外界刺激的感受能力异常下降，强烈的刺激只能引起微弱的反应或根本引不起反应。③感觉倒错：对外界刺激物的性质产生错误的感觉，如将温热的误认为是冷的，把痛觉误认为是触觉。④内感性不适：对来自躯体内部的刺激产生异样的不适感，如感到受牵扯、被挤压、躯体扭转、游走或虫爬等，而患者对此又常难以确切定位。感觉障碍对人的各种心理过程会产生广泛的影响，并可由此造成知觉障碍，使运动反馈信息紊乱，最终导致运动功能失调。

知觉是客观事物的整体在人脑中的直接反映。知觉障碍则是指不能正常地反映客观事物的异常心理现象。它一般包括幻觉和错觉两种。错觉是一种对客观事物歪曲的感知，即把客观存在着的某种事物不正确地感知为另一种事物，且不能觉察和自行纠正，如把墙上的一只小猫看作是一只猛虎。幻觉是指没有相应的客观刺激而产生虚假的感知体验，即外界环境并不存在某种事物而主体坚持认为感知到该事物的存在，如幻视、幻听等。出现错觉并不意味着主体已经进入病态，正常人也常常出现错觉，但多能自行纠正。

二、记忆障碍

记忆是人脑对过去经验发生过的事物的反映，包括识记、保持、再认和再现（回忆）四个基本阶段。记忆障碍是人脑受到损伤或在精神因素影响下不能正常反映过去经验中发生的事物的异常心理现象。它主要有三种表现形式。①记忆增强：指人在病理情况或其他特殊情况下，对原来已经遗忘的经历或久远的事情十分清晰地记忆起来，如患者能回忆起儿童时期的某些事件，和谁一起玩耍，做什么游戏，甚至对一些细节都能清楚地回忆起来。②记忆减退：指患者的记忆能力降低，即识记、保持、再认和再现这四个环节的能力比一般人或本人发病之前有不同程度的减退，或是某一个环节受到严重的破坏而导致整个记忆能力的减退。记忆减退的极端表现是遗忘症，即对识记过的事物不能回忆。③记忆歪曲：指把过去见过、听过、读过，甚至梦中体验过的东西与不同来源的记忆混淆起来，相互颠倒，确认这是自己实际体验过的事物。此外，记忆障碍还表现为回忆错误（如错构症、虚构症）和再认错误等。

三、思维障碍

思维是人脑对客观事物间接和概括的反映，是人类精神活动的重要特征，是认识过程的高级阶段。思维在感觉和知觉的基础上产生，并借助语言和文字来表达。思维包括分析、综合、抽象、概括、判断、推理等过程。思维通过观念与观念、概念与概念的联系，即通过联想和逻辑的过程来实现。思维障碍是指因人脑的正常活动规律受到干扰而对客观现实的反映发生歪曲的异常心理现象。通常把思维障碍分为思维内容障碍和思维过程障碍。

妄想是思维内容障碍中最重要、最常见的一种症状。所谓妄想是指在病理基础上产生的歪曲的信念、错误的判断和推理。其特点是患者的思维内容既没有事实根据，但其又坚信不疑，且无法说服，也难以由客观事实或自身的经历、体验来纠正。常见的妄想形式包括以下几种。①关系妄想：患者将周围环境中本来与他毫无关系的人或事与自己联系起来。比如，患者认为别人的言谈举止、广播电视节目、报刊文章等，都与他有关，都是对他的暗示或影射。②被害妄想：指患者无端地坚信自己或家人受到他人的压制、打击、跟踪等迫害，以致终日紧张、恐惧，到处控告求援，或有拒食或“攻击”的报复行为。③影响妄想：指患者坚信自己的整个思想及行动受到外界力量的影响、干扰、操纵和支配，认为外界某种仪器在控制其心理或身体，使之产生种种不适。④嫉妒妄想：指患者捏造种种“理由”，坚信自己的配偶或恋人对自己不忠，因而跟踪、监视及追查盘问其配偶。⑤夸大妄想：指患者坚信自己才华盖世，聪明绝顶，有至高无上的地位和权力，有大量的财富，是世界上最伟大的人物。⑥钟情妄想：指患者坚信自己为某个异性所眷恋，并常做出相应的反应向对方表达爱意，即使其遭到拒绝、斥责或惩罚，仍情有独钟，不思悔改。⑦罪恶妄想：指患者坚信自己犯了严重的错误或不可饶恕的罪行，认为自己应受到严厉惩罚，故而处于非常悔恨、自责之中，甚至产生自伤或自杀的行为。⑧疑病妄想：指患者毫无根据地认为自己患了某种严重的躯体疾病，即使是反复的医学检验也不能消除其错误观念，因而陷入焦虑、忧愁之中。

思维过程障碍包括抽象概括过程障碍、思维逻辑进程障碍和联想过程障碍。

抽象和概括是思维活动的基本过程。抽象概括过程障碍分为抽象概括水平下降和抽象概括过程歪曲两种形式。前者主要表现为患者对现实事物和现象的判断是以直接表象为依据的，即在进行抽象概括时所依据的只是事物局部的和表面的特征，而不是它们内在的和本质的特点。因此，患者实际上不能形成和掌握正确的概念。后者则表现为患者在思维过程中，往往不顾客观事实，以特别夸张的形式“超越”了具体对象和具体的联系，脱离具体的情境，其所能够抽象概括的只是事物和现象之间偶然或次要的联系，而抛弃了本质的东西。这样所形成和掌握的实际上是被歪曲了的概念。

思维逻辑进程障碍表现为患者在概念的运用上似乎并无障碍，但在进行判断和推理时，往往违反正常的思维习惯和逻辑规律，缺乏应有的逻辑依据，结果在思维的逻辑进程或逻辑结构上出现明显的异常，甚至失去与人正常交往的条件。思维逻辑进程障具体表现为逻辑倒错性思维、象征性思维、词语新作等。

思维联想过程障碍表现为三种形式：一是过度的联想，即联想速度异常迅速，“意念飘忽”或“思维奔逸”是联想过程异常加速的表现；二是联想贫乏，即联想的速度异常缓慢，联想内容贫乏；三是联想错乱，轻者表现为思维松散、思维内容之间缺乏逻辑联系，重者表现为思维破裂和思维不连贯。

四、情感障碍

情感是人对客观事物是否满足自己的需要而产生的一种态度体验。一般来说，人的情感活动和其他心理活动是协调一致的，但在病态的情况下，这种协调一致就会受到破坏。情感障碍是指个体在认识客观事物的过程中因态度上的紊乱而对事物表现出的不适当或不协调情绪的异常心理现象。情感障碍主要有两大类：一类是发生在人与客观现实关系方面的情感障碍，如情感淡漠、情感倒错、情感矛盾等；另一类是影响整个精神生活的情绪异常，如情绪高涨、情绪低落、焦虑、强迫性情绪、情感爆发、易受激惹、情感衰退等。

情感淡漠是指对外界任何刺激缺乏相应的情感反应，如反应异常迟钝、漠不关心、无动于衷等，常表现为面部表情平淡呆板、冷漠无情和无目标凝视等。情感倒错是指情感反应与外界刺激性质和相应的内心体验不符，如遇到悲伤的事情时却体验着并表现出喜悦的情感等。情感矛盾则是指对同一个或同一事物同时产生两种截然相反的情感反应，如对某人既爱又恨，但又不因这两种情感的矛盾而苦恼。

情绪高涨是指积极性情感活动显著增强，表现为总是得意扬扬、兴高采烈，多动、多语，说话时总是语音高亢、喜笑颜开，同时易受激惹，往往又转瞬即逝。情绪低落是指消极性情感活动显著增强，表现为抑郁沮丧、对外界失去兴趣，经常处于悲观失望或冷漠被动状态，多见于抑郁症。情感爆发是由精神因素引发的爆发性情感障碍，表现为哭笑无常、吵闹打骂、时而手舞足蹈、时而号啕大哭，多见于癔症。情感衰退是指对外界事物逐渐丧失相应的情感反应和内心体验，什么刺激都难以引起情感反应，等等。

五、意志障碍

意志是人有意识、有目的、有计划地调节和支配自己行动的心理过程，包括决定和执行两个阶段。意志障碍就是指意志过程的失常，通常包括意志减弱、意志丧失和病理性意志增强等。

意志减弱常常在人遭受严重的心理挫折之后出现。这类人往往缺乏主动性、目的性和进取心，主要表现为遇事犹豫不决、缺乏主见，思想、情感和行为易受外界影响和暗示等。意志丧失则主要表现为患者对周围事物缺乏兴趣，对一切活动都很被动，整日卧床或独处一隅，饮食起居都要靠外界督促，基本生活欲求明显减退，常伴有情感冷漠、兴趣贫乏和社交回避等。而病理性意志增强主要表现为意志具有病态的顽强性，不管主观意愿多么背离现实，仍盲目坚持，经久不懈。

此外，人格障碍和性心理障碍可见其他相关章节。

第三节　大学生常见的心理疾病

心理疾病又称精神疾病，是指在各种生物学、心理学以及社会环境因素影响下，大脑活动机能发生紊乱，导致认知、情感、意志和行为等精神活动出现不同程度障碍的疾病。大学生中比较常见的心理疾病除人格障碍、性心理障碍等以外，主要表现为神经症。它是一种非器质性的疾病，是由于大脑机能活动暂时性失调而造成的一种疾病的总称，包括神经衰弱、焦虑症、强迫症、恐怖症、抑郁症、疑病症和癔症等。

一、神经衰弱

神经衰弱是大学生中较为常见的一种神经症。其症状包括如下几种。①兴奋症状：工作和学习用脑均易引起精神兴奋，如回忆及联想增多，控制不住；有时对声光很敏感，但并不表现为言语运动增多。②衰弱症状：如精神疲乏、脑力迟钝、困倦思睡；注意力难以集中或不能持久，记忆力明显减退；工作和学习效率明显降低。③情绪症状：易烦恼、易激惹、心情易紧张，也表现为工作、学习效率下降或精力不足、焦虑苦恼，但并无广泛的焦虑或原因不明的心境低沉。④肌肉紧张性疼痛：如肢体肌肉酸痛，紧张性头痛、头昏、脑袋发胀等。⑤睡眠障碍：如入眠困难、多梦、易醒、醒后感到不解乏，睡眠感丧失等。

以上神经衰弱的症状并非每个患者都有，只是侧重点有所不同，且程度上亦有所差异。根据《中国精神障碍分类和诊断标准（第三版）》，神经衰弱患者至少应具有以上五项症状中的三项，病程至少三个月。有的大学生因几个晚上没睡好觉，或噩梦连绵，或记忆不好，便以为自己得了神经衰弱，从而十分紧张、焦虑。其实，单纯以睡眠情况来判断是否得了神经衰弱是很不科学的。

神经衰弱的发病原因通常不是单一的，它是由多种因素造成的。凡是引起高级神经活动过度紧张的各种因素，均可成为本病的病因。大多数人认为精神因素是导致神经衰弱的最重要的因素。对于大学生来说，环境适应不良、学习负担过重、人际交往不畅、恋爱受挫、就业受阻以及家庭重大变故等，都会引起大学生强烈的心理冲突和压力。如果不能及时调节，就会使大脑神经活动过程持久地处于紧张状态而发生神经衰弱。此外，神经衰弱还与一个人的个性心理特征有关。一般来说，性格胆怯、自卑、敏感、多疑、依赖性强、缺乏自信，或主观、任性、急躁、好强和自制力较差的大学生更易患神经衰弱。

对于神经衰弱的预防和治疗，一方面，大学生要根据个人的学习、工作情况和未来发展要求，制订出切合实际的目标和期望，学会科学用脑、合理用脑，注意劳逸结合和体育锻炼，掌握必要的心理调节方法，加强个人品性修养；另一方面，在出现神经衰弱的症状时，切忌不要对号入座或过分紧张，要及时求助心理咨询人员，在心理咨询人员的帮助下，找出发病原因，找到调适对策，必要时在医生的指导下，配以适当的药物治疗。

二、焦虑症

焦虑症又称焦虑性神经症，也是一种常见的神经症。它以焦虑情绪反应为主要症状，同时伴有明显的植物性神经系统功能紊乱。在日常生活中，焦虑情绪反应在正常人身上也会发生，但正常人可以通过不断适应逐渐减轻焦虑反应。而对于焦虑症患者来说，不仅对特殊的事物或情境会产生焦虑情绪反应，而且在任何情况下都可以产生焦虑反应，并且说不出确切的原因，也难以摆脱这种状态。

焦虑症的发病形式有急性和慢性两种。

急性焦虑发作又称惊恐发作。其症状为发病突然，患者突感不明原因的惊慌、恐惧、紧张不安、失去自控感、不真实感或大祸临头感，并伴有心悸、呼吸困难、胸闷、头昏、手脚麻木、出汗、颤抖、晕厥等。

慢性焦虑症又称广泛性焦虑症。其症状表现如下。①情绪症状：包括经常无明显诱因、无明确对象的游移不定的广泛性紧张不安、焦急、忧虑，总是处于高度警觉状态，提心吊胆、心烦意乱、恐惧、害怕。②自主神经症状：如头晕、胸闷、心动过速、呼吸急促、口干、尿频、尿急、出汗、震颤等。③运动性不安：如肌肉紧张、颤抖、坐立不安、坐卧不宁、搓手顿足，很难安静下来。

对于焦虑症的治疗，一般地，急性焦虑发作以药物（主要是抗焦虑药和抗抑郁药）治疗为主；慢性焦虑症以心理治疗为主，配以药物治疗。心理治疗主要是通过安慰、鼓励、保证和支持等，使患者消除对焦虑发作所产生的思想负担和恐惧心理，使患者明了焦虑产生的原因和焦虑的性质，使其树立治愈疾病的信心，然后进一步帮助患者找到减轻或消除焦虑的策略和途径。另外，生物反馈疗法、放松疗法、心理分析疗法等均可收到一定的效果。

三、强迫症

强迫症又称强迫性神经症。这是一种以不能为主观意志所控制的强迫症状为特征的心理疾病。患者主观上感到有某种不可抗拒和被迫无奈的观念、情绪、意向或行为的存在，明知其重复出现是不合理的或毫无意义的，但却无法加以控制，以致引起显著的焦虑或痛苦。强迫症的症状表现可具体分为强迫观念、强迫情绪、强迫意向和强迫行为等。

强迫观念主要表现为强迫性回忆、强迫性联想、强迫性怀疑、强迫性追悔、强迫性穷思竭虑、强迫性对立思维等。比如，对刚刚做过的事或已经过去的事反复进行回忆；看到或听到某一事物，于是便不可控制地联想到与之相关的事物；外出时怀疑门窗是否关好，反复多次检查仍不放心；对日常生活中的一些事情或自然现象刨根问底，明知缺乏现实意义或没有必要，但无法自我控制；等等。

强迫情绪主要表现为对某些事物的担心厌恶，明知不必要或不合理，自己却难以控制。比如，担心自己会失去自制而伤害别人，或担心自己会违法、犯罪或精神失常等。

强迫意向主要表现为常被某种与正常心理相反的意向所纠缠，明知这种意向违背自己的意愿，但却无法摆脱。比如，人们会产生一些消极想法。尽管只是控制不住地“想想”而已，并不会付诸行动，但主体却一直受到折磨。

强迫行为主要表现为不可控制地重复某些毫无意义的动作，如强迫计数、强迫检查、强迫洗手、强迫洗衣、强迫性仪式动作等。

强迫症与心理社会因素有非常密切的关系，强烈或持久的精神因素的作用及激烈的情绪体验的影响往往是强迫症发生的直接原因。此外，强迫症的发生也与主体的人格特点有关，如主观任性急躁、好强、自制力差，或胆小怕事、优柔寡断，遇事过于谨慎、缺乏自信、墨守成规、生活习惯比较呆板、喜欢过细考虑问题。

目前，没有专门治疗强迫症的药物。一般性的心理咨询与心理治疗有一定的效果，但仍需进一步提高。同时，不同的强迫症状应选用不同的心理治疗方法。如对于强迫行为，可采用行为疗法、厌恶疗法；对于强迫观念，采用“顺其自然，为所当为”的森田疗法则比较有效。

四、恐怖症

恐怖症又称恐怖性神经症，指患者对于某些特定的事物或情境，明知没有危险，但却产生异乎寻常的强烈的恐惧情绪，由于不能自我控制而极力回避引起恐惧的事物或情境。恐惧本身并不是一种病态心理，也不完全是消极的。比如，在危险的环境中，恐惧可促使人们积极采取对策脱离险境。如果导致恐惧的对象、恐惧的程度和恐惧持续的时间在正常的范围内，这时的恐惧是一种正常的情绪，但如果这种恐惧情绪严重影响到一个人的行为和社会适应能力，那就是一种病态心理了。

恐怖症依患者所恐惧的对象不同，可分为社交恐怖、空旷恐怖和特殊恐怖等。

社交恐怖主要表现为在社交场合下几乎不可控制地进入一种焦虑的状态，并以对社交性场景持久地、明显地害怕和回避为主要表现。比如，在众人面前或在社交场合出现表情尴尬、发抖，脸红、出汗或行为笨拙、手足无措等症状，他们极力回避诱发焦虑的社交场景，不敢与人对坐吃饭、乘车，不敢排队买东西，害怕与人近距离相处，尤其回避与别人谈话。异性恐怖是大学生较常见的一种，患者只要跟异性接触或在有异性在的场合就会出现害羞脸红、局促不安、尴尬、笨拙、迟钝等症状，害怕成为人们耻笑的对象。

空旷恐怖主要表现为患者在经过空旷的地方时就会感到恐怖，并伴有强烈的焦虑和不安。因此，害怕越过街道、广场、走廊、庭院、商店、车站等。

特殊恐怖是指对存在的或预期的某种特殊事物或情境的不合理恐惧。最常见的恐怖对象包括：某些动物（如猫、狗、蛇、老鼠、蜥蜴等）、昆虫（如蜜蜂、蜘蛛等）、高空、黑暗、雷电、流血、锐器（如刀剪等），以及某种特殊的疾病（如癌症、性病等）。

对于恐怖症的治疗，一般是以心理治疗为主、以适当药物治疗为辅。目前最为常用的是系统脱敏法，即有计划、有目的、有步骤地鼓励和指导患者亲自去接触那些使其产生恐惧情绪的事物，使其逐步适应，以达到治愈的目的。在国内，认知领悟疗法也常用于恐怖症的治疗。

五、抑郁症

抑郁症又称神经性抑郁症。这是一种以显著而持久的抑郁情感为特征的神经症。其主要表现如下。①心境低落：轻者闷闷不乐、心情不佳、无愉快感，兴趣明显减退；重者精神不振、情绪低落、自我评价降低，产生无助感和无价值感，悲观绝望、痛不欲生、度日如年，常伴有孤独感和自责、自罪感等。②思维迟缓：思维联想速度缓慢，反应迟钝、思路闭塞、注意力下降等。③意志活动减退：轻者生活被动、疏懒，闭门独居、不想做事，不愿和周围人接触交往，遇到亲朋好友，绕道避之；重者不语、不动、不食，感到生活甚至生命都失去意义。④躯体症状：睡眠障碍、疲乏无力、食欲减退、体重下降、胸闷、心慌、便秘、浑身疼痛等。

一般来说，生活中的不幸遭遇，学习工作中的困难、挫折，自尊心受到损伤或打击，躯体疾病久治不愈等种种心理社会刺激，均可成为抑郁症的发病原因。性格内向、多思多虑、多愁善感或依赖性强，或者有适应不良或人格障碍的人更易患此病。

抑郁症的治疗方法有药物疗法、心理疗法、家庭疗法和社会康复等。

六、疑病症

疑病症又称疑病性神经症，是一种希望自己身体健康，又担心或相信自己患有一种或多种严重躯体疾病的神经症。患者对自己的健康状况十分关注，常诉说自己躯体某些部位不适，认为自己患了某种严重的躯体疾病，并四处觅医。虽然医生已反复检查、说明，但其仍不能消除疑虑，并产生焦虑、恐惧、忧郁等情绪。

疑病症的出现，除了大多数患者具有谨慎、敏感、多疑、固执、以自我为中心、兴趣狭窄、暗示性强等个性特征外，也与社会环境因素有关。比如，得知自己亲属或朋友死于某种严重疾病，就会怀疑自己也会患这种疾病。另外，医生的不恰当言论或误诊，过多的医学仪器检查，不必要的治疗，以及不必要的手术等，都可能促进疑病观念的产生。

疑病症的治疗一般以心理治疗为主，以药物治疗为辅。心理治疗采取支持性心理治疗——耐心细致地听取患者的诉述，并持同情关心的态度，与患者建立良好的关系。在此基础上，引导患者认识疑病症的本质，让他们明白疑病症不是一种躯体疾病，而是一种心理障碍。同时，对疑病症的性质、症状给予科学合理的解释，以缓解患者情绪，增强其治疗信心。另外，改变环境、改变生活方式、扩大人际交往，以及积极参加社会公益活动等，可转移患者的注意力，使其症状得到一定的改善。

此外，森田疗法对消除疑病观念也有一定作用。

七、癔症

癔症（分离性障碍）是一类由精神因素（如生活事件、内心冲突、暗示或自我暗示）作用于易感个体引起的精神障碍。其主要表现有分离症状和转换症状两种。分离是指对过去经历与当今环境和自我身份的认知完全或部分不相符合。转换是指精神受刺激后产生情绪反应，接着出现躯体症状，一旦躯体症状出现，情绪反应便褪色或消失。

分离症状的主要表现如下。①朦胧状态：患者意识范围狭窄或缩小，同时伴有意识清晰度水平降低，时空感知局限，对周围事物反应迟钝；②情感爆发：在遭遇精神刺激时突然发作，哭喊吵闹、捶胸顿足，甚至毁物、伤人或自伤等；③遗忘症：在精神创伤后出现记忆缺失的症状，表现为突然不能回忆起某一阶段重要的个人经历；④分离性漫游：伴有个体身份的遗忘，表现为突然的、非计划内的旅行；⑤身份障碍：表现为突然对自己的身份不能识别，以另一种身份进行日常活动，又称双重和多重人格；⑥假性痴呆：突然出现智力障碍，给人幼稚的感觉。

转换症状的主要表现如下。①运动障碍：痉挛发作（抽搐）、肢体震颤和肌阵挛、瘫痪、缄默症、失音症等；②感觉障碍：躯体感觉缺失（如失明、耳聋），皮肤感觉过敏或异常等；③自主神经系统功能障碍：头痛、呼吸困难、四肢发冷、恶心、呕吐等。

癔症患者多具有易受暗示、喜夸张、感情用事和以自我为中心的个性特征，而社会文化因素和强烈、持久的精神刺激对本症的发生与发作形式也有较大的影响。对于癔症的治疗，仍是以心理治疗为主，如疏泄、鼓励、支持、保证、自我松弛、催眠暗示、系统脱敏等。

第三章　大学生心理挫折及其应对

我们所处的时代是一个发展迅速、竞争激烈的时代，也是一个机遇与挑战并存、风险与成功同在的时代。在这样的时代背景下，处在青春期中期的大学生在追逐梦想与实现目标的过程中，由于主客观因素的干扰和阻碍，难免会遭遇挫折，从而产生心理失衡。所不同的是，有的人在挫折面前不屈不挠、重新奋起，而有的人却一蹶不振、丧失信心。因此，对于挫折的应对及承受能力如何，在很大程度上反映出一个人的心理素质和健康水平。许多大学生的心理问题就是由于遭受挫折而又不能很好地调适自我所造成的。培养大学生良好的心理素质和耐挫能力，是大学生心理卫生教育的重要任务。

第一节　大学生挫折类型及特点

一、挫折的含义及构成要素

挫折就是俗话说的“碰钉子”，这在每个人的人生道路上都是难以避免的。比如，小到同学之间的争执、受到老师批评、找不到知心朋友，大到考试失利、婚姻失败、择业失败、疾病缠身、家庭变故等。在这种情况下，人们常常会产生一种紧张、烦恼、愤怒或焦虑的情绪反应，即产生了心理挫折。

关于挫折的定义，心理学家和教育学家从不同的研究角度提出了自己的认识和见解。综合归纳起来，我们认为，挫折是指个体在某种动机的推动下，在有目的的活动中，由于遇到了客观上无法克服或者主观上认为无法克服的阻碍和干扰而无法达成目的时，内心所产生的紧张状态和消极的情绪反应。由于人类社会生活的复杂性，挫折的概念有狭义和广义之分。狭义的挫折专指有目的的活动受到阻碍时而产生的消极情绪反应；而广义的挫折则泛指一切能够引起人们精神紧张，造成疲劳和心理变化的刺激性生活事件。

从挫折的概念可以看出，挫折所刻画的是一种行为目标受阻后的情绪状态，一般由挫折情境、挫折认知和挫折反应三个要素构成。

挫折情境是指个体在有目的的活动中，使其需要不能获得满足的内外障碍或干扰所实际呈现的情境状态或情境条件。比如某科目考试不及格、在比赛中没有获得名次、受到老师批评或同学嘲讽、重病或失恋等，都是造成挫折的情境因素，是产生挫折的重要条件之一。

挫折认知是指对挫折情境的知觉、认识和评价。挫折认知既可以是对实际遭遇到的挫折情境的认知，也可以是对想象中可能出现的挫折情境的认知。不同的人对相同的挫折情境所产生的主观心理压力不尽相同，个人的知识结构、思维方式、思想觉悟等也会影响其对挫折情境的认知、评价和判断。例如，有的大学生总是怀疑别人在背后议论自己，虽然事实并非如此，但他会因此而与他人关系不和睦，进而产生烦恼、焦虑等情绪反应。又如，两个学生与老师打招呼，而老师却没有反应。其中一个学生认为可能是老师瞧不起自己，是跟他过不去，因而自尊心受到打击；而另一个学生则认为，此种情境可能是由于老师正在专注于思考某个重要问题，没有注意到别人和他打招呼所造成的。

挫折反应是指主体伴随着挫折认知，对于自己的需要不能得到满足而产生的情绪和行为反应，如愤怒、焦躁、紧张、躲避或攻击等。

在现实生活中，当挫折情境、挫折认知和挫折反应三者同时存在时，便构成典型的心理挫折，但如果主体认知不当，即使缺少挫折情境，只有挫折认知和挫折反应这两个因素时，也可以构成心理挫折。也就是说，当一个人遭遇某种实际的挫折情境，或者主观上认为自己将要遭遇某种挫折情境，同时又知觉到、意识到这种挫折情境的不利影响，并产生相应的紧张状态和消极的情绪反应时，就会形成现实的、能够感受到的挫折。

在挫折情境、挫折认知和挫折反应这三个要素中，挫折认知是最重要的因素。挫折情境与挫折反应没有直接的联系，它们之间的关系要通过挫折认知来确定。挫折反应的性质及程度，主要取决于挫折认知。一般来说，挫折情境越严重，挫折反应就会越强烈。反之，挫折反应就会比较轻微。但如果个体主观上将严重的挫折情境认知和评价为不严重事件，其反应也会比较轻微；反之，如果将并不严重的挫折情境认知和评价为严重事件，那么挫折反应就会比较强烈。

二、大学生心理挫折的类型

关于挫折的类型，可依不同的标准进行不同的划分。参考国内外学者的观点，结合我国大学生成长成才的实际情况，可将大学生心理挫折划分为学业挫折和就业挫折、交往挫折和情感挫折、适应挫折和生活挫折等。

（一）学业挫折和就业挫折

对于大学生来说，知识的学习和能力的训练是他们未来参与社会竞争、谋求自身发展的前提和基础。然而，由于诸多因素的影响，一些学生在学业方面遭遇了挫折。比如，有的学生对所学专业或某些科目不感兴趣，学习活动难以深入，缺乏自我效能，因此学习成绩下降，而且在心理上倍感焦虑和折磨；有的学生进入大学后，对自己在学业上有着较高的目标要求，希望自己能够继续保持中学时“学习尖子”的优势地位，而大学毕竟是一个“群英荟萃”的地方，同学之间的竞争已让他们感到压力，而一旦他们的学业成绩排名落后，便会产生强烈的失落感和挫折感；也有的学生想调换专业或争取推免研究生名额，但因自身条件不足或名额有限而未成功，这也使他们感到沮丧和失落；等等。大学生在学业方面所受到的种种挫折，既可能来自自身，也可能来自学校、老师或其他同学。

“就业是民生之本。”大学生就业不仅是个人生存发展的基本保障，也是实现自身价值的重要途径。它牵涉大学生本人和千家万户的利益，也是我国就业问题中带有战略性的核心问题，因而就业成为大学生群体乃至全社会十分关注的话题。大学生自主择业的就业政策，为大学生就业提供了公平竞争和施展才华的机会，同时也对大学生的职业能力和心理素质提出了更高的要求。尽管我国经济迅速发展、国家采取各种有效措施促进大学生就业，但由于高校专业设置与快速变化的市场需求错位、人才结构失衡导致供求矛盾加大、用人机制尚不完善，以及大学生就业观念和职业规划存在误区、自身综合素质存在缺陷等诸多方面的原因，目前大学生就业形势依然严峻。“就业难”的现实使许多大学生感到烦躁、恐慌或抑郁，成为大学生心理压力和挫折源之一。

（二）交往挫折和情感挫折

交往挫折是常见的大学生挫折之一。它是指大学生在校期间与他人交往的过程中，由于自身因素和外界条件的限制或阻碍，交往的需要和动机受到阻滞，进而产生挫折感。大学生作为一个特殊的社会群体，他们思想活跃、精力充沛、兴趣广泛、自尊心强，人际交往的需要极为强烈，而且正值身心发展的不平衡时期，加之当代大学生活的独特性，使其人际交往也具有一定的特殊性。他们往往要处理好同学关系、师生关系、同乡关系、异性关系，力图在人际交往中去认识自我、认识世界、寻找归属感、获得友谊，满足自己物质和精神上的各种需求。在此过程中，一些大学生常常因为社会风气、校园环境、家庭教育、地域习俗和虚拟互联网络等客观因素的影响，以及人格特征、处事方式、交往动机和交往技巧等主观因素的偏差而走入交往的误区，以致出现各种交往障碍或人际冲突。当大学生主观知觉这些干扰和障碍的存在，并产生紧张的心理状态和消极的情绪反应时，交往挫折便产生了。例如，有的学生因自我封闭或缺乏交往勇气而找不到知心朋友，于是陷入孤独、压抑和痛苦之中；有的学生因生活习惯的差异而无法与同宿舍同学和睦共处和顺畅沟通，为此产生敌对情绪或攻击反应；还有的学生因观念、意见严重分歧或听信他人挑拨而中断友谊，内心深感失落和愤怒；等等。可见，大学生交往挫折既可以看成是个体与外部交往的障碍，也可以看成是个体对这种外部交往障碍的反应。

与此同时，大学生正处于情感不断丰富、性心理发育基本成熟的特殊时期，对爱情的渴望以及对亲情的需求尤为突出。然而，由于大学生的人生观、价值观、爱情观等尚未完全成熟，思想认识有一定的局限性，容易受自身因素和外界环境的影响而产生情感方面的困惑，因而这一时期也是大学生情感最为脆弱和困扰较多的时期。有关调查显示，在困扰大学生的几类主要心理问题中，情感挫折排在第一位。常见的大学生情感挫折表现为：某些大学生由于单相思而陷入抑郁、痛苦的境地，处于空虚、烦恼之中；有些大学生的恋爱观不端正，缺乏责任感，因恋爱而与他人产生感情纠葛或行为冲突；有的大学生自制力较弱，往往不能理智地控制自己的情感，对恋爱对象过分依赖，一旦失恋就会情绪失控，甚至精神崩溃。

（三）适应挫折和生活挫折

大学生适应挫折多发生在大一新生身上。具体表现如下。第一，在目前的高考制度下，能够进入大学尤其是重点大学的学生仍然是少数，他们一般是中学的“尖子”、家中的“宠儿”，他们对自己的能力、才华和未来往往充满自信，普遍存在着一定的优越感。然而，大学毕竟是一个“群英荟萃”的地方。当各地的“精英”聚集到一起时，就出现了“相对平庸”的现象，一些新生因不再具有中学时的优势而感到失落和焦虑，有的甚至陷入自我怀疑、自我否定的困惑之中。第二，大学生活是大学生独立面对社会的开始，它要求大学生生活上要自理、学习上要自主、人格上要自立，这使得一些过去习惯于依赖父母、老师的新生常常感到手足无措，难以适应大学的生活方式和学习方式。第三，大学新生离开自己原来熟悉的生活环境及中学老师、同学，来到全新的大学校园，面对素昧平生的新同学和重新组成的班集体，由于生活习惯、脾气性格、兴趣爱好、行为方式的差异以及语言等方面的障碍，一些新生一时难以适应新的人际关系，有的因此陷入孤独和自卑的情绪之中。

大学生生活挫折是指大学生在生活消费、家庭状况、身体健康等方面受到限制和阻碍，因内在需求得不到满足而产生挫折感，学者们将之称为“需求性挫折”。比如，对于家庭经济比较困难的大学生来说，不仅高额的学费是一项沉重的负担，而且他们在日常消费、交友和学习方面的需求也会受到一定的影响，因此，有些学生感到压力很大。对此，有的学生自强自立，通过勤工助学等途径，努力改善自身的经济状况，而有的学生因此陷入压抑和自卑的情绪之中。又如，父母离异或者重病、死亡，家庭遭遇火灾、水灾、台风、地震、车祸等天灾人祸，家人与邻里发生纠纷而受到人身伤害或财产损失等，也会直接剥夺学生本人在亲情、物质等方面的需求，这势必会使他们在心理上产生挫折感。

总之，大学生心理挫折体现在他们成长成才过程的各个方面，既有外部挫折也有内部挫折、既有事业性的也有生活性的、既有短暂性的也有持续性的。

三、大学生心理挫折的主要特点

大学生活涉及学生的学习、交往、情感、择业等诸多方面。大学生在追逐其成长成才梦想的过程中，不可避免地会受到各种主客观因素的干扰和阻碍，这使得他们的目标无法顺利实现，诉求无法得到满足，从而产生失败感与挫折感。因此，大学生心理挫折是一个特定的概念，是挫折现象在大学生这一年龄阶段和特定群体中的具体表现。具体来说，它是指在大学期间，大学生在学习、生活、交往、情感、择业等方面的活动中，由于遭遇无法克服或者主观上认为无法克服的阻碍和干扰而使其成长成才的需要或目标不能顺利实现时，内心所产生的紧张状态和消极的情绪体验。

大学生作为一个特殊的社会群体，正处于“心理上的断乳期”，同时面临着高于其他同龄群体的多重压力。其所遭遇的挫折除具有必然性、普遍性、两面性等一般特征外，还有其自身的特殊性，主要表现为以下几个方面。

一是群体性。大学生正值青春期中期，有着相近的年龄、智力和相似的生活阅历，以及相同的教育背景和成才诉求。他们在大学阶段所面临的问题一般是具有共性的，因而所遭遇的挫折带有群体性的特征。比如，刚入学的大学生往往会在角色转变、人际关系和教学模式等方面产生适应障碍，心理学上将这一时期称为“大学新生心理失衡期”。而“踏着铃声进出课堂，宿舍里面不声不响，互联网上述说衷肠”，则形象而真实地反映出当前一部分大学生在人际交往方面的现状和困境。

二是阶段性。即在大学期间的不同阶段所产生的心理困惑或心理挫折亦有所不同。如上所述，有些大学新生为无法适应新环境而感到苦恼；二、三年级学生则在学业竞争、交友恋爱等方面感到了沉重的压力；而进入“毕业季”后，有些学生又因严峻的就业形势和即将走向社会而产生紧张和焦虑的情绪。

三是差异性。具体表现为学校差异、专业差异、年级差异和生源差异、性别差异等。

总之，随着社会竞争的不断加剧，处在特定成长阶段和教育环境中的大学生所面临的压力和遭遇的挫折，既具有鲜明的时代特征，也具有其自身群体的显著特点。

第二节　大学生挫折的成因分析

一、大学生的需要、动机及其与挫折的关系

人的一切活动都是在一定的动机驱使下进行的，而动机都是在一定需要的基础上产生的。任何挫折都是个体在进行有目的的活动中，由于遇到了无法克服或自认为无法克服的障碍或干扰，致使需要和动机不能获得满足而造成的。因此，分析大学生挫折成因，首先要明确需要和动机的含义以及它们与大学生挫折的关系。

（一）需要

需要亦即人的欲求。它是指个体对自身生存和发展的客观条件的依赖和要求，是个体在生活中感到某种欠缺而力求获得满足的一种内心状态。个体在与客观环境的相互作用中，为了求得自身的生存与发展，必然产生一定的需求，以保持其与环境的平衡。比如，人为了维持生命或活动，其身体必须要保持一定的血糖量、温度、水分和其他物质。一旦体内缺乏这些东西，其生理体系就会失去平衡，感到饥饿。这时机体就会产生企图恢复内部稳定性的紧张状态，对相应的食物会产生较高的感受性和倾向性。也就是说，人产生了进食的需要。

人的需要是现实生活中所存在的一切现象的动因，是行为产生的原动力，也是个体积极性的源泉。其有以下几个特点。

其一，人的需要具有特定的内容，总是指向对于某种东西、某种条件或活动的某种结果的需要。需要的具体内容表明需要的性质，如一个人口渴时，水就成了其具体的需要对象；再如，人不愿离群独处，不愿意被孤立，想要得到别人的关心、支持，想要与他人合作，于是便产生了交往的需要。

其二，人的需要与其心理发育程度密切相关。一般来说，人在幼儿时期，

主要以生存需求、安全需求为主。进入青少年时期以后，其需要也进一步向前发展，他们所追求的不仅是生理性需要的满足，更主要的在于追求社会性需要的满足。

其三，人的需要具有社会历史性。也就是说，人的需要随着社会历史的发展而不断更新。生活在不同社会历史环境中的人具有不同的需要。

其四，人的需要是以阶梯式的形式向前发展的。当人的基本需要得到满足之后，就会产生更高层次的需要。美国心理学家马斯洛曾把人的需要分为由低到高的五个层次，即生理需要、安全需要、归属和爱的需要、被尊重的需要以及自我实现的需要。

我国大学生的需要是积极、健康和多样化的。归纳起来，主要有生理需要、安全需要、交往需要、被尊重的需要、发展的需要和实现理想与获得成就的需要等。

（二）动机

动机是在需要的基础上产生的，它是个体行为产生的起因，亦即激励、维持或抑制个体的某种活动以满足一定需要的内部动力。如果说需要是人的活动的基本动力和源泉，那么，动机就是需要的具体表现，但需要不等于动机。当人意识到自己的需要时就会产生一种满足需要的愿望，但是如果没有可以满足这种需要的具体目标，还不能形成动机。只有当需要指向一定的目标，展现出达到目标的可能性并具有满足需要的途径和方式时，才能形成动机。

心理学研究表明，动机具有以下四方面的功能。第一，引发功能。人的一切活动，从最原始的求食到人所特有的求知以及生产活动，都是在一定的动机的激励下而产生的。第二，指向功能。即动机不仅是人的行为的发起者，也是人的行为的指向者。它能引导人朝着一定的目标和方向不断努力，以获得预期的效果。第三，聚焦功能。即人在一定动机的推动下，排除各方面的干扰，克服重重困难，把注意力集中在所追求的目标上。第四，强化功能。个体活动的动机越明确，对由动机所引导的活动目的、意义的认识就越充分，活动就越能顺利地进行，目的也越容易实现。

由于人的需要是多方面、多层次的，因而人的动机也是复杂多样的。青年学生的基本动机主要有生理性动机、学习动机、成就动机、交往动机、职业动机、婚恋动机等。个体的活动动机产生以后，会引导个体的活动指向一定的目标。因为人的任何自觉的行动都是有目的、有意识的，人在行动之前和行动的过程中，头脑中总是要有一个所期望达到的结果，这个结果就是个体行动所要达到的目标。这个目标是根据需要并经过对可能满足需要的各种条件进行分析而设计出来的。

因此，需要、动机、目标三者是相互联系、相互影响、相互促进、相互制约的。需要产生动机，动机指向目标，目标又会进一步激发动机，以满足人的需要。人的积极性就产生并表现在依据需要、形成动机、实现目标、满足需要的过程中。一旦人们达到了所期望的目标，满足了自己的需要，就会产生愉快、满意等积极的情感体验。但是，正如我们所生存的这个世界并不总是晴日朗朗、和风习习一样，个体在一定动机驱使下指向一定目标的活动也并不总是一帆风顺的。如果由动机引发的行为受到干扰或阻碍，目标无法实现，需要不能满足，就会使人产生紧张、焦虑乃至悲观、失望等消极的情绪反应，即在心理上产生挫折感。

一般来说，动机的强度取决于需要的强烈程度。需要越迫切，它所产生的行动动机的动力也就越大，投入活动的精力和能量就越大，遭受挫折时的反应也就越强烈；反之，需要不太迫切，它所产生的行动动机的动力也就比较小，遭受挫折时的情绪反应也相应较弱。同时，对目标的明确程度越高，行为动机的清晰度就越强；或者对目标的期望值越高，对人的激励作用就越大，目标达不到时所产生的挫折感也就越大。因此，在人们有目的的活动中，动机受阻进而需要得不到满足，是产生挫折感的根本原因。

二、构成大学生挫折的客观因素

构成大学生挫折的客观因素，是指大学生个体因素以外的自然因素、社会因素以及学校、家庭等给大学生带来的种种阻碍和限制，致使其需要得不到满足而产生挫折感。

（一）自然因素

构成大学生挫折的自然因素主要是指个体不能预测和防范的不可抗力因素。比如，低温、雨雪和冰冻的极端天气。

（二）社会因素

构成大学生挫折的社会因素，是指个体在社会生活中遭遇的政治、经济、道德、法律、科技、文化、宗教以及风俗习惯等因素的限制、阻碍或冲突。比如，多年来，由于就业市场竞争激烈和用人制度的不完善，高校毕业生就业遭遇各种歧视的现象屡见不鲜。这极大影响了大学生就业公平的实现，也使得许多大学生心理遭受挫折。

德国精神分析学家荷尼从社会文化环境对人格的影响的角度来谈论挫折，认为有三种冲突使得现代人更多地产生挫折感。一是竞争与合作的冲突。现代社会多以个人的表现论成败，因此在求学、就业、婚姻、事业或其他社会活动中，人人都必须经受激烈的竞争，往往要打败别人才能成功；而另一方面，现代人从小所受的教育又要求大家协力合作、谦让有礼、牺牲自我，这使得有些人产生了强烈的内心冲突。二是满足欲望与抑制欲望的冲突。现代社会工商业日益发达，大大刺激了个人的各种欲望和需求，而经济上或传统道德上的约束又抑制了人们的欲望，这就造成了现代人内心的第二大冲突。三是自由与现实的冲突。现代社会大力宣扬自由，使人们误以为任何事情都可以以个人的自由意志来决定，然而事实上无论升学、就业或者择偶等，处处都要受到现实的限制，个人往往无能为力，忠于自己还是适应社会，构成了现代人的又一冲突。内心冲突的不断加强和能量的不断累积，就会导致个人越来越难以适应社会，从而心理遭受挫折，甚至行为失常。

目前，随着科学技术的发展、社会生活节奏的加快、信息的急剧膨胀和竞争的日益激烈，人们的心理压力大大增加；改革开放所带来的新旧文化的冲突、利益的调整、社会规范和价值取向的变动，以及所造成的各种消极影响和不良社会风气，使许多人在心理上产生种种矛盾、冲突和困惑。另外，国际、国内政治风云的变幻，理论、观念的更新以及日常生活中的诸多变化，也使得一些人感到不能适应新的社会生活环境。

任何人都不可能脱离一定的社会历史条件而存在，任何社会也必须在变化中才能发展。因此，社会生活的变化给人所带来的限制是无时无处不在的。人之所以能够与其他动物相区别，就在于人有着各种各样的社会性需要，但其中总有一些由于各种社会因素的限制而不能获得满足，从而使人产生挫折感。

（三）学校因素

学校是一个有计划、有组织、有目的地向学生传授知识、技能、价值标准、社会规范的专门机构。毋庸置疑，我国的教育改革取得了举世瞩目的成就。但也应当看到，我国的学校教育还存在许多不足。比如，重视品德、智力的培养，轻视心理素质的训练；过分强调理想教育，忽视现实教育；重理性判断而忽视非理性情感世界的培养；等等。因此，教育与现实脱节，学生仅仅作为知识的富翁，而在走向社会之际，面对复杂的社会现实和多变的人际关系往往无所适从，甚至与社会格格不入，在心理上产生巨大的失落感和恐慌感。此外，大学的培养模式、学习要求、管理方式、师生关系、环境设施系等，也深刻地影响着大学生的心理，成为导致学生心理压力和挫败感的重要因素。

（四）家庭因素

家庭是社会的细胞，是人出生后所接触的第一环境。它既是人生长的温床，又是塑造人的情感、意志、性格、品德的场所。大学生的心理挫折总能或多或少折射出家庭的烙印。家长的文化素质、道德品质、价值观念、教育方式、职业状况、婚姻状况，家庭经济状况、家庭矛盾纠纷、家庭成员的健康状况以及家庭与邻里之间的关系等，无不在大学生的心理上形成一定的影响。比如，父母婚变以及简单粗暴的教育方式，常给一些大学生留下心理阴影和心理创伤，因此，有的大学生不愿跟父母沟通交流；又如，家庭贫困成为阻碍一些大学生正常学习、生活的主要因素，致使不少贫困大学生产生了敏感、封闭、自卑、焦虑、抑郁等一系列心理问题。

三、构成大学生挫折的主观因素

构成大学生挫折的主观因素是指大学生由于个体的生理、心理以及知识、能力、观念等因素的阻碍和限制，其需要得不到满足，从而产生了挫折感。

（一）生理因素

在现实生活中，自身生理缺陷、疾病以及身材、容貌等方面的限制构成了一些大学生的心理挫折。调查显示，由于大学生在社交、恋爱、面试、文体活动等方面的需要，大学生比中学时代更加重视自己的身材、外貌状况。其中，女大学生在这方面的压力明显超过男生。生理上的缺陷之所以能够使一些人产生挫折感，与社会的某些价值观和个体对自身这些特征的评价有很大关系。一般来说，个子过于矮小的人比个子较高的人挫折感要重；身有残疾或患有某种疾病的人比四肢健全、身体健康的人更易产生自卑感。

（二）动机冲突

丰富多彩的社会生活以及改革开放的社会背景为当代大学生的全面发展提供了良好的条件和广阔的舞台，但同时也为每个人带来了压力，以及面对诸多选择时的冲突和烦恼。个体在有目的的行为活动中，常常会因一个或几个目标而同时产生两个或两个以上的动机，但是，由于种种条件的限制，这些并存的动机不可能同时全部实现，而人们必须有所取舍，于是就会形成动机冲突的心理现象。如果这种心理矛盾持续得太强、太久，人就会产生强烈的消极情绪，陷入困惑和苦闷之中，甚至颓废和绝望，从而产生心理挫折感。

动机冲突是造成大学生挫折的重要原因之一，但冲突的形式因条件的不同而有所差异，其一般分为双趋冲突、双避冲突、趋避冲突和双重趋避冲突四种类型。

所谓双趋冲突是指个体在有目的的活动中，同时有两个并存的目标对其产生同等强度的吸引力，引起同样强度的动机，但因条件限制，无法兼得，而只能选择其一，从而产生难以取舍的矛盾心态，即所谓“鱼与熊掌，不可兼得”的情形。如某大学毕业生既想参加公务员考试，到行政机关去工作，又想到大型国有企业去闯一番事业。一般来说，人们面对双趋冲突的选择时，通常不会花很多时间，也不会感到过分焦虑。因为无论选择哪一个，结果都是自己所希望的，所以这类冲突不是严重的冲突。

所谓双避冲突是指个体同时遇到两个具有同样威胁性的目标的困扰，从个体本意上讲，对这两个目标都想躲避，但迫于情势，必须选择其中一个才能避免另外一个，从而产生左右为难的矛盾心理，即所谓“前有悬崖，后有追兵”的处境。比如，一些大学生因厌学或网游成瘾而不想刻苦学习，但又害怕因多门课程不及格而被勒令退学。在双避冲突中，无论个体选择了目标中的哪一个，都会感到不愉快。因此，双避冲突带来的影响通常较大，也较难解决。面对此种冲突，个体应将“两害相权取其轻”的原则，作为选择的依据。

所谓趋避冲突是指个体在对待同一目标时同时产生两种互为矛盾的心态或动机，一方面好而趋之，另一方面又恶而避之。亦即某一目标对个体既有吸引力又有排斥力，从而使个体产生既喜欢又害怕的矛盾心理。这种动机冲突情境在日常生活中最为普遍。比如，有的女大学生既喜欢吃甜食，又害怕吃了会发胖；有的大学生既想当班级干部，从而锻炼自己的能力，又怕耽误学习、影响课业成绩；有的学生既想治愈疾病，又怕做手术；等等。个体在面对这类动机冲突时，应先权衡利弊，然后再做决定。

所谓双重趋避冲突是指个体在活动中同时遇到两个或两个以上的目标，而对每一个目标又同时构成趋避冲突。比如，大学生在选择职业时遇到两个单位，一个待遇较高，但专业不对口；另一个专业对口，但效益较差。又如，有的大学生既向往到“北上广深”打拼一番事业，认为一线大城市发展机会多，教育、科技、文化、医疗、交通等条件也比较优越，但又觉得这些城市精英云集、竞争惨烈，而且房价高、消费高，生活成本较大；而在二、三线城市，工作、生活压力相对较小，但教育、医疗、文化生活等方面没有一线城市的优势。

（三）认知因素

认知在心理学中是指通过形成概念、知觉、判断或想象等心理活动来获取知识的过程，即个体思维进行信息处理的心理功能。从广义来看，它包括对社会的认知和对自我的认知。

社会认知是指人们对社会的认识和评价。从中学来到大学后，大学生对社会的接触与了解日益增多，也逐步有了自己对社会的认识与评价。由于学校教育、自身阅历和认知发展等多方面的原因，许多大学生对于社会怀着美好憧憬，而现实生活中存在的种种弊端和问题则往往会让他们感到困惑、迷茫乃至使他们产生心理冲突，妨碍着他们对社会的正确评价和认同。当大学生看到社会的某些阴暗面的时候，就会感到沮丧和失望，进而产生挫折感。

自我认知是人们对自己的洞察和理解，包括自我观察和自我评价。自我观察是指对自己的感知、思维和意向等方面的觉察；自我评价是指对自己的想法、期望、行为及人格特征的判断与评估。在现实生活中，有的大学生不能客观地认识和评价自我，看不到自己的优点和长处，总觉得处处不如别人，这种消极的自我认知就会导致其自卑、敏感，做事缺乏信心、畏缩不前。与此相反，也有的大学生过于自信，过高地估计自己的知识能力水平，这样就会对自己提出不切实际的要求，制定过高的甚至无法达到的目标。当这些目标无法达到时，他们便产生强烈的挫折感。一般来说，挫折感的大小与自身的期望值成正比，与实际有效行为成反比。也就是说，当一个人的期望值确定以后，能力和实施行为越强，挫折感越微弱；能力和实施行为越弱，则挫折感越强烈。当一个人的能力和实施行为不变时，期望值越高，挫折感越强；期望值越低，目标就越容易达到，挫折感就越微弱。因此，实事求是地认识和评价自我，是自我调节和完善人格的重要前提。此外，知识能力不足、认知观念不当和人格缺陷等，也是挫折感产生的重要原因。

总之，引起挫折的因素是多方面的，因而挫折情境的性质及轻重程度也各不相同。只有认真分析和正确认识造成挫折的原因，才能找到克服困难、战胜挫折的途径，从而实现自己所追求的目标或重新选择目标，以满足自己的需要。

第三节　大学生的挫折反应

人们在某种动机的推动下，在实现目标的过程中，无论挫折情境是由客观因素还是由主观因素造成的，都会使个体的生理、心理和行为发生一定的变化，并使其做出各种各样的反应。同其他社会群体一样，大学生对于挫折的反应有着种种不同的情形。归纳起来，主要包括三个方面：一是受挫后的生理性反应；二是受挫后的情绪性反应；三是受挫后的理智性反应。

一、受挫后的生理性反应

人的健康包括身、心两个基本方面。“身”指人体的生理组织以及身体的机能；“心”指人的心理或精神活动。身（生理）是心（心理）的物质基础，心是身的精神机能，二者相互作用，作为有机统一体对人的生活实践产生影响。因此，心理挫折不可避免地会引起生理上的反应与变化。因为在持续的消极情绪作用下，个体的神经系统、血液循环系统、消化系统和内分泌系统都会产生一系列反应。这些反应的实质就是，精神状态的紊乱会导致生理状态的紊乱。生理状态失调是由精神状态的失调所引起的。这是机体内在的维持生存状态的自我调节机制。然而，以不平衡适应不平衡，将直接危及个体的身心健康。

个体受挫后，机体内部的自我调节机制将会最大限度地调动机体的潜在能力，以维持超常状态下的正常生命活动，有效地应对外界环境的变化。然而，潜能的大量消耗会引起有关器官功能衰竭，从而使身体发生病变。比如，受挫初期的紧张、焦虑情绪可使交感神经系统的兴奋性增强，系统需要消耗大量的能量，于是神经末梢释放生物信息，刺激各种激素分泌增加，促进蛋白质、脂肪、糖原分解；使心肌收缩力增强，以促进血液循环，并使血压升高；刺激呼吸加快，以保证氧气供应。体内潜能大量消耗的同时，机体内部那些与情绪反应无直接联系的器官或系统则得不到必要的能量而不能维持正常功能，如消化道蠕动减慢、胃肠液分泌减少等。如果长期处于挫折情境中，上述生理变化将会进一步增强，身心就会发生病变，出现皮肤和面色苍白、四肢发冷、心悸、气急、腹胀、尿少等一系列症状。医学研究表明：心律失常、支气管哮喘、消化道溃疡、类风湿性关节炎、偏头痛、失眠等疾病，多与受挫后的生理反应有着密切关系。

二、受挫后的情绪性反应

受挫后的情绪性反应是指大学生在遭受挫折时，产生了强烈的情绪性活动反应。这些反应多为消极性的，它既可能表现为某种情绪体验，如愤怒、焦虑、悲伤等，也可以表现为特定的表情或行为反应，如攻击、退缩、固执、逃避等。

（一）愤怒

愤怒是指当愿望不能实现或目的不能达到时所产生的一种高度紧张和不愉

快的情绪。愤怒被看作一种原始的情绪，它在动物身上是与求生、争夺食物和配偶等行为联系着的。

愤怒在人的成长过程中出现较早。研究表明，出生 3 ～ 4 个月的婴儿就有愤怒的表现。限制婴儿探索外界环境能引起婴儿的愤怒，例如，约束婴儿身体的活动、强制婴儿睡觉、限制婴儿的活动范围、不让婴儿玩玩具等，均可引起婴儿的愤怒。到了幼儿期，当幼儿的目的性行动受到阻挠时，婴儿就会产生愤怒情绪。幼儿愤怒的表现形式有哭闹、手舞足蹈等。随着年龄的增长，目的不能达到或与同伴争吵，也常引起婴儿的愤怒。在大学生及其他成人身上，愤怒依赖于人已形成的道德准则，常属道德感的范畴。一般来说，愤怒的程度取决于挫折的性质及违背愿望的程度，同时也与人的个性、修养有着密切的关系。

（二）焦虑

遭受挫折时人所产生的另一种情绪反应，即是焦虑。它是人们在预感到某种不良的后果将要发生或者在遭受挫折后，一时又无能为力的情况下，伴随而产生的一种模糊的、紧张不安的情绪体验。焦虑是一种处在边缘状态的综合性情绪反应。它包含着不同程度的忧虑、焦急、惧怕、愤怒、压抑和惶惶不安等情绪。人们在遭受挫折时，还容易丧失自尊心和自信心，产生失败感与内疚感，从而处于不可名状的烦躁心境之中。

焦虑是一种比较普遍的情绪反应与感觉，它常包括了三种不同层面的症状表现：情绪层面包括紧张、不安、压力感等主观的不适感觉；生理层面包含颤抖、心悸、冒汗、头昏、呼吸困难、泌尿系统或胃肠道不适等症状；认知层面包括注意力不集中、记忆力减退、疏解压力的功能降低、社会功能减退或丧失等。

关于焦虑的形成因素，有人提出四种引起焦虑反应的假设：第一，个体所遇到的威胁情境越阻碍其需要，则越容易使个体内心处于焦虑的状态；第二，个体的某种需求越强，在遇到威胁的情境而受到挫折时，则其心中会产生越强的焦虑感；第三，当个体需求未能得到满足时，如没有其他的方式来替代，则会引起高焦虑；第四，个体在面对压力时，如先前已有其他的压力，则很容易陷入焦虑状态。也有人着重从以下三个方面来进行分析。一是挫折情绪排遣受阻。人们在遭受挫折后，所产生的情绪反应是多样的，如攻击、逃避等。当各种反应方式无法排除阻碍和干扰个体动机实现的挫折情境，或者面对强大的挫折源无法逃避时，就可能会引起焦虑。二是生活事件的累积。人在一定时间内，对生活事件刺激的承受能力是有限度的，尤其是悲剧性生活事件的刺激。即使一个过去很坚强而充满自信的人，如果连续遭遇某种程度的失败，也可能会慢慢失去自信，产生焦虑反应。三是个人内心欲求与社会伦理规范相悖。按照弗洛伊德的精神分析理论，当个人内心深处的欲望和需求，诸如性、占有、破坏等，由于不符合社会伦理规范的要求而不能满足时，其内心就会陷入冲突和压抑之中，进而产生种种焦虑。对社会道德规范接受程度越高的人，其内疚感和压抑感也就越深，焦虑情绪也就越强烈。

一般来说，焦虑的情绪体验总是不愉快的，甚至是痛苦的，但这并不排除适度焦虑的积极作用。我们说适度焦虑是一种有益的保护性反应，是因为人在产生焦虑情绪的时候，会伴随着产生相应的生理反应，如自主神经系统活动加快，肾上腺素输出量增加，这有助于唤起人的注意力，活跃的思维，从而使人精力集中地设法去应付不良的处境和遭遇，以避免不良后果的产生。如担心被盗而留心提防，就会避免失窃；考前由于担心考不好而产生的焦虑会使人认真复习，从而取得较好的成绩。可见，正常的焦虑在生活中是不可缺少的。但如果焦虑反应在强度上过高或持续的时间过久，就会使个体丧失建设性的社会功能，影响其正常的生活与工作，继而引发精神上或身体上的症状，使其呈现出严重的焦虑不安、心惊胆战，就会发展成为病态的焦虑，形成焦虑症。

此外，悲哀也是人们受挫时常常表现出的一种情绪反应。它与所热爱的事物的丧失或所盼望的东西的幻灭密切联系。悲哀的程度取决于所失去的事物的重要性和价值大小，也取决于主体的意识倾向和个性特征。悲哀可细分为遗憾、失望、难过、悲伤、极度悲痛等。由悲哀引起的紧张的释放通常是哭泣。

（三）攻击

人们在遭遇挫折时，最为常见的外显性行为反应就是攻击。当个体的动机和目标受到阻碍而不能实现时，常常会产生愤怒、敌视的情绪或产生报复的心理，在行为上可能会产生过激的举动，表现为攻击性行为。攻击性行为按照其表现方式，可分为直接攻击和间接攻击。

直接攻击是指个体受挫后将愤怒的情绪直接指向构成挫折的人或物上，这是青少年或胆汁质气质的成年人受挫后的主要反应方式。直接攻击的情绪反应方式不仅在人与人之间较为常见，而且也存在于动物身上，只不过动物攻击的方式比较简单，而人类的攻击方式却甚为复杂。直接攻击的表现形式是多种多样的，如动作（打斗）、言语（嘲笑、谩骂）、表情（怒目以视）、文字、漫画等。人类在幼儿时，多以此方式应对挫折情境。对于大学生来说，由于他们正处于生理、心理发育的旺盛时期，自我意识强烈但自控能力较弱，有的学生争强好胜，报复心强，在遭受到挫折后容易出现直接攻击行为。

转向攻击是指个体受挫后，不是将愤怒的情绪直接指向构成挫折的人或物上，而是转向其他的人或物上。例如，我国古典文学名著《水浒传》中有这样一段描述："林冲听说自己的内室被人欺侮，本想举掌狠打那厮，但一看调戏良家妇女者乃当今高太尉之子高衙内，便不敢下手，于是只得将一肚子愤懑之情统统发往家具什物，打碎茶具，掀翻桌椅。"转向攻击一般在三种情境下发生。

一是迁怒自身。当一个人对自己缺乏信心、或悲观失望时，很容易在遭受挫后产生自责感，而把攻击的对象转向自己。在现实生活中，当迁怒自身的惩罚倾向十分强烈时，人常会产生自杀行为。

二是迁怒他人。当个人觉察到引起挫折的真正对象不能直接攻击（如对象为自己的父母、老师等），或碍于自己的身份不便攻击时，便将愤怒的情绪发泄到其他人或物上去。例如，有的学生考试成绩不好，回到宿舍找同学撒气，或者把课本撕掉，等等。

三是寻找"替罪羊"。当挫折的来源不明，即当个体产生莫名的愤怒、烦恼，而又没有明显的对象可以攻击时，就会将此闷闷不乐的情绪发泄到毫不相干的人或物身上，这个被攻击的对象便成为"替罪羊"。在一个具体的挫折情境中，人们选择什么样的人或物作为"替罪羊"，是由许多因素决定的。在通常情况下，比较软弱的、没有反抗能力的人和与众不同的"特别人"（如一个群体的新成员），常会成为被攻击的对象。

（四）退缩

这是一种与攻击行为相反的情绪性反应。它是指当个人遭受挫折时，其反应不是表现为直接或间接的攻击，而是以相反的、退缩式的反应来适应所遭遇的挫折情境，或企图以自己想象的虚构情境来应付挫折，借以脱离现实挫折的困扰。为什么在同样的挫折情境下，会产生截然不同的反应呢？虽然这个问题比较复杂，但其实质与学习理论中的强化理论有某些共同之处。例如，某人每当受挫后都以攻击的方式做出反应，而且总是获得成功，那么，此人便会形成受挫后就进行攻击的习惯；反之，如果他每次攻击都以失败告终，或者遭遇更大的挫折，那么他就会形成逃避的习惯。若逃避不了，就会以冷漠、幻想等方式来应对。

冷漠是指个体对挫折情境所表现出的漠不关心和无动于衷的态度。这是一种比攻击更为复杂的反应。从表面看，冷漠似乎毫无情绪反应，其实，冷漠并非不包含愤怒的情绪成分，只是个体把愤怒暂时压制或以间接方式表现出来而已。表面冷漠退让的人，内心深处则往往隐藏着极大的痛苦。因此，冷漠是一种情绪性的压抑，容易对个人的内心产生严重的伤害，久而久之会导致个体不正常的心理反应。例如，在第二次世界大战期间，被关在纳粹集中营里的俘虏起初多表现为愤怒的攻击、反抗，并企图逃跑，等他们发现这一切都毫无希望时，便以冷漠的方式来应对。在遭受种种虐待、奴役、疾病甚至死亡的威胁时，他们既不直接反抗，也不间接攻击，甚至连愤怒的表情都没有了。

一般说来，受挫后的冷漠反应多在以下情况出现。一是长期遭受挫折。当个体长期受挫而无法对引起挫折的对象进行攻击，又找不到适当的“替罪羊”来发泄时，常表现出冷漠的行为方式。如一个关心班集体、爱提建议的学生，如果他的合理化建议或要求，非但长期得不到老师或班干部的重视或采纳，而且还受到一些同学的非议或讽刺。那么，他的积极性就会受挫，从而对班级建设及其活动漠然置之。二是处境艰难而又没有改变的希望。心理学家研究表明，一些处境艰险的人，起初多表现为愤怒的攻击、反抗，并企图逃离。但当他们屡遭失败，发现一切都毫无希望时，便不再激动，即使遭受虐待也不反抗，然而他们内心深处反抗的怒火却并没有熄灭。三是攻击行为无效或心理矛盾。个体以往有过攻击行为无效的体验，在心理上对攻击还是抑制产生冲突而犹豫不决的时候，或因攻击而产生更多的痛苦，遭到更大挫折，想逃避又逃避不了的时候，只好把痛苦压在内心深处，以冷漠的方式待之。在现实生活中我们常常看到这样的情况：当一个人面对别人的取笑、嘲讽时，虽然心里很气愤，但又拿不定是反击还是压抑，或者想要反击而一时又不知如何反击时，往往就会表现出漠然的态度。

幻想也是一种冷漠反应的表现。它是指个体在遭遇挫折后企图以自己想象的虚构情境来应对挫折，借以脱离现实。例如，某大学生因学习困难而成绩不佳，于是他便想象自己学习成绩很好，以及面对鲜花、笑脸、掌声、他人的羡慕等愉快情境时的景象。心理学研究表明，现实中的挫折越使他感到痛苦，幻想中的成功就越使他感到愉快和满足，他也就越有可能逃避现实。

需要指出的是，幻想毕竟不是现实，它本身并不能解决实际问题，幻想之后还须面对现实中的挫折。幻想可以使人暂时摆脱现实，使挫折情绪获得缓解，偶尔为之，并非失常。如果一个人一味沉湎于幻想之中，脱离实际，非但于事无补，还会妨碍心理健康，有碍于对现实生活的适应。

（五）退化

退化又叫倒退、回归或退行。它是指个体在遭受挫折的时候，表现出与自己年龄不相符的幼稚行为，即退回到原来较低的心理发展水平。个体受社会生活的影响，由儿童时期的任意发泄，逐渐学会如何控制自己，在适当的时候、适当的场合，做出适当的情绪反应和行为表现，这是日益成熟的表现。不同年龄阶段的人，各有其不同的行为模式。但是当一个人遇到较严重的挫折后，可能会失去这种控制，而以简单、幼稚的方式来应对挫折，以求得到别人的同情和照顾。退化便是一种由成熟向幼稚倒退的反常现象，而且其本人对此并非能清醒地意识到。例如，有的大学生考试不及格或受到老师批评后，回到宿舍蒙头大睡或装病不起，有的则如同婴儿那样哭哭啼啼或喋喋不休。

退化的另一表现是受暗示性增高，受挫后明辨是非的能力降低，多埋怨，缺乏主见，盲目地相信别人，盲目地随从别人或盲目地执行别人的暗示等。

（六）固执

在现实生活中，每个人都不可避免地会遭遇一些困难和挫折。一般情况下，人们往往随机应变地去摆脱所面临的困境。但是，也有的人在遭受挫折后，采取刻板的方式，盲目地反复进行某种无效的动作，尽管其也知道这些动作对目标的达成、需要的满足并无帮助，但仍去重复。这种挫折反应方式称为固执或固着。它的特点是行为呆板无弹性，并具有某种强制性。

具有固执反应的人缺乏机敏应变的能力，误认为固执是坚定，在变化了的情况面前，仍以刻板的反应去应对，因而常常错上加错，一错再错。这种受挫后的固执反应与逆境后的坚强有着本质的区别。前者是一味地坚持自己的错误思想、信念、行为和目标，是错误顽固意志的表现；而后者则是主体对自己正确的信念、思想、行为和目标的坚定不移，是正确顽强意志的表现。

此外，逃避也是受挫后的一种情绪性反应。它是指人在遇到挫折时以消极的态度避开挫折现实的应对方式。比如，有的大学生一次演讲失败就再也不参加集体活动。逃避虽然可以使人远离紧张的情境，避免再次受到伤害，但当事人的现实问题并没有解决。所以，逃避常常使人更加害怕困难，长此以往，将大大降低其适应能力和自信心。

三、受挫后的理智性反应

人的一生中难免遭到挫折。个体在遭受挫折后，一般都会出现紧张状态，并做出相应的情绪性反应。挫折和不幸一旦降临，不必抱怨、哀叹和逃避、退缩，因为对于不幸，越是抱怨、哀叹，就越会觉得痛苦；而逃避、退缩不仅不能解除困境，甚至还会招致新的不幸。因此，对付挫折和不幸的最好方法，就是面对现实、审时度势，采取积极进取的态度和反应去正视它、迎战它、超越它。我们把这种反应方式称为理智性积极反应。它的表现方式可概括为：坚持目标，矢志不移；调整目标，继续努力；身处逆境，奋起升华。

（一）坚持目标，矢志不移

人生的征途不可能是一帆风顺的。每个人在向着理想目标奋进之时，常常会遇到不如意的事情，遭受挫折是在所难免的。当个体受挫后，通过冷静的分析后，仍认为自己所追求的目标是现实的、正确的，那么即使暂时遭遇了挫折，甚至是比较严重的挫折，也应该坚定信心，克服各种困难，找出排除障碍的办法，毫不动摇地朝既定目标迈进，最终实现自己的愿望，达到预定的目标。古今中外，许多伟大的科学家、发明家在经历了多次失败后，仍矢志不移，奋斗不止，并最终获得成功。这种锲而不舍的精神和对待困难的反应方式也成就了许多创业者。凡是去过“肯德基”店的人都会看见店门口有座雕塑：一位外国老人，身穿白西装，态度和蔼可亲，他就是桑德斯上校——全世界最大的速食炸鸡连锁店创办人，一个65岁才开始创业的人。桑德斯上校退役后，身无分文，拿到了平生第一笔救济金（只有105美元）。他问自己：我到底还有什么资源可以利用呢？我还能对人们做出什么贡献呢？他冥思苦想，突然想起自己有一个秘方，那是一种炸鸡的秘方，人人都可能喜爱它。我何不把这个秘方卖给某家餐馆，教他们如何制作？在后来的两年里，桑德斯驾着自己的那辆“老爷车”，穿着白西装，踏遍美国的每一个角落，逢人便叫卖他的秘方。他被拒绝了1009次！直到1010次，才听到第一声“同意”。多少年后，“肯德基”成了世界上最大的炸鸡连锁店。

（二）调整目标，继续努力

个体在向预定的目标奋进的过程中，由于自身条件或社会因素的限制，虽经多次尝试仍不能成功，自知难以达到预定目标时，可以通过调整目标的方法来实现自己的愿望，从而使自己的需要得到满足。目标调整的主要思路如下。

首先，当个体受挫后，经过冷静思考，认真分析，找出目标不能实现的原因，若发现是原来制定的目标太高，不符合自己的实际情况，可将原目标进行适当的调整。而实现目标的途径和行为方式，则应根据具体情况而定。这里的关键是仍要继续努力，这样才有可能获得成功，使某种需要得到满足。例如，有的学生多次报考重点大学未能如愿，后改报普通大学或高职类院校，但始终努力学习，以最终实现求知的愿望。这种对目标的重新审定与降低，并非惧怕困难，而是实事求是的表现。同时，也降低和避免了由于目标难以实现而可能产生的挫折感和焦虑情绪。

其次，个体在实现目标的过程中，发现由于主客观条件的变化或阻碍，原定目标难以实现时，不妨改换目标，以实现新的目标，同样可使需要得到满足。例如，京剧演员周信芳，起初演小生，但其嗓音有些沙哑，经过苦练后仍难以改进，于是他转而改演老生。这一目标的改换，使他得以充分地扬长避短，如鱼得水，开创了自己独特的唱腔艺术形式，这一形式被称为“麒派”，他也成为我国著名的表演艺术家。又如，有的大学生因考研成绩和招生名额所限，未被自己所报考的学校或专业录取，转而及时调剂到其他招生学校或专业，最终实现自己读研深造的愿望和目标。

（三）身处逆境，奋起升华

在日常生活中，人们常常用“心想事成”“万事如意”之类的话，表达彼此间的美好祝愿。它也从另一个方面说明了人生之路并不平坦，挫折、不幸难以避免。这就需要我们思考如何把因恶劣的环境所造成的压力变为奋发向上的动力，以非凡的毅力和超常的奋斗精神克服种种不利因素而最终取得成功，即所谓身处逆境，奋起升华。高尔基说得好：“平静的湖水锻炼不出精悍的水手，安逸的环境造就不出时代的伟人。”英国病理学家贝弗里奇也说：“人们最出色的工作往往是在身处逆境的情况下做出。思想上的压力、甚至肉体上的痛苦，都可能成为精神上的兴奋剂。很多杰出的伟人都曾遭受心理上的打击以及形形色色的困难，若非如此，也许他们是不会付出超群出众所必需的那种劳动的。”中国古代著名史学家、文学家司马迁在《报任安书》中写了这样一段话：“文王拘而演《周易》；仲尼厄而作《春秋》；屈原放逐，乃赋《离骚》；左丘失明，厥有《国语》；孙子膑脚，兵法修列。不韦迁蜀，世传《吕览》；韩非囚秦，《说难》《孤愤》，诗三百篇，大抵圣贤发愤之所作为也。”这充分说明，逆境是锻炼坚强意志的熔炉，是造就人才的特殊学校。而面对挫折和逆境，关键是要有积极乐观的人生态度和坚韧不拔、百折不挠的精神。

第四节　大学生挫折防卫机制

挫折的发生是不可避免的。无论挫折的原因来自内部还是外部，都可能使人内心产生紧张、焦虑、愤怒等不愉快的情绪体验。为了使自己的情绪恢复平衡，减轻或解除由于受挫而带来的精神上的痛苦、烦恼和不安，以及自尊心免遭伤害，人们往往会自觉不自觉地采取一些自己比较容易接受的方法和策略，以缓解或处理当前的矛盾，对付或适应所面临的困境。这种在人的内部心理活动中所具备的有意无意地摆脱挫折造成的心理压力、减轻精神痛苦、恢复正常情绪和心理平衡的种种自我保护方式称为挫折防卫机制。

在充满矛盾、冲突的世界里，每个人都会运用各种心理防卫机制来应对挫折，缓解焦虑。很难想象，一个没有挫折防卫机制的人可以很好地生活在这个世界上。但是，由于人们所遭受的挫折和矛盾的情境不同，因而每个人所采用的防卫方式也不一样。

一、建设性防卫机制

这是一种积极的挫折防卫机制。它是指个体在遭遇挫折以后不是沉浸在受挫的痛苦之中，而是将痛苦化为一种具有建设性的动力，把情感和精力投入到有利于社会和他人的活动之中。升华便是其中最为典型的一种方式。

升华原是弗洛伊德精神分析学说中的一个术语，意指一些本能的冲动或欲望是意识所不能接受或不能容忍的，而且与社会道德规范或法律规范相违背，不能直接发泄出来，必须改头换面，以不同的方式来表现。也就是说，一个人在遭遇挫折后，将自己不为社会所认可的动机或欲望转变为符合社会要求的动机或欲望，或者受挫后将自己的情感和精力转移到有益的活动中去，从而将不良情绪和不为社会所允许的动机导向比较崇高的方面，以保持情绪的稳定和心理的平衡。这就是升华作用。在这方面，毛泽东同志以他宽广的胸襟、高尚的品格和坚强的意志，为我们树立了光辉的榜样。

毛泽东说："要奋斗就会有牺牲，死人的事是经常发生的。但是我们想到人民的利益，想到大多数人民的痛苦，我们为人民而死，就是死得其所。"这是一个无产阶级革命家对待挫折的态度和崇高的升华方式，也是毛泽东同志伟大人格的光辉写照！

升华不仅可以使原来的动机冲突和受挫后的不良情绪得到缓解和宣泄，而且也是许多人走向成功的前提。德国著名物理学家普朗克，在研究量子理论的过程中屡遭不幸，妻子去世，两个女儿先后死于难产，一个儿子死于战争。普朗克用加倍的工作来转移自己内心的悲痛，最终提出了量子理论，获得了诺贝尔物理学奖。德国著名作家歌德之所以写出了《少年维特之烦恼》，也是因为他把失恋的痛苦转化为事业上的发愤努力的结果。

二、逃避性防卫机制

逃避性防卫机制是一种消极的防卫机制。它是指个体受挫后，通过某种途径或方式回避所面临的挫折情境，以解除或减轻内心的不安与焦虑。这类防卫机制的表现形式有潜抑作用、退行作用、否定作用、幻想作用、脱离作用等。

（一）压抑作用

压抑作用也称潜抑作用，是各种防卫机制中最基本的方式。此机制是指个体在遭受挫折以后，把意识所不能接受的、使人感到困扰或痛苦的思想、欲望或体验不知不觉地压抑到潜意识之中，不去回忆，以保持内心的安宁。潜抑作用又称动机性遗忘或主动遗忘。分析学派的观点认为，压抑作用是由不愉快的或痛苦的经验所产生的焦虑引起的。凡是与社会规范相抵触的内心动机，如任其发展下去，由于不为社会所容，就不可避免地使个体遭受挫折，从而产生焦虑和痛苦。因此，每当这类冲动萌发时，个人常常有意无意地将其压抑，以保持内心的平静与安宁。

在压抑作用之下，我们看似把事情忘记了，而事实上它仍然在我们的潜意识之中，并非从此偃旗息鼓，而是形成一个“情结”，一有机会便可能会在潜意识中兴风作浪，干扰人的正常的情绪，个体甚至因此陷入莫名的焦虑之中。

潜抑作用有时也会导致个体失去记忆。比如，有一些曾遭受极其悲伤或者目睹惊恐事件的人，会把那段经历忘得一干二净；再如，一些战场上的士兵、从火海中逃生的人、失恋的人……在事件过后，以失去记忆的方式来躲避事件给他们带来的痛苦与悲伤。

（二）退行作用

退行作用是指个体受挫后，采取倒退到童年或低于现实水平的行为来取得别人的同情和关怀，从而逃避紧张和焦虑。我们知道，随着年龄的增长，一个人的人格是以循序渐进的方式逐步走向成熟的，应付事情的方式也会变得比较成熟。不过，有时人们遇到挫折后会放弃已经掌握的比较成熟的适应技巧或方式，使用原先较为幼稚的方式去应对困难，或满足自己的欲望，这就是退行作用或退行现象。例如，已养成良好生活习惯的儿童，因母亲生了弟妹或家庭突遭变故，而表现出尿床、吸吮拇指、好哭、极端依赖等婴幼儿时期的行为。

国外学者研究发现，二岁至五岁的儿童遭遇挫折而表现的退行行为平均要比实际年龄倒退一年或一年半。退行行为不仅见于儿童，有时也发生在成人身上。如有的运动员在遇到自己力所不及的困难训练时，产生头痛、手足麻木等症状；有的大学生在受到批评或考试不及格时，捂着脸跑回宿舍，或蒙头大睡，或哭得像个小孩似的。

在日常生活中，由于某种原因，偶尔“退行”并非不可，有时还会为生活增添不少情趣和色彩。但如果常常“退行”，一遇挫折便使用原始而幼稚的方法来应对，并以此获取别人的同情和照顾，避免面对现实的困难与痛苦，其退行就不是一种现象，而是一种心理症状了。几乎所有的精神病患者，在行为上多少都有退行的表现。

（三）否定作用

否定作用属于一种比较简单而原始的挫折防卫机制。它与压抑作用相似，但其方法并不在于把已发生的痛苦的事情有目的地“忘却”，而是彻底加以否定，以此来躲避心理上的不安与痛苦。这种防卫机制能使个体从难以忍受的思想中逃避，也同样可借此逃避个体难以忍受的愿望、行动、事故，以及由此引发的内心焦虑。在日常生活中，我们常可看到，小孩子不慎摔坏了东西，知道闯了祸而用双手蒙住眼睛。许多人面对绝症或亲人死亡时，也常会本能地说“这不是真的”，用“否定”来逃避现实以及心理的伤痛。其他如“眼不见为净”“掩耳盗铃”等也都是否定作用的表现。

事实上，否定作用并不能使当事人完全否定挫折情境的存在，不过是否定对这些情境存在的注意力而已。这一防卫机制使当事人在一定时间内意识不到这种欺骗自己、否认现实的行为是毫无意义的。它虽然能暂时稳定当事人的情绪，但从长远看则是不可取的。

（四）幻想作用

幻想作用是指当个体的动机或欲望受到阻碍无法实现时，便以想象的方式使自己从现实中脱离出来，在幻想中获得内心的平静和达到在现实生活中无法经历的满足。

幻想作用多为儿童期经常采用的受挫心理防卫机制。当儿童遇到难以解决的问题时，常常用幻想的方式来达到内心的满足，有时还把幻想的内容和情景低声唠叨出来。如受到大孩子欺侮后，就幻想自己变成了大力士、拳击手。一般而言，性情孤僻而有退却倾向者，平时又少有自我表达机会，容易以幻想的方式来逃避焦虑与痛苦。

有关专家指出，幻想虽可使人暂时脱离现实，并使个人情绪得以缓解，但幻想并不能真正解决现实问题，而只有鼓起勇气面对现实并克服困难，才能最终解决问题。如果个体经常沉湎于幻想之中，且将“现实”与“幻想”混淆时，则会表现出歇斯底里与夸大妄想般的症状。

此外，脱离作用也是一种逃避性的防卫机制，它是指个体受挫后，把不能为意识所接受的冲动、观念或动作部分地从其原来的感觉和记忆中脱离出来，以消除与原来意识境界有关的紧张情绪。例如，人死了，不说“死”这个字，而说“过世”“长眠”“归天”等易于被个体接受的词。

三、自骗性防卫机制

自骗性防卫机制又称掩饰性防卫机制，指个体在遭受挫折后，为了保持自尊，减轻痛苦，缓解焦虑，常以某种借口、态度、理论或行为来掩饰自己，如合理化作用、反向作用、幽默作用、深思熟虑等。

（一）合理化作用

合理化作用又称“文饰作用”，指个体在遭受挫折，无法达到目标或自己内心的需要和欲望不符合社会规范时，为了减轻或免除因挫折而产生的焦虑和痛苦，使自尊心免遭伤害，于是寻找种种理由自圆其说或以值得原谅的借口为自己辩护。换句话说，“合理化”就是制造“合理”的理由，并用其来遮盖自我的伤害。

“合理化”是人们在日常生活中使用最多的一种挫折防卫机制。它的表现形式可概括为“推诿”“酸葡萄心理”“甜柠檬心理”等。

“推诿”又叫“找借口”，是指个人将受挫的原因归咎于自身以外的客观因素或可以原谅的主观因素，以避免别人的指责、嘲笑，摆脱内疚而使自己心安理得。比如，楚霸王项羽兵败垓下时，愧对江东父老，但仍不悔悟，却自我安慰说，“天亡我，非用兵之罪也”。又如，有的大学生考试不理想，不愿承认是自己学得不精或准备不足，而是抱怨老师教得不好或出题太偏太难，或判卷不公正，或者推说身体状况不佳，发挥不好或社会活动太多等。

“酸葡萄心理”是指当个体所追求的目标受到阻碍而无法实现时，便贬低原来的目标，说“不值得追求”，以此冲淡内心欲望，减轻不安情绪。此机制引申自伊索寓言里的一段故事：从前有一只狐狸走进葡萄园中，看到架上长满了成熟的葡萄，它想吃，但因架子太高，三够而不可得，于是便说：“这葡萄是酸的，我才不想吃它呢！”“酸葡萄心理”类似于人们常说的阿 Q 精神。在日常生活中，这样的例子比比皆是。如有的学生体育成绩较差，但为了保持自尊，便说自己不喜欢体育。

与“酸葡萄心理”相反，“甜柠檬心理”是指当个体所追求的目标不能实现时，其就会淡化原来的目标与结果，而对自己的既得利益大加肯定、万般强调，以此来减轻内心的失望与痛苦。就像伊索寓言中那只聪明的狐狸一样，本想找些可口的食物，却只找到一个酸柠檬，于是便自我安慰说：“这柠檬是甜的，正是我想吃的！”在现实生活中，这样的事例也经常可见。比如，有的大学生考研失败，便说经济上划不来，还不如早工作早挣钱；某人很想参加舞会，但自己却不会跳舞，又不好意思让别人知道，便对人说自己喜欢安静；等等。

“文饰作用”可以使人们在遇到挫折、困境时迅速从忧伤或难堪中解脱出来，暂时保持一种良好的心理状态和维持自尊，防止行为上出现偏差，但它只是治“标”不治“本”的防卫方式。如果凡遇挫折都一味地听任这种心理摆布而不敢正视现实，去反思自己，不仅不会解决问题，有时还可能使问题复杂化，导致更大的挫折和失败。

（二）反向作用

反向作用又称“矫枉过正”，指个体把自己的一些不符合社会规范、不被允许的动机或欲望，以一种截然相反的态度或行为表现出来，以掩盖自己的本意，避免或减轻自尊心受损。这种外在的态度或行为与内心的欲望或动机相反的现象就是反向作用，即所谓“此地无银三百两”的心理。如有的人对某领导表面上逢迎献媚，但内心很可能对他怀有敌意。

按常规来讲，个人行为的方向与动机的方向是一致的，即一个人对自己所要达到的目的或爱好的事物，在行为上也会自然地表现出对它的爱好和执着。但在遭受挫折的特殊情况下，个人表现的外在行为往往与其内在的动机相反。例如，一位继母并不喜欢丈夫前妻留下的子女，但她很爱丈夫，从思想上也明白应对失去生母的孩子加以爱护，因而每当对他们产生厌烦时，心理上就会产生冲突，从而产生一种羞愧感和负疚感。为了避免遭人非议，她无意识地对孩子们表现出一种超乎寻常的宠爱和放纵，以此来表示她很爱这些孩子。所以，当一个人过分热衷于某一行为时，他在无意识中可能有与此正相反的欲望和冲动。

反向作用如使用得当，在一定程度上可以掩盖个体的真实动机，维护其自尊，但长期过度使用，总是压抑自己内心的欲望或动机，且以相反的行为表现出来，则会使自我意识扭曲，动机与行为脱节，容易造成严重的心理困扰。在许多精神病患者身上，常可看到这种防卫机制的过度使用。

（三）幽默作用

个体在遇到挫折、处境困难或面临尴尬局面时，用幽默的方式来脱离困境、化解尴尬，以维持自己的心理平衡，这种防卫机制称为幽默作用。幽默不仅是一种聪明机智的举动，也是心理修养较高的体现。一般来说，人格较为成熟的人，常懂得在适当的场合，使用合适的幽默化险为夷、渡过难关或应对窘境。例如，某日，古希腊大哲学家苏格拉底正与客人谈话时，他的脾气暴躁的妻子突然跑进来，大骂了苏格拉底一通之后，又拿来一桶水浇在了苏格拉底的头上。苏格拉底笑了笑，对客人说，“我就知道，打雷之后，接着一定会下雨的”。德国诗人歌德也曾有过类似的经历。一次，他在公园散步，在一条小径上恰与曾经对他的作品进行过尖锐指责的批评家迎面相撞。那位批评家性情暴躁，看到歌德就很不礼貌地叫嚷。而歌德却很冷静而又不失幽默地说，“我正好相反”。说完，笑着站在一旁，让那位批评家通过。批评家自讨没趣，灰溜溜地走了。本来很难堪的场面，但是哲学家和诗人的幽默与风趣使尴尬得以化解。

此外，深思熟虑也属于掩饰性的防卫机制。它是指个体以理智的态度，或考虑一些极其抽象的事情来应付所遭遇的挫折情境。也就是说，用推理来抵御面临的挫折以及由此引起的紧张情绪。例如，某人丧母时用“生死是自然现象”等大道理来缓和自己的悲痛心情。

四、攻击性防卫机制

攻击性防卫机制，是个体在遇到挫折后，将焦虑或愤怒的情绪转移到其他的人或事物上，以维持自身的心理平衡。如移位作用、投射作用等。

（一）移位作用

所谓移位作用，是指将在一种情境下是危险的情感、欲望、态度或行为，因某种原因（如不合社会规范或不为自我意识所允许等）无法向其对象直接表现，不自觉地转移到另一种较为安全的情境下释放出来。如曾有这样一个笑话：丈夫挨了上司的一通训斥，回到家后把对上司的愤怒和不满情绪，发泄到妻子身上；妻子一气之下则把孩子骂了一通；孩子感到委屈就把他养的狗踢了两脚；狗又去咬了上司太太的猫；猫的惨叫声又惊吓了上司的太太；太太受了惊吓，又把刚进门的上司骂了一顿。当然，这是一则讽刺与幽默的笑话，但在现实生活中，这种“迁怒”的例子并不少见。

迁怒也是一种挫折心理的防卫机制，它是把对某一事物的强烈情感不自觉地转移到另一事物上，以缓解、减轻本身精神上的负担。这多是由于当事人对该事物本身无法或难以表达其情感，所以这种防卫机制又被称为置换作用。例如，某大学生受到老师的批评后心里很恼火，但又不能向老师直接发泄，这时，另一个同学偶然向其开玩笑，他便会将内心的恼怒发泄到这个同学身上。在日常生活中，每个人在遇到困难或不快时，都会找到一个可以发泄的对象，以缓解内心的负性情绪和矛盾冲突。据报道，发达国家的许多大公司专门设有所谓的“出气室”，里面装有经理、老板、工头的模拟橡皮人，供职工殴打以发泄对上司的不满，从而缓解内心的紧张与愤怒的情绪，保持愉快的心情去参加工作。国内也有一些高校和中学通过设置“出气室”，帮助学生排解烦恼，减轻心理压力。在一间布置得很温馨的房间里，学生被允许恣意砸抱枕、奋力打毛绒玩偶，甚至还能把自己扔到沙发而后痛快地哭一场。

（二）投射作用

弗洛伊德于 1894 年提出此概念，认为它是个体自我对抗超我时，为减轻内心罪恶感所使用的一种防卫方式。所谓投射作用，是指个体将自己不喜欢的或不能接受的而自己又具有的观念、态度、情感、欲望以及某些性格特征转移到别人身上，认为别人也是如此，以此减轻自己的焦虑。“以小人之心，度君子之腹”“我见青山多妩媚，料青山见我亦如是”“龟笑鳖无尾”以及庄子与惠施《临渊羡鱼》的故事等都是这种防卫机制的例子。比如，有的人自私自利，却认为人人都是自私的；有的人爱说谎话，却断言别人也不诚实；有的大学生平素学习不努力，考试作弊，则认为别的同学学习也不努力，考试善于作弊，而且与自己比较有过之而无不及；等等。这样，当事人把自己的缺点转移到别人身上，在无意识中也就减轻了自己的内疚感，并且维护了自己的尊严，获得了安全感。很明显，这是一种凭主观想法去推及外界的事实，或把自己的过错归咎于他人的防卫方式。如果长期使用，就会对他人形成敌对的、难以容忍的，以及怀疑心重的态度，妨碍与他人之间良好的人际关系的建立，甚至会引起更多的麻烦。

投射归纳起来可分为三种。一是归因投射，即个体在意识层面意识到自己具有一种承认它就会引起的焦虑、紧张，于是在潜意识的防御功能中便形成了一种把引起焦虑的原因归于他人的反应模式。二是补偿性投射，即个体把自己的一些不良特征转嫁于他人，认为别人跟自己一样，也具有该特征，以此减轻自己的心理负担。三是相似性投射，即在潜意识层面发生的，个体并未意识到自己具有某种特征，但是却将这种特征投射于他人。

五、替代性防卫机制

替代性防卫机制是指个体受挫后，用另一事物去代替自己的缺陷，或以新的目标或活动取代原来的目标或活动，进而减轻受挫的痛苦，以获得心理的平衡。它包括补偿作用、认同作用和抵消作用等形式。

（一）补偿作用

“补偿”一词最早见于阿德勒的心理学中。阿德勒认为，每个人天生都有一些自卑感，而此种自卑感使个体产生“追求卓越”的需要，而为满足个人“追求卓越”的需求，个体乃借“补偿”方式来力求克服个人的缺陷。我们使用何种补偿方式来克服我们独有的“自卑感”，便构成了我们独特的人格类型。因此，阿德勒主张，欲了解人类的行为，就必须掌握两个基本的概念——自卑感和补偿。

我们知道，人的感官机能具有一定的补偿作用，即当某种分析器受到损伤之后，在社会生活与实践活动的影响下，其他未受损伤的分析器的感受性可以大大提高，从而起到机能补偿作用。例如盲人的听觉、触觉，以及聋哑人的视觉、振动觉特别发达。同样，一个人由于生理上的缺陷或心理上的不适应，致使目标无法实现而产生挫折感时，也会试图以种种方法来弥补这些缺陷，以减轻挫折感和心理不适感，实现心理平衡，这就是补偿作用，即所谓“失之东隅，收之桑榆”。比如，一个相貌平庸的女学生致力于学业，以便赢得别人的尊重；古希腊演说家笛莫斯安思为了克服他的口吃，而将石子含在口中进行练习，以使他的发音更正确，结果他不仅克服了口吃的缺陷，还成为一名演说家和辩论家。

补偿作用对于减轻受挫后的损失感，防止心理压力过大，具有一定的积极意义。但是，并非所有的补偿都具有积极的价值，关键在于新的目标或活动是否符合社会规范，是否利于社会、他人和自身。这样的补偿应引起我们的注意。

（二）认同作用

“认同”又称表同、仿同或自居。它是指个体在受到挫折而感到痛苦时，效仿他人获得成功的经验和方法，使自己的思想、信仰、目标和言行更适应环境的要求；或者是把别人具有的、使自己感到羡慕的品质加在自己头上，以提高自己的信心、声望、地位，从而减轻挫折感。“认同”一般始于儿童，至青少年期成为主要发展任务。儿童用来学习社会团体的态度与习惯，青少年用来找寻自我、肯定自我。因此，心理学家们一致认为，“认同”是协助人格发展的重要方法。但精神分析学派认为，“认同”虽是儿童学习性别角色所必需的，但如使用不当也可能成为一种防卫反应。

据调查，大、中学生常常把一些历史名人、学术权威人士、英雄模范作为自己的认同对象，尤其在遭遇挫折时，常以此为榜样来鼓励自己奋发进取。这是应该积极鼓励的。但如果像日本心理学教授多湖辉所讲的：自己对某些所羡慕的人存有发自内心的自卑感，于是就试图模仿该对象的职业、身份、才能、态度、言词、服装等，而心底又隐藏着嫉妒，这种认同则是不健康的。

在现实生活中，还有另一种认同或自居现象，即有的人在自己处境难堪时，常常借父母、兄弟、夫婿、子女等之贵，以“官二代”“富二代”名号等在别人面前炫耀、显威，以势压人。这是令人鄙视和不以为然的。

（三）抵消作用

抵消作用是指个体以某种象征性的活动或事情来抵消已经发生的不愉快的事情，以此取代其心理上的不舒畅。比如，临近岁末年关，如果不小心摔碎了碗碟，人们常常会说，“岁岁（碎碎）平安”。在公共汽车上，如果别人不慎踩了自己的脚，对方一声“对不起”，往往也会使你忍痛消气。有时，抵消作用不是用来弥补已经发生了的事实，而是用来抵消自己内心的罪恶感或自认为邪恶的念头。如母亲正在照顾小孩，不小心让小孩碰到了门框而哭起来，这时，做母亲的常常会用打门的方式来哄孩子，以此抵消其内疚感。

总之，挫折防卫机制的表现形式是多种多样的，无论哪一种方式，都可暂时地减轻或免除由挫折而产生的紧张与焦虑，并在不同程度上维护了个人的自尊。

第五节　大学生挫折心理的自我调节

挫折的发生是经常的、不可避免的。要想尽快地摆脱不良情绪，恢复心理平衡，更好地适应周围环境，关键还在于让受挫者学会自我调节。即使受挫后寻求他人帮助，接受心理咨询老师的疏导，最终也是要通过受挫者自身的心理调节来起作用的。

一、动机冲突的自我化解

我们知道，人的一切行为活动都是在一定动机驱使下进行的。人们在有目的的行为活动中，常常会有两个或两个以上的目标而产生两个或两个以上的动机。但是由于种种条件的限制，这些目标或动机不可能同时获得实现，因而便会发生动机冲突。如果动机冲突过于强烈或者持续时间过长，就可能引起强烈的心理挫折，影响人的身心健康。因此，必须对活动中的动机冲突进行化解。化解的方法如下。

第一，要承认矛盾，正视冲突，而不能回避矛盾，掩盖冲突。因为矛盾、冲突是绝对的、普遍的，只有正视它，对它进行及时而认真的分析，才能找到有效的化解途径和进行最有利的目标选择。实际上，动机冲突与目标确立是同步进行的。动机冲突因目标选择而产生，动机冲突的过程就是目标确立的过程。

或者说，动机冲突的过程就是个体对众多目标的利弊、优劣以及实现的可能性进行权衡，进而进行取舍的过程。行动目标的确立不在动机冲突的开始，而在动机冲突的最后，动机冲突停止的同时，目标也就确立了。因此，目标确立是动机冲突的结果。目标一旦确立，就可以拟定行动方案，并付诸实践了。回避冲突，只能使人失去理智，从而导致错误的目标抉择。

第二，要着眼长远利益，做到正确取舍。法国作家巴尔扎克说过："在人生的大风浪中，我们常常学船长的样子，在狂风暴雨之下把笨重的货物扔掉，以减轻船的重量。"这就是说，当自己的各种需要与客观现实发生矛盾而不能同时得到满足时，要善于依据长远利益，实事求是地对目标及其实现条件进行重新衡量和评估，选择恰当的满足动机或需要的方式——或适当调整自己的目标和要求以彼此兼顾；或选择其一而舍其余，以满足主要需求，减缓冲突；或全部放弃，另辟蹊径，以满足新的需要；或暂时搁置，推迟解决，以缓解冲突；等等。某高校一位女大学生周末到一家餐馆应聘钟点工。面试时老板问："在人群密集的餐厅里，如果你发现手上的托盘不稳，即将跌落，这时你该怎么办？"许多应聘者的回答都没有令老板满意。而这个女大学生回答说："如果四周都是客人，我就要尽全力把托盘倒向自己。"结果，她被聘用了。这位女大学生在面临托盘即将跌落倒向谁的"两难冲突"时刻，果断地做出了正确的取舍，保证了顾客的利益，而这也正是餐馆的长远利益。

第三，要摆正国家、集体和个人三者之间的利益关系。当个人的动机和行为与国家、集体的利益或社会规范发生冲突时，要自觉地把国家、集体的利益放在首位，用正确的、高尚的动机代替不正确的、低级的动机。这也是当代大学生应有的思想境界。

总之，化解动机冲突，并非轻而易举的事情。它不仅取决于当事人整个心理发展水平的成熟程度，也与个人的思想素质和认识水平有着密切的关系。目前，随着我国社会主义市场经济体制的逐步建立和完善，在人们进行选择的自由度增加的同时，人们所面临的动机冲突也在增加。因此，正确解决个人的动机冲突，对于个体适应社会、减少挫折具有十分重要的现实意义。

二、挫折压力的自我疏解

俄国作家车尔尼雪夫斯基曾经说过："生活的道路不是涅瓦大街上的人行道，它完全是在田野中前进的，有时穿过尘埃，有时穿过泥泞，有时横渡沼泽，有时行经丛林。"也就是说，人生的道路不是平坦、笔直、一帆风顺的，任何人在人生的道路上都随时可能遇到挫折和不幸，面对心理上的压力和痛苦。虽然我们不能避免所有的挫折和不幸，但是我们却有办法对付挫折、疏导压力。

（一）正确认知法

一般来说，人们对于挫折的情绪反应和心理压力并不在于挫折本身，而在于对挫折的不合理认知。校正这些不合理的认知，是减轻或消除心理压力的关键。

首先，要认识到挫折是不可避免的、普遍存在的。生活之所以丰富多彩、绚丽多姿，就是因为它有喜怒哀乐、苦辣酸甜。压力与挫折是生活的组成部分，每个人都无法逃避。世界上的一切事物都是在曲折中不断发展、前进的，人也是在与压力、挫折的抗争中不断走向成熟的。如果能够认识到这一点，那么我们在遇到挫折、面对压力时，就会有较充分的心理准备，就能做到压力面前不灰心、不后退，就能把挫折作为前进的阶梯、成功的起点。

其次，要认识到挫折具有两重性。一方面它给人带来痛苦和压力，另一方面也可以使人奋起，给人以勇气和力量。正如罗曼·罗兰所说："痛苦这把犁刀，一方面割破了你的心，一方面掘出了生命的新的水源。"关键是大学生怎样去认识和对待它。事实告诉我们，只要认识正确、方法得当，认真总结受挫原因，把失败的教训变为前进的动力，压力与挫折就可以成为成功的垫脚石。古今中外，许多在事业上卓有成就的人就是在逆境中奋起，从而走向成功的。反之，如果认识不当，则可能导致意志消沉，最终一事无成。

最后，要树立正确的压力和挫折观。压力与挫折固然使人受到打击，给人带来损失和痛苦，但是如果态度端正、处理得当，促使压力与挫折向积极方面转化，压力与挫折就可能给人激励，让人警觉和成熟，使人更加坚强。在压力与挫折面前，大学生不仅要看到主要矛盾和矛盾的主要方面，而且应兼顾次要矛盾和矛盾的次要方面；更重要的是对自己有一个合理的定位，分清自己的优势和劣势，找到合适的方法和途径，从知识素质、能力素质、身心素质等各方面去努力，使自己得到全面发展，以提高自己的抗压和挫折承受能力。

（二）合理归因法

所谓归因是指个体依照主观感受或经验对自己或他人的行为及其结果进行因果解释与推论的心理活动过程。它是人类的一种普遍现象，每个人都有一套从其自身经验归纳出来的行为原因与其行为之间的联系的看法和观念。人们这样做的目的在于预测、评价自己及他人的行为，以便对环境和行为加以控制。社会心理学家海德在其 1958 年出版的《人际关系心理学》中首先提出了归因理论。在海德看来，行为的原因或者在于环境或者在于个人。如果在于环境，则行动者对其行为不负什么责任；如果在于个人，则行动者就要对其行为结果负责。环境原因包括他人、奖惩、运气、工作难易等；个人原因包括人格、动机、情绪、态度、能力、努力等。比如，某个学生考试不及格，可能是由于个人原因（他不聪明、不努力等）所导致的，也可能是由于环境原因（课程太难、考试不合理等）所导致的。美国心理学家韦纳在海德的归因理论的基础上，对行为结果的归因进行了系统探讨，并把归因分为三个维度：原因源，即原因是来自行动者自身还是外部环境；可控性，即原因能否受行动者主观意志的控制；稳定性，即原因是否随时间而改变。

对挫折进行合理的归因，就是要对造成挫折的原因进行实事求是的综合考察与分析，弄清挫折的原因是来自外部客观环境还是自身主观因素，或是主、客观因素相互交织、共同起作用的。如果不加分析而把挫折的原因一概归于外部因素，就不能对自己的行为进行自我控制和自我调节，面对挫折就会感到无能为力、束手无策，从而不能尽自己的最大努力去克服困难和改变所处的困境；反过来，如果把挫折的原因统统归结于个人能力不足，就可能会过多地责备自己，而看不到外界环境中的有利因素，不能有效地改善挫折处境。只有以积极的态度冷静地分析遭遇挫折的主、客观原因，及时找出问题的症结所在，才能从实际出发，促使挫折情境发生转变。

（三）心理疏导法

挫折的产生是不以人的主观意志为转移的。如果还不具备从正面去应对挫折的足够的知识和能力，这时还可以运用一些心理疏导的方法和技巧，来减轻心理负荷。常用的方法除合理宣泄、移情、升华以外，还有自我暗示法、呼吸调节法、音乐调节法等。

自我暗示，就是以某种观念、信息来影响自己，它是通过语言、表情、实物或某种信号来调整自己对事物的认知、情感、意志和行为。自我暗示在日常生活中随处可见，所谓“草木皆兵”“杯弓蛇影”“望梅止渴”等都是自我暗示的结果。自我暗示有积极和消极之分。积极的自我暗示在改变个体对挫折情境的认知和感受，缓解心理紧张和心理压力方面，有着良好的效果。比如，愤怒时，可在心里不断地默念“一定要镇静”，或“发怒只能使事情变得更糟”；考试怯场时，可用暗示的方法鼓励自己，“我学得不错，一定能考出好成绩，紧张只能使自己发挥不好”，或“我觉得题难，别人也未必觉得容易”；在接受一项棘手的任务时，不论遇到什么样的阻力，要暗示自己保持自信心，要相信“我能行，别人能办到的，我也能办到”；等等。我们还可以将提示语写在日记本上或将其贴在床头边或书桌上的玻璃板下，以便经常鞭策自己。

呼吸调节法，是指通过调整呼吸来使身体得到放松，进而缓解精神紧张的方法。比如深呼吸练习，其做法如下。平躺在地毯或床垫上，两肘弯曲，两脚分开 20 ～ 30 厘米，脚趾稍向外，背躺直，对全身紧张区逐一进行扫描。将一手置于腹部，另一手置于胸前，用鼻子慢慢地吸气，置于腹部的手随之舒适地抬起。然后微笑地用鼻子吸气，用嘴呼气，呼气时轻轻地、松弛地发出“呵”声，好像在轻轻地将风吹出去，使嘴、舌、腭感到松弛。做深长缓慢的呼吸时，体会腹部的上下起伏，注意呼吸时的声音越来越松弛的感觉。这个练习每天须做 1 ～ 2 次，每次 5 ～ 10 分钟，1 ～ 2 周后可延长至 20 分钟。

音乐调节法，是指通过音乐的频率、节奏和声压引起人的生理和心理上的反应的方法，来改善人的情绪，消除受挫造成的紧张、焦虑、忧郁、恐惧等不良情绪。现代研究发现，不同的曲调可使人产生不同的情绪感受。如 C 调——纯洁、果敢、沉毅、虔诚；D 调——热烈；E 调——安定；F 调——柔和、丰富、热情、和悦、阴沉、悲哀、神秘；G 调——真挚、平静、谐趣、忧愁或喜悦；A 调——自信、希望、柔情、伤感；B 调——勇敢、豪爽、骄傲、悲哀、恬静。不同心理状态下的人可选用不同的音乐。比如，忧郁的人可选用莫扎特《第 40 交响曲》（d 小调）、西贝柳斯的《忧郁圆舞曲》、格什文的《蓝色狂想曲》以及《喜洋洋》等；心绪不安的人可选用巴赫的《幻想曲和赋曲》（g 小调）以及肖邦、施特劳斯的圆舞曲等。

三、走出自我挫败的误区

在日常生活中，有的大学生时常会对自己做出一系列消极的、不利的推测，在做某件事情之前，往往会设想出许多可能遇到的困难和障碍，并被这种预设的困境和阻碍所吓倒，觉得自己控制不了整个局面，从而产生忧虑和恐惧的情绪，似乎失败就在等着自己，于是不敢尝试。这种由个人主观心理活动所造成的失败感就叫“自我挫败”。比如，某大学生毕业前想参加国家公务员考试，并做了许多准备，但是当听说报考人数较多，录取率较低时，便开始怀疑自己是否能行，最终失去信心，放弃考试。具有自我挫败感的人常会陷入“我不行！”“我什么事都做不好！”等不良的思维定式之中，这种思维会渗透到学习、工作和生活的许多方面，使他们放弃一切努力，并陷入绝望和悲哀的心境之中。很显然，这些自我挫败思维不仅无助于应对挫折和适应环境，反而会降低人的适应能力，使人失去自信心，会给自己增加精神压力，使自己丧失改变处境的机会。正如某句名言：当你准备失败的时候，你真的已经失败了。这就是自我挫败思维的巨大杀伤力。

一般来说，自我挫败者常表现出以下心理特点。其一，自我评价与“完美主义”的错位结合。自我评价与个人的价值观密切相关，它决定个人对待自己的态度。具有自我挫败思维的人，往往与一定程度的自我否定有关，即对自己某方面的价值持一定的否认、轻视、不满等态度，造成自轻自贱、自罪自责、自暴自弃等；他们大多奉行“完美主义”，即凡事总要做到完美方肯罢休，若做不到完美便认为是失败。一旦自认为失败或者将要失败，就会走向另一极端，即憎恨自己、自卑不已。其二，过分在乎他人评价。希望得到他人的赞扬，但又担心和怀疑自己能否得到别人的赞扬，过多地关注自己在别人心目中的形象。其三，具有强烈的自我意识和荣誉感。较强的自尊心和虚荣心，导致个体爱面子、为自己争荣誉。可一旦争得荣誉，又经常认为人们都在注视自己、议论自己，举手投足都觉得不自在，顾虑重重。当其无法如愿时，又会烦闷苦恼。其四，性格多内向。陷入自我挫败误区的人，多习惯于内心活动，不擅长表露自己，尤其不愿意在公众场合抛头露面，缺乏必要的自信心，较少参加社会交际活动，等等。

事实上，人在任何情况下都应具有乐观进取的精神。要想走出自我挫败的心理误区，我们就须注意以下几点。

首先，要实事求是地评价自己。古人云：“人贵有自知之明。”即是说人们对自己应当有一个正确、全面的认识和分析，对自己的优点和缺点，应当做到心中有数，既不夸张，也不缩小，实事求是。马克思十分欣赏以下格言：你所以感到巨人高不可攀，只是因为自己跪着。不信你站起来试试，你一定能发现，自己并不注定比别人矮一截。许多事情别人能做到，自己经过努力也一样能做到。对于挫折和失败的分析，也要实事求是，不能因一次考试失利，就全盘否定自己的能力，也不能因一次恋爱受挫，就叹息自己终生难觅爱情。对于任何事情，既不要操之过急，也不要期望值过高。人的才能都是在实践中锻炼和积累的，人的自信也是从一点一滴的成功中逐渐习得的。

其次，要接受现实的自我。一个人认识自我固然不易，而接受自我往往更难。接受现实的自我，就是对自己的本来面目保持肯定的态度。一些不能接受现实自我的人，常由于对自身的某个方面不满意，而拒绝承认自己本来的面目，因怕“丑”而竭力装扮或伪装自己。这可能并非是完全有意识的，但不能表现真正的自我，必然会给个体带来沉重的心理负担。对于自我挫败者来说，重要的是要接受和承认现实的自我，有缺点就及时改正，及时减轻心理负担，要以主动积极的态度对待生活，广泛交往，培养自信心和实际行动能力，尽快适应现实生活。同时，目标制定之后，要合理分解目标，通过一个个小目标的达成，不断地向自己的大目标靠近。这样，我们得到的就是成功感而不是挫败感。

最后，要克服消极的心理定式。自我挫败者往往在行动之前就害怕失败，并把失败结果想象得过于严重，尚未尝试便提早有了失败的心理体验。他们认为自己无论怎样努力也无济于事；他们还往往固执己见，难以接受别人的意见和建议，并以消极的方式重复不变地对待各种问题。这种消极的心理定式和自我意识，往往将主体推入恶性循环的泥沼，极大地阻碍着自我潜能的发挥。所以，当个体感到自己将要产生或已经产生自我挫败感的时候，要学会自我鼓励、自我解脱。一方面，要善于进行积极的心理暗示，相信自己的能力，尤其是当面对困难、挑战的时候，要不断地对自己说“我一定能行”。具备了这种积极健康的心态后，人们就会发现事情并没有自己想象的那么困难。另一方面，要多回想自己成功的经历，或用生活中的哲理来鼓励自己，从中获得自信；要能够看到与自己水平相当的示范者取得的成功，并以此激励自己，进而提高自我效能感。

第四章 大学生学习活动与心理卫生

学习是大学生的第一任务，是大学生在校期间的主要活动。大学生的学习活动不仅关系到大学生对知识和技能的获得，而且直接影响到大学生的心理发展与心理健康。反过来，大学生的心理卫生状况如何也影响着大学生的学习活动和学习效果。因此，培养大学生良好的心理品质，提高其心理健康水平，有助于大学生圆满地完成学习任务，进而促进其和谐发展和健康成长。

第一节 大学生学习活动与心理健康

一、大学生学习活动的基本特点

什么是学习？从生物进化论的观点看，学习是有机体适应环境的手段。心理学认为，学习是指个体通过阅读、听讲、观察、研究、实践等途径获取知识、掌握技能的过程。它有狭义和广义之分，前者指通过正规的教育和训练获取知识、技能；后者不仅包括个体在学校中的学习，也包括在日常生活和实践活动中积累知识和经验。

与中学相比，大学生在校期间的学习活动有着明显不同的特点，主要表现为专业性、自主性、多样性和创新性等。学习环境及特点的变化也带来了一系列心理卫生问题。

（一）学习的专业性

大学是青年学生从学校走向社会的过渡。大学生进入大学以后，其学习内容开始有了一定的专业指向性。大学生学习的专业性，一方面表现为学习内容由国家和学校根据经济社会发展的需要而确定，另一方面表现为大学生可以自己选择专业。大学生在入学前选择专业只是确定了一个大体方向，具体的专业目标还需在学习期间进一步确定。大学生对自己的专业是否感兴趣，直接影响到大学生学习的积极性、主动性和学习的实际效果，进而影响到他们的学业状况和心理状况。

（二）学习的自主性

大学生的学习活动虽然也有一定的强制性，但不再像中学生那样主要依赖教师和课本，而是有了相当大的自主性和选择性。除了必修课程的学习外，大学生不仅可以根据自己的兴趣爱好和就业需要，选择某些选修课，还可以在一定条件下重新选择专业。同时，与中学相比，大学生自由支配的时间明显增多。这就需要大学生充分发挥主观能动性，积极、主动地规划自己在各个方面的学习，包括对课外学习、科研训练、社会实践，以及学习方法的调整等。在这一时期，自学能力的高低成为决定大学生学习好坏的一个重要因素。

（三）学习的多样性

这一特点主要体现在知识内容和获得知识的途径等方面。在学习的内容上，大学的课程包括公共基础课、专业基础课、专业核心课、专业选修课等；在学习的途径上，除了课堂理论教学外，大学生还可以通过其他多种渠道来获取知识，如课外阅读、专题讨论、课程实验、教学实习、学术讲座、科研活动、参观访问、社会调查等。尤其是随着计算机信息技术的迅速发展、普及和应用，网络在线学习成为当代大学生重要的学习方式和学习途径。

（四）学习的创造性

大学最基本、最主要的职能是为经济社会发展培养各类高级专门人才。它要求大学生不仅要有扎实而广博的知识积累，而且要具有独立思考、探索创新的科学精神。为此，大学的教学方式已从单向灌输既定的结论，逐步转变为通过各学派理论观点争论、最新学术动态介绍来启发学生思考互动和合作探究的思维；学生的学习方式和思维方式也逐渐从死记硬背、正确再现教学内容，逐渐向汇集众家之长、确定个人见解的方向转变。在这样的环境和氛围中，大学生在学习中不仅要掌握知识本身，而且要了解科学知识形成的过程、掌握科学的研究方法，从而产生探索和创新的需求。这一特点在高年级大学生中表现得尤为明显。

大学生学习活动的诸多特点，从一个侧面反映出其复杂性和紧张度，需要大学生付出很大的努力和具备良好的心理素质。否则，便无法顺利而圆满地完成大学的学习任务。

二、心理健康对学习活动的影响

我国著名心理卫生学家陈学诗教授曾经说过：“心理健康的学生，学习成绩必优于心理不健康者；心理健康的成人，其工作效率必胜于心理不健康者。”因此，在大学生的学习活动中，重视心理健康对学习活动的积极影响，是促进大学生智能发展和增强学习效果的重要保障条件。

（一）健康的情绪对学习的促进作用

情绪是人对客观事物的态度的体验。在人们的学习、生活、工作中，情绪常伴随左右。心理学家认为，情绪是影响人类行为的一个重要因素，特别是对于学生的思维活动和学习效率的影响更为突出。积极的、健康的情绪能强化人的学习活动，有助于提高人的认识力和创造力，调动人的智力活动的积极性，使人获得一种新的学习动力；而消极的、不良的情绪则会消解人的学习动力与信心，抑制人的感知、记忆、思维和想象等认知机能，阻碍智力发展和效率提升。心理学家哈洛克通过比较实验证明：由于受到表扬而引起的喜悦、快乐、得意等健康的情绪，能提高学生的学习成绩；相反，由于受到训斥、批评和害怕而引起的不安、紧张、烦恼等不良情绪，则会降低学生的学习成绩。

（二）健康的意志对学习的促进作用

意志是指人们自觉地克服困难、实现预定目标的心理过程。研究表明，良好的意志力是引导和促进学生学习、成长的一种内驱力，对学生的智力和能力的发展起着关键的作用。这是因为人们在学习过程中总会遇到许许多多的困难，而要克服这些困难，就必须具有坚强的意志。可以说，没有坚强的意志，学生就会缺乏学习的动力。美国心理学家推孟及其合作者对 800 名智力超常的被测试者进行长期追踪研究得出结论：智力和成就之间不是完全相关的。他们通过对成绩最大的 20% 和成绩最小的 20% 的测试者进行比较发现，两组被测试者最明显的差异是意志品质的悬殊。成绩最大组的意志品质，如坚持、自信、恒心、百折不挠等方面明显地优于成绩最小的那一组。

（三）健康的性格对学习的促进作用

研究成果表明，性格作为一个人具有核心意义的个性特征，必将贯穿于人的全部行为之中，对学习活动有着明显的推动作用。爱因斯坦曾经说过：“优秀的性格和钢铁般的意志力比智慧和博学更为重要……智力上的成就在很大程度上依赖于性格的伟大，这一点往往超出人们通常的认识。”柯克斯博士对公元 1450—1850 年这四百年间所出现的 301 位伟大人物进行了研究，发现他们不但智力高，而且青年时代都有自信、坚强、乐观进取等优良性格。美国心理学家罗麦金农等人的研究也证实，那些富有创造性的天才人物具有比一般人更热情、更有决心、更加勤奋的性格。

（四）和谐的人际关系对学习活动的促进作用

随着年龄和知识的增长，大学生越来越注重良好的人际关系的建立。这不仅有助于促进大学生的心理健康，也有助于他们正常地开展学习活动，提高其学习成绩。事实证明，如果大学生能与同学、老师、朋友等保持良好的人际关系，便会感到被人接纳、尊重、理解，以及体会到自身的存在和价值，从而保持情绪愉快和稳定，并且容易形成高尚的情感，如集体感、荣誉感等，从而以积极的心态投入到学习活动之中，努力取得良好的成绩；而相斥、疏远、摩擦、冲突等不健康的人际关系，则往往容易给学生心理上造成压力，使之产生焦虑、烦恼、忌妒、抑郁、灰心、反感等不良的情绪和情感，进而干扰其学习活动，阻碍其智力发展，影响其学习成绩。

三、学习活动对心理健康的影响

大学生的学习任务繁重，学习内容广博高深，学习形式复杂多样，这不仅是对大学生的思想素质、智力素质和体能素质的综合考验，也对大学生的心理健康和心理素质发展有着重要的影响。

（一）学习能够促进个人与环境的积极适应

心理健康的人是同环境保持积极适应的人，而学习便是实现个人与环境积极适应的基本途径和手段。个人通过学习能够获得关于自然、社会和个人的科学知识，掌握改造自然、改造社会的技能，从而为积极地适应自然和社会做好准备。学习的成效越大，积极适应的心理准备和知识、能力准备就越充分，个人的适应性就越强，心理健康水平就越高。没有学习，人类就不能正确地认识自然和社会，也不能正确地认识自己，不能有效地改造环境、适应环境。

（二）学习能够使个人获得满足感，增强自信心

心理健康的人能获得持续的满足感和较强的自信心。心理卫生专家指出，投身于某一令人感兴趣、引人入胜的学习、工作之中，是实现心理健康的基本条件。乐于学习并常常能从学习中找到乐趣的学生，每当在学业上取得一定的成绩，达到自己预期的目标时，就会体验到自身的存在和价值，就会在心理上产生愉悦感和满足感。相反，厌学、逃学、得过且过的学生，由于体验不到其中的乐趣，因而常常表现为空虚、无聊而颓废不振，呈现出无兴趣病状。

（三）学习能使个人的身心潜能充分发挥

所谓潜能是指个人在先天遗传的基础上，通过后天环境的影响和学习而逐渐形成的能力倾向。人人都有一定的潜能，而且都有充分发挥潜能的需要。马斯洛认为，人的潜能得不到展现和发挥，是导致心理疾病的重要因素。个人潜能的充分发挥需要借助于许多主观和客观的条件，其中一个很重要的条件就是学习。大学生通过学习可以使自己的智力得到开发，使自己的知识不断丰富，进而使自己的潜能得到充分发挥。

（四）学习能够排除消极情绪的干扰

在大学生的日常生活中总会有一些不愉快的事情发生，这会使大学生产生紧张、焦虑、恐惧、烦恼等消极的情绪反应。如果不及时对这些不良的情绪进行调节和控制，就可能会导致心理异常。此时，如果大学生把全部精力和情感投入到发奋学习之中，就会使心中的不快得到淡化，并能从学业上的成功中获得补偿，从而使心理状态保持新的平衡。

此外，学习还有助于学生纠正错误认知，完善自我意识；有助于学生建立和谐的人际关系；有助于培养学生良好的意志品质和健全的人格；等等。总之，学习活动与心理健康是相互影响、相互促进的。

第二节　大学生学习心理问题及其调适

一、大学生学习心理障碍的主要表现

学习是一项艰苦的脑力劳动。它不仅是对大学生的智力和能力的训练，也是对大学生的心理素质和意志品质的考验。在紧张而繁重的学习过程中，绝大多数大学生能够经受住考验，顺利地完成学业，实现自己的学习目标。但是，也有一些大学生在学习过程中存在着或轻或重的学习心理问题或者障碍，影响了学业的顺利完成和身心的健康发展。大学生常见的学习心理问题主要表现在以下几个方面。

（一）学习焦虑

学习焦虑在大学生的学习活动中是比较常见的。它集中反映在两个方面。一是学习动机过强，目标期望过高。比如，一些学生来到“群英荟萃”的大学校园后，新的学习环境让一些大学生倍感学业竞争的激烈，使他们产生了较大的心理压力，导致其出现情绪过度紧张、焦躁不安、食欲不振、睡眠障碍，甚

至神经衰弱等症状。二是因遭遇学习挫折而出现情绪反应。比如，有的学生因多门课程考试不及格而担心被学校退学，也有的因学习成绩不佳而对未来择业和发展前途感到忧虑；而对于刚入大学的新生来说，有的则因对大学的教学方式、学习方法不太适应，以及学习任务繁重、学习负担过大、学习非常吃力而产生紧张、焦虑的情绪。

（二）学习冷漠

这是一类由于对学习的认知不当、学习动力缺乏或者遭遇反复的学习挫折而产生的学习心理问题。比如，有的学生对所学专业认知不当但又不能转到其他专业，因而对所在专业的学习毫无兴趣、漠然处之；或因招生调剂而被录取到某一专业，致使其填报的专业志愿未能实现，于是因理想与现实的冲突而失去学习目标和学习动力，并为此感到“学习没劲”，体验不到学习过程中的快乐，甚至产生厌学情绪或中途退学；也有的学生因为多次考试不及格而对自身学习丧失信心、自暴自弃，上课无精打采、注意力不能集中、不能积极地思考问题，对学习漠不关心，甚至经常逃课。

（三）学习抑郁

这种情况主要表现为：一些学生认为自己虽然长期努力但却未能发挥出自己的潜力，学习成绩没有达到自己所期望的目标水平，为此感到愤怒、压抑、失望和悲伤；也有一些新生在中学时是班上的“尖子”，来到大学以后，经过一段时间的比较，发现自己失去了原来的优势而成为“一般”或“较差”的学生，因而在心理上产生严重的失落感和自卑感，以及强烈的失败的心理体验。面对以上情况，有的新生暗下决心，发奋努力，迎头赶上；而有的则因成绩下降而陷入无助无望、情绪低落、自暴自弃、自责自罪的抑郁之中。另外，一些学生的个性缺陷也是学习抑郁产生的重要原因。

（四）考试焦虑

考试是对学生的学习效果、知识水平以及运用这些知识解决问题的能力的检查和测试。由于考试成绩的好坏关系到大学生的评优、保研、学籍、择业乃至以后的发展前途，因此考试也是影响大学生心理状态的一个重要因素。考试焦虑是一种在考试前预料到威胁性刺激又无能为力去应付的痛苦反应，或者是担心自己考试失败有损自尊的高度忧虑的负性情绪。其主要表现是紧张恐惧、心烦意乱、不能集中注意力、记忆效果不佳、思维迟钝、学习效率下降。持续的焦虑反应往往会引起生理上的反应，如心悸多汗、呼吸急促、肌肉紧张、头昏、食欲不振、手脚发冷，以及腹泻、尿频等。而生理上的反应又可导致失眠、健忘，从而使学生失去学习兴趣，进而更加焦虑起来。

（五）攻击行为

一些学生在学习中遇到困难或挫折时，如果其找不到宣泄焦虑或愤怒情绪的途径，就可能表现出种种攻击行为。比如，有的学生认为课程设置不合理或对教师的授课方式不满意，于是牢骚抱怨，故意扰乱课堂秩序，或者采取逃课、上课拒绝回答问题、不交作业等对抗方式；有的学生因平时学习不努力、担心考试不及格而极力反对闭卷考试，或者因考试结果不理想而撕碎课本、毁坏公物，或者对任课老师进行谩骂、威胁；有的学生则是自我封闭、自我攻击，或者疏远、讥讽同学，甚至出现人际摩擦。这些消极的、非理性的攻击行为，是大学生学习心理不良的外在表现，应当引起足够的重视。

二、大学生学习心理问题的成因分析

导致大学生学习心理问题的因素是多方面、多层次的，既有复杂的外部环境的因素，也有大学生自身的主观原因。概括起来，包括以下几个方面。

（一）社会因素

“就业是民生之本。”大学生就业是我国就业问题中带有战略性的核心问题。随着我国经济社会的快速发展，企业对个人素质的要求越来越高。与此同时，高校招生规模的扩大导致大学毕业生的数量逐年增加。为了缓解就业压力，提供更多的就业机会，国家多次采取了积极的就业政策，但由于理念滞后、结构矛盾、供求错位、市场配置等多种原因，大学生就业难的问题仍然十分突出。于是，“知识无力论”“读书无用论”的思想在社会上有所抬头。受这种新的“读书无用论”的影响，一些大学生将读书打上功利主义的标签，认为学习的高成本、高投入换来的却是就业难、起薪低的回报，所学无处用，所用非所学，因而对读书、学习的现实功效持有否定与怀疑的态度，对学习产生抗拒心理。加之社会上“一夜暴富”的种种诱惑，也在不时拍打着身在学府苦读的大学生蠢蠢欲动的心灵。这种教育投入和产出预期的失衡、自我发展的憧憬与严峻的就业形势之间的冲突，是导致大学生学习冷漠、动力不足的重要原因之一。

（二）教学环境

一方面，高校的专业设置、课程设置和人才培养模式与社会发展和市场需求之间存在着诸多不相适应的地方，这不仅一直饱受社会的诟病，也让大学生感到不太满意。尽管许多高校设立了学生可以根据自己的兴趣转专业的制度，但其高门槛的申请条件、有限制的人数比例和相关专业的接收能力等原因，导致并非所有的申请者均能如愿。这无疑会使一部分学生因心理受挫而产生学习心理问题。另一方面，由于教育教学理念的偏差，一些课程的教学内容陈旧落后，与实际工作要求相脱节；在教学方式上，不少教师仍以单向灌输为主，教学方法比较单一，缺乏对案例式、互动式、翻转式、研究式等启发式的教学方式的深入探索与运用；有些高校尚未形成科学、规范和有效、可信的对学生学习效果进行考核的综合评价体系。同时，教学班级规模的扩大、教师授课任务的加重，也在一定程度上影响着教育教学改革的深入开展和教育教学质量的提升。事实上，一些大学生出现的学习目标迷茫、学习纪律松懈、学习兴趣减退，乃至失望、厌学等学风问题，与教育教学环境中的上述缺陷与不足有着密切的联系，而这也是大学生学习心理问题的具体反应。

（三）自身原因

大学生是学习活动的主体。其学习心理问题的出现，不可避免地与自身存在的某些主观因素有着密切的关系。这主要表现在：有的学生在进入大学以后，放松了对自己的要求，没有明确的生涯规划和学习目标，找不到方向感，内心失落、迷茫、困惑，随波逐流、百无聊赖，很少能体会到学习的乐趣；有的学生不能客观和正确地认识自己，要么评价过低而使自己自卑、抑郁，要么评价过高而对自己提出不切实际的目标，一旦目标与现实冲突时，他们就会因学习受挫而产生逆反心理；有的大学新生环境适应能力和心理承受能力较差，面对大学的生活环境、学习方式、人际交往、师生关系等一系列变化，不能及时和正确地进行调整，因而产生了心理紧张、焦虑或无所适从等一系列问题；还有的学生面对学习中的困难与问题，常常把原因归结于一些难以控制的外部因素，而不是从自己身上寻找原因，整日牢骚满腹、怨天尤人，从而不能使自己的主观能动性得到充分发挥。因此，这些大学生在学习中遭遇挫折或出现心理问题便在情理之中。

此外，家长不恰当的价值观念和教育方式、对子女不合理的期望与目标要求，以及家庭经济困难、重大变故等，也是造成大学生学习压力过大和产生学习心理问题的重要因素。

三、大学生学习心理问题的调适与疏导

大学生学习心理问题是难以避免和普遍存在的。面对学习活动中的困难与

问题，有的学生直面现实、承认不足、总结经验、奋发进取，最终实现自己的学习目标；有的学生则逃避问题或把原因归结为其他因素，烦恼不安、失望彷徨、怨天尤人、一蹶不振，不仅学习目标无法实现，甚至还影响了身心健康。为此，大学生既要从理论上分析学习心理问题产生的原因，又要在实践中积极应对、及时地调整自己。教育者则应对大学生心理问题进行有效的疏导。

（一）强化社会责任意识，有效激发学习动机

所谓社会责任意识是指社会群体或者个人在一定的社会历史条件下，对国家、集体以及他人所承担的责任、义务和使命的态度。德国古典哲学创始人康德曾经说过："每一个在道德上有价值的人，都要有所承担。不负任何责任的东西，不是人而是物。"一些大学生之所以会受到"读书无用论"和"就业难"的影响，从而产生学习心理问题或挫折反应，与其自我功利、目光短浅和缺乏社会责任意识不无关系。培养大学生的社会责任意识，有利于大学生开阔视野，制定远大目标，把个人发展与国家前途、民族命运紧密联系在一起，自觉抵制或排除社会思潮和现实生活中的负面影响，明确大学的意义与成才素质要求，激发勤奋学习的动机，增强战胜困难的勇气。

所谓学习动机是指直接引发与维持学生的学习行为，并使之指向一定学业目标的内部动力。心理学研究表明，学习动机有三个方面的重要功能：一是导向功能，即学习动机可激励学生朝着一定的目标不断努力，获得预期的学习效果；二是聚焦功能，即在一定的学习动机推动下，学生可以排除各种干扰，克服困难，把注意力集中在所学内容上；三是推动功能，即学习动机可增添学生进行学习活动的内驱力量，推动积极、主动的学习行为，以达到所向往的目标。由此可见，有效学习动机有利于激发学生的求知欲望、调动学生的学习兴趣，推动学生完成学习目标。需要指出的是，并非学习动机越强，学习效果就越好。学习过强，往往表现为目标期望过高。其结果，一方面常常会使大学生产生巨大的心理压力，从而产生紧张、焦虑的情绪；另一方面，一旦学生达不到自己所期望的目标时，就会产生强烈的失败的心理体验。避免学习动机过强，关键是要及时调整自己的目标，客观地评价自己的能力，制定切实可行的学习目标。

（二）制定大学生涯规划，明确自身学习目标

《礼记·中庸》曰："凡事预则立，不预则废。"这句话强调做任何事情，事先经过精心谋划和充分准备，就能得到成功，不然就会失败或遭遇挫折。对于大学生而言，面对社会对人才素质的要求和日趋激烈的竞争形势，明确大学生涯规划和目标方向，积极做好知识和能力的学习与储备、思想和心理的修养

与锤炼，同样是至关重要的。而所谓大学生涯规划是指大学生在自我剖析的基础上，对自己的学习生活及未来职业发展所做的整体规划、科学安排和有效管理。它是指大学生在走向社会之前，将现实环境和长远规划相结合，给自己的职业生涯确定一个清晰的目标和定位。有了这样一个生涯设计和行动计划，大学生在学习活动中就有了方向感而不再迷茫、就有了动力而不再空虚、就变得自觉而不再被动。因此，根据社会发展需要和自身实际情况，制定切实可行的学业目标规划，是避免和防范学习心理问题的一个有效方法。

大学生涯规划的制定，是以就业与职业发展为导向的，常常采用的一种方法就是有关五个“what”的归零思考的模式：从问自己是谁开始。然后，一路问下去，共有五个问题：①你是谁？（what are you ？）——全面、深刻地反思自己，列出自己的优势和劣势；②你想做什么？（What you want ？）——对自己的生涯发展进行心理趋向的检查和审视，每个人在不同阶段的兴趣和目标并不完全一致，但随着年龄和经历的增长会逐渐固定下来；③你能做什么？（What can you do ？）——全面总结和梳理出自己的能力与可以开发的潜力；④环境支持或允许你干什么？（What can support you ？）——充分了解所处的环境因素，才能做到避害趋利，从而使生涯规划具有实际意义；⑤你的最终生涯目标是什么？（What you can be in the end ？）——明晰了上述四个问题，列出不利条件最少的、自己想做而且又能够做的生涯规划和学习目标，自然就会有一个清楚明了的框架。

（三）提高自身认知水平，善于进行合理归因

从一定程度上说，大学生产生学习心理问题的主要原因在于其认知水平的不到位。这里所说的“认知”包括自我认知和环境认知。自我认知是个体对自己的洞察和理解，包括自我观察和自我评价。前者是对自己的感知、思维和意向等方面的觉察；后者是对自己的想法、期望、行为及人格特征的判断与评估。如果大学生不能正确地认识自我，看不到自己的优点和潜力，觉得处处不如别人，就会对自己丧失信心，在学习方面毫无成就感，结果导致逃避学习或厌学情绪；相反，如果大学生自我评价过高，就会盲目乐观，对自己的学习成就期望过高，这不仅会强化心理的压力和紧张、焦虑情绪，也无疑增加了学习活动中遭遇挫折的概率，从而使自己出现心理问题。因此，应对学习心理问题和进行自我调适、疏导的一个重要前提，乃是提高自我认知水平，学会客观地评价自己。同时，学习心理问题的性质及其反应程度，还取决于个体对于外界环境的认知。因此，提高自身认知水平，还意味着对所面对的环境进行正确的认识

和评价。它不仅要求学生能够用全面的、辩证的和发展的观点来分析问题，还要求学生善于以乐观、进取的态度去化解矛盾和转化危机。

另一方面，对所遭遇的学习心理问题或挫折进行科学、合理的归因，也是积极和有效调适的主要途径。归因是个体对自己或他人的行为的原因加以解释和推测的过程。根据美国心理学家维纳的研究，学生在某项作业和考试上成功或失败时，倾向于将原因归于努力、能力、运气和任务难度等原因中的一种或多种。其中，努力和能力是内在因素，任务难度和运气好坏是外在因素。把学习心理问题或挫折归因于何种因素，与对待问题或挫折的态度关系密切。如果归因于能力不足，就会使其丧失信心；而如果仅归因于运气不好，那么就只能被动地接受问题或挫折。所以，当大学生遇到学习心理问题或挫折时，应当进行综合归因，并结合具体学习内容，从内部的、可控因素中寻找问题的根源，调整自己的情绪状态，加强自身努力程度，不断增强学习的决心和信心。

第三节　掌握科学的学习方法

法国哲学家、物理学家笛卡儿曾经说过：“最有价值的知识是关于方法的知识。”无论做任何事情，我们都必须有恰当的方法。方法得当，可以事半功倍；反之，只能事倍功半，甚至劳而无功或遭遇挫折。大学生的学习活动也是如此。掌握科学学习方法、培养自主学习能力，既是顺利完成大学学习任务的要求，也是促进心理健康和今后成长发展的需要。它绝非一朝一夕之功，需要不断地探索和总结经验。除了课堂学习的一般方法之外，这里着重探讨大学生自主学习的方法。

一、科学用脑的学问

大脑是承担学习活动的器官，学习的心理卫生原则就是如何用脑的基本原则。学生要提高学习效率，首先要学会科学用脑，养成正确的用脑习惯。

第一，要合理用脑。一是连续用脑时间不宜过长。一般大学生从事一种学习的连续用脑时间，以一个半小时为宜。二是注意左、右脑交替使用。人的大脑分左、右两半球，左、右脑既各司其职又相互配合，构成了一个统一的控制系统。左脑善于分析和计算，重视步骤顺序、语言表达，通过逻辑思维给出合理的结论，因而使人形成了语言的、分析的、数字的、程序的、符号的、直线性的思维模式；而右脑则不同，人们用右脑来想象、虚构、感受、创造新的意念，从而使人形成另一种非语言的、综合的、具体的、形象的、直觉的思维模式。

思维模式不同，工作方式及效率也不同。因此，应根据学习性质，交替使用左、右脑，有意识、有计划地改变大脑的活动区域，有利于大脑各部分均衡发展，防止大脑某一区域负担过重。

第二，要适时用脑。人在一天的不同时间里，大脑的功能状态是不同的，这就产生了一个怎样选择最佳用脑时间的问题。所谓的最佳用脑时间是指一个人精力充沛、脑细胞处于高度兴奋状态的那段时间。在这段时间内，大脑的学习效率最高。生物学研究表明，人在一天中大脑皮层机能会出现几次高潮。一般来说，上午 8 点到 10 点，人的精力处于旺盛期，处理识记效率高，是脑力劳动的最佳时间；晚上 6 点到 8 点，效率又达到第二次高峰，是一天中的记忆最佳期。另外，研究者还发现，上午 8 点大脑具有严谨周密的思考能力，下午 2 点大脑的思考能力最强，但推理能力则在白天 12 小时内递减。根据这一变化规律，选择最佳的用脑时间，顺应大脑的“脾气”和“秉性”，合理安排学习内容，再结合自身的实际情况，在学习中就会取得事半功倍的效果。

第三，用脑要有节律。学习是一项繁重的脑力劳动。随着学习活动的开始，大脑皮层相应区域的神经细胞即开始兴奋，其代谢逐渐加快，血液量和耗氧量也随之增加。学习开始时，由于大脑皮层的机能恢复过程大于消耗过程，所以大脑的工作能力逐渐提高，学习效率显著。而随着学习时间的延长，大脑皮层的损耗程度超过了恢复过程，因而大脑的工作能力逐渐下降，思维迟缓、理解和记忆减退等现象相继出现。如不及时休息和调整，还会出现头痛、失眠、神经衰弱、食欲不振等症状。因此，为防止大脑过度疲劳，一方面在学习内容安排上要注意文理相间、在学习活动的开展上要注意相互轮换；另一方面，动静结合、体脑交替、张弛有度、适当休息、保证睡眠，也是保证较高的学习效率所不可缺少的。

另外，还应讲究用脑艺术，注意培养良好的学习兴趣、保持愉快的情绪状态，以及加强大脑营养等。

二、增强记忆的奥秘

记忆是过去的经验通过识记、保持、再认和回忆的方式在人脑中的反映。人的大脑机能几乎都以记忆力为基础，只有记忆力好，学习、想象、创意、审美等能力才能顺利发展。由此可见，记忆在学习过程中起着重要的作用。学习效果的好坏在很大程度上有赖于对所学知识的记忆情况。因此，大学生掌握一定的记忆方法和技巧，对于提高学习效果是大有裨益的。

关于大脑的结构和功能，国内外许多学者不仅在理论上做了大量的研究工作，而且总结出了开发大脑功能、提高记忆力和集中注意力的有效方法。比如，20世纪80年代，日本能力开发研究所所长保坂荣之介在其《提高记忆力的奥秘》一书中，提出了增强记忆力的十五个“要点”。这里，结合大学生的学习活动及其特点，归纳为以下建议，供参考、借鉴。

（一）平心静气——首先使大脑平静下来

大脑皮层是人体的记忆器官。当身心处于平静状态时，从外部传来的信息就容易被记忆，并且当大脑皮层处于平静状态时，能够暂时中断与过去事物的联系，而把崭新的信息铭记在脑中。所以，当我们想要记忆一件事物时，首先要使身心“松弛”下来，做到“平心静气”后才能开始记忆，这是最重要的一步。

（二）疲劳会降低大脑的工作效率

平时刻苦训练的运动员，临参加比赛的前夕，必须进行充分的休息，以便消解平时训练所产生的疲劳，使身体各部分器官处于良好的竞技状态。同样的道理，疲劳会大大地降低脑细胞的活动能力，随着脑细胞活动能力的降低，记忆力也会随之降低。因此，要想提高记忆力，就应当经常做一些调整，以使脑细胞处于最佳的工作状态。

（三）相信自己“一定能够记住”

如果你总是担心自己的记忆力不好，就等于抑制了自己的脑细胞活动。反之，如果对自己的记忆力充满信心，就能大大地增强记忆力。日本著名心理学家多湖辉也认为，最重要的是要有“一定能够记住”这种自信。

（四）要找出适合于自己特点的记忆方法

比如，有的人习惯在早晨把昨天学过的内容复习一遍，这样就能很好地记住；有的人喜欢边听边写来帮助记忆；对于有些人而言，与其在一个非常安静的地方读书，倒不如边听音乐边读书，这样记忆效果更好。从这些因人而异的方式中，找出适合自己的方式，灵活地加以运用，是十分重要的。常见的记忆方法有系统记忆法、比较记忆法、联想记忆法、兴趣记忆法和理解记忆法等。

（五）对被记忆的对象要有兴趣

“哪里没有兴趣，哪里就没有记忆。”心理学研究表明，在其他条件相同的情况下，凡是能够引起人们兴趣的事物，就易于记忆，对识记材料保持注意的时间就会长久。相反，凡是人们厌烦的事物、厌倦的体验，则不易保持在记忆中。兴趣会使人集中注意力，激起人的求知欲，引发对事物的认真观察和积极思考，如问一问为什么，求一求所以然。因此，兴趣是提升记忆的基础和助推剂。

（六）强烈的动机可以促进记忆

心理学研究证明：人的记忆动机与记忆效果有着十分密切的关系。有了“一定要记住”的强烈动机，脑细胞就会变得活跃起来。动机能使我们集中注意力，并把我们所学的知识按一定的规律予以编排。知识编排得越好，记得就越牢。因此，毫无目的的机械重复对于记忆能力的提高于事无补，而明确的记忆动机加上有效的重复，乃是增强记忆的重要一环。

（七）充分理解被记忆的对象

理解是记忆的基础。理解被记忆对象的意义，把握事物的结构层次、本质特征和内部联系，记忆就会变得容易和牢固。如果仅从兴趣出发，不求甚解，或盲目地死记硬背，虽然也能记住，但很费时间，且容易遗忘。

（八）有效的反复是记忆的捷径

德国心理学家艾宾浩斯遗忘曲线描述了人类大脑在学习中的遗忘规律。人们可以从遗忘曲线中掌握遗忘规律并加以利用，从而提升自我记忆能力。该曲线表明，对于已经记住的东西，如不进行复习，其记忆保存量就会随着时间的推移而呈下降的趋势。如识记 20 分钟后，保存数量为 58.2%；1 小时后为 44.2%；8 ～ 9 小时后为 35.8%；1 天之后为 33.7%；6 天后为 25.4% 等；1 个月后为 21.1%。可见，“重复是记忆之母”。

（九）用形象来掌握被记忆的对象

形象感知是记忆的根本。在记忆某些事物时，如果进行与之有关的事物的联想，或用周围熟悉的事物形象来类比，就能顺利地将事物印记在脑中。这些具体形象可以是视觉的、听觉的、嗅觉的、触觉的或味觉的形象。保坂荣之介认为：“通过形象的浮现，大脑肯定会向我们的身体发出变化的指令信号。实际上，这里面正好隐藏着记忆力、注意力的秘密……增强记忆力、注意力的动力，似乎就隐藏在如何控制形象记忆中。”

（十）不会休息就不能很好地记忆

心理学家做过这样的实验：以两种不同的方式去记忆新的事物或单词，一种是试验者连续地识记而不休息；另一种是试验者识记 30 分钟，休息 5 分钟，再识记30分钟，再休息5分钟。实验结果表明，后者的记忆效率远远高于前者。因此，大脑在一定的时间内进行休息，对记忆的功能起着润滑油的作用，能使记忆更加顺利进行。

此外，细致的观察、愉快的情绪、合理的营养、适当的运动，以及新鲜的颜色等，也有助于增强记忆的效果。

三、自主学习能力的培养

能力总是和人完成一定的活动相联系。离开了具体活动既不能表现人的能力，也不能发展人的能力。自主学习的能力是所有能力的基础和最重要的一种能力。对于大学生来说，它是一个人运用科学的学习方法去独立地获取信息，加工和利用信息，分析和解决实际问题的综合能力与素质，也是衡量一个人可持续发展能力的重要因素。随着科学技术的发展和知识信息的膨胀，未来的文盲不再是目不识丁的人，而将是不会学习的人。因此，培养良好的自主学习能力，有利于提高学习效果、拓展知识能力素质，是大学生更好地适应时代要求和健康成长和成才的需要。

首先，要树立正确的学习动机和目标。这是培养自主学习能力的前提。大学生要从个人的实际情况出发，依据学校培养人才的目标和规格要求，制定大学生涯规划和自主学习计划，明确自己想要成为什么样的人、需要建立什么样的知识结构、着重培养哪些能力素质，以及达成目标的具体路径，等等。有了明确的学习动机和目标，就会产生浓厚的学习兴趣，并积极地寻求科学、有效的学习方法，有意识地培养自己独立思考、大胆质疑和勇于探究的能力，进而逐步提高学习活动的效率和自主学习的能力。

其次，要加强阅读理解能力的训练。课外阅读是大学生自主学习的重要方式和途径。自主学习能力的基础即是阅读理解能力。因此，要培养自主学习能力，就必须掌握读书的方法和艺术。其一，读书要“专”，即大学生应首先结合自己的专业来择书而读。大学生所学的专业在很大程度上对其未来的社会角色起着定向作用。打好专业基础是大学生学习的主要任务，也是发展其自主学习能力的前提。大学生的自主学习能力就是在学习专业基础知识的过程中不断得到提高的。如果好高骛远、急于求成，专业基础知识尚未牢固掌握，就去博览群书，不仅达不到提高自主学习能力的目的，反而还可能会影响专业基础知识的学习。其二，读书要“精”，即读书要扎实、透彻，而不是蜻蜓点水、不求甚解，尤其是对于专业书籍和一些有利于提升自身综合素质的重点图书，更要精读、细读。它不同于只“观其大意”的略读，而是要求反复阅读、深入思考。同时，要与做读书卡片、写读书笔记相结合。其三，读书要“博”，即在学好本专业知识的基础上，应尽可能多地阅读其他有关书籍，努力拓宽自己的知识面，提高自主学习和适应社会要求的能力。当今社会知识急剧增长，各学科相互交叉融合，大学生仅仅局限于掌握本专业知识显然是不够的，还应在此基础上由专而广、由精而博。其四，读书要“活”，即在读书过程中要以问题为中心，尊重前人的成果而又不拘泥于已有的结论，通过读书学会独立思考，培养创新思维；同时，对于不同的书籍和阅读目的，其读书的方法应灵活多样。

最后，要合理运筹自主学习的时间。一方面，要根据自己的生物节律，制订一份学习时间表，即在一天之内，哪段时间记忆力最好，哪段时间分析、理解能力最强，哪段时间精力最旺盛、哪段时间容易疲惫不堪等，从而选择最佳学习时间，安排不同的学习内容，以提高学习效率和效果；同时，要注重对学习时间进行目标管理，即把时间运筹同学习目标联系起来，根据学习目标，计划和安排学习时间。另一方面，要科学支配自主学习的时间。马克思曾经说过：“一切节省，归根到底都归结为时间的节省。每个人应当合理地支配自己的时间，以便获得应当具备的各方面的知识或者满足他的活动的各种要求。”科学大师爱因斯坦也说过：“人的差异在于业余时间。”因此，学会合理地运筹时间，不仅有助于提高学习效率，而且也是大学生自主学习能力的重要体现。

第五章　大学生人际交往与心理卫生

德国心理学家斯普兰格曾这样描述过青年人渴望被人接纳、理解的心情："在人的一生中，再也没有像青年时期那样强烈地渴望被理解的时期了……没有任何人会像青年那样深陷于孤独之中，渴望被人接近与理解；没有任何人会像青年那样站在遥远的地方呼唤。"处在青春期中期的大学生，自我意识迅速发展，情感世界日益丰富，自尊心和独立感不断增强，迫切希望被人理解，渴望与人交往，这是大学生心理发展的正常反应和需求。引导他们认识交往的重要意义，帮助他们走出交往误区、克服心理障碍，培养他们良好的人际交往能力，不仅是心理健康的需要，也是他们今后走向社会的需要。

第一节　大学生人际交往及其重要意义

一、人际交往的含义及要素

人际交往也称人际沟通。顾名思义，"交"即交流，"往"即来往。因此，交往就是人与人之间的交流与来往。更确切地说，人际交往就是指人们在社会生活中，为了满足某种需要，通过一定的语言、文字或肢体动作、面部表情等而进行的信息沟通、情感交流和物质交换，从而在心理上、行为上相互影响、相互作用的过程。通常人际交往所依赖的条件包括：交往双方对交往信息的一致理解；交往过程中有及时的信息反馈；适当的传播媒介或传播通道；一定的交往愿望和交往技能；对对方时刻保持尊重；等等。

同劳动、语言、休息一样，人际交往也是人类生活不可或缺的重要组成部分。每个人一来到世间，不管愿意与否、自觉与否，都生活在一定的人际关系网中，与他人产生千丝万缕的联系，不与他人交往的人是不存在的。正如古希腊哲学家亚里士多德说："一个生活在社会之外的人，同人不发生关系的人，不是动物就是神。"因此，人际交往是人们共同生活的基本形式，也是人类社会得以发展的基础和保证。

任何事物都是由一定的要素组成的，人际交往也是如此。从动态角度看，交往是人与人之间进行信息沟通、情感交流和物质交换的一个动态过程。它由交往的起点、程序和结果三部分构成。交往的起点是指交往主体的需要和目的。不同的交往需要和目的决定选择不同的交往程序，产生不同的交往结果；交往程序是指从交往的起点到结果的运动过程结构，交往程序直接影响着交往的结果；交往的结果既是交往过程的终点，又是构成新的交往起点的因素。交往结果反馈于主体后又会引起新的交往需要，开始新的交往。

从静态角度看，人际交往是人与人之间的一种直接的心理上的联系和相对稳定的社会关系，即人际关系。它由交往的主体、客体、介体和环体四部分构成。交往的主体是交往信息的传送者和接受者，是人际交往的中心，它决定着与谁交往和怎样交往；交往的客体，即交往的内容与信息；交往的介体是指人际交往的载体、工具和方法，是联结交往主体和传递交往信息的媒介；交往的环体则是对影响人际交往的过程和效果的环境因素。人际交往就是以上四个要素之间相互作用和发展变化的过程。

二、大学生人际交往的主要特点

大学生人际交往既有交往的一般共性，又有这一特定群体自身的特性。归纳起来，主要有以下几个方面。

（一）交往愿望强烈，以同龄人为主

一方面，大学生生理和心理的渐趋成熟、自我意识的发展和大学校园独特的学习、生活环境，使大学生认识到良好的人际交往对于自身成长成才的重要性，他们不愿把自己封闭在一个狭小的圈子里，而是迫切希望能够建立良好的人际关系；同时，大学生思想活跃、精力充沛、兴趣广泛，有较为充裕的时间去思考交往，并力图通过交往去开阔视野、丰富知识、展示才能、学会处世。另一方面，进入大学后，众多的交流机会、相似的人生阅历、共同的学习任务、相同的兴趣爱好等使大学生交往的对象以年龄相近的同学为主，这些对象包括同一寝室、同一学院或班级、同一地区或同一社团的同学。交往能力强的大学生还会突破校园的局限而与外校同学建立人际关系，甚至结识社会上一些同龄人。其中，不仅有同性之间的交往，异性间的交往也较普遍。

（二）交往内容广泛，理想色彩浓厚

随着知识、阅历、视野和生活空间的扩大，大学生对人生目标有了较深的认识和更高的要求，他们十分关心自己所扮演的社会角色以及在集体中的位置，

人际交往的内容和形式也表现出多方面、多层次、多色彩等特点。除了专业学习方面的切磋与互动外，交流思想、联络感情、关注国事、探讨人生以及体育、文娱、沙龙、社团等活动也是大学生日常交往的重要内容；其交往的方式不仅包括面对面的交谈，而且随着网络信息技术的发展，移动通信设备、短信、邮箱和 QQ、微信等即时通信平台更为大学生所喜闻乐见和广泛应用。同时，大学生正处在求知阶段，思想比较单纯，社会经验不足，对美好未来充满向往。他们在交往中常常以理想的标准要求对方，崇尚高雅、真诚、坦率，鄙视庸俗、虚伪、遮掩；注重志趣相投、推心置腹、相互关心、合作互助，反对急功近利、阳奉阴违、斤斤计较、以自我为中心。总之，大学生的交往功利成分较少，而道德色彩和情感倾向较为鲜明。

（三）交往更加开放，个体差异明显

随着我国对外开放的不断扩大、社会主义市场经济的深入发展，大学生思想活动的独立性、选择性、多变性和差异性日益增强，他们的竞争意识、自强意识、创新意识、成才意识、创业意识逐步树立，表现在人际交往上即是开放性和自主性。在交往的范围上，他们不拘泥于自己生活其中的小圈子，而是由班级到其他院系、由校园活动到社会实践；交往的对象由同班同学到异性同学、由学校老师到社会人员。在交往的过程中，他们不愿墨守成规，重视自己的意见和主张，喜欢用自己逐步形成的观念和尺度去评价社会事物，在各方面都努力体现其独立人格，勇于追求交往中的自主和平等关系，喜欢通过交流思想、感情，探讨共同感兴趣的问题。同时，随着计算机信息技术的发展，网络交往已经成为当代大学生普遍依赖的一种新型人际互动方式。然而，也应当看到，由于家庭环境、经济因素的影响，以及大学生自身的成长阅历、个性特征、兴趣爱好等诸多方面的差异，大学生的人际交往又具有不平衡性，尤其是一些学生自卑、自闭，交往的独立性、主动性较差，缺乏交往的勇气和技能等，这常使他们感到内心焦虑和不安。

此外，随着大学生性生理发育成熟，他们在心理上产生与异性交往的渴望与兴趣，甚至进一步发展为恋爱关系，这也是青春期大学生人际交往的一个突出特点。

三、大学生人际交往的重要作用

人际交往是人的心理行为的综合表现。国外有学者估计，在人们的日常生活中，除 8 小时睡眠外，其余 16 小时的 70%（10 小时左右）都在与他人进行

着种种形式的交往活动。由此可见，人际交往在人生发展中的重要地位。对于大学生的成长与发展来说，人际交往的价值意义主要体现在以下几个方面。

（一）人际交往是心理健康的重要保证

人的心理发展离不开社会活动，而人际交往便是社会活动的一个重要方式。在科学技术飞速发展的当今时代，人们的交流与互动比以往任何时期都更加频繁，人际交往已经成为每个社会成员必不可少的一种社会需要。美国著名人本主义心理学家亚伯拉罕·马斯洛将人类需求由低到高分为五个层次。其中，情感和归属、尊重等交往需要是人类需求的较高层次。这些需求能否得到满足，将直接影响到人的心理健康。一个经常和老师、同学、同事及亲朋好友交流思想、沟通感情的人，不仅可以扩大知识面、开阔胸怀，还可以使心中的烦恼得到宣泄，并从中体验到慰藉与支持，从而保持良好的情绪状态。相反，一个缺乏良好的交往条件或长期交往不和谐的人，往往会感到空虚、苦闷、抑郁和孤独，甚至产生严重的心理疾病。20 世纪 50 年代初，加拿大心理学家赫伯曾经以每天 35 美元的报酬对大学生进行实验，要求参加实验的大学生独自一人躺在地下室的床上，与外界的空气、阳光、声音全部隔绝。实验结果表明，人们忍受不了没有任何刺激的环境，有的大学生仅几个小时就忍受不了了，而忍受下来的大学生都不同程度地出现了幻觉，有的甚至出现精神痴呆的症状。美国心理学家摩根在对退休老工人所做的一项调查中发现，与别人交往多而且关系和谐的人，比那些很少与人来往的人更富有幸福感。因此，一个人只有在与他人的交往中，才能满足自身被尊重、理解、信任、认可的需要，才能获得愉快的情感体验，进而增进心理健康。

（二）人际交往是大学生社会化的必由之路

所谓社会化就是个体由自然人转变为社会人的过程，亦即一个人在特定的社会文化环境中，学习和掌握知识、技能、规范、价值观等，适应社会并积极作用于社会的过程。每个人必须经过社会化才能使外在于自己的社会行为规范、准则内化为自己的行为标准，这是社会交往的基础。每个人的社会化进程，可从家庭、学校的教育谈起，教育是社会化的主要途径。人自出生开始，有一个比较长的对父母或监护人的生活依附期。这一时期个体主要与父母交往，父母会提供他成长所需要的食物、衣服、爱和关怀，帮助他学习语言、生活技能、基本规范等；同时，个体又会受到父母和周围人的影响，使自己的行为符合周围环境的要求。因此，人际交往是个人社会化的起点。大学时期是大学生生理、心理发展的重要时期，是决定其基本社会面貌的关键阶段。大学生社会化的内容包括：明确生活目标、掌握社会规范、学习生产生活技能、培养社会角色。接受系统的学校教育，广泛地进行交往是大学生实现社会化的必由之路。人的社会化就是在与他人的交往中实现的。接受学校教育、参加社会实践活动，也是与老师、同学、社会进行交往的过程。因此，大学生必须学会与人交往，在交往中不断接受社会教化、取得社会经验，促进自身的社会化进程。

（三）人际交往是获得知识和事业成功的重要途径

人与人之间的交往不仅是相互联系的纽带，也是获得知识和事业成功的重要渠道和条件。一方面，人们学习和掌握知识，一是通过直接的人际交往，从他人那里获得的；二是通过文字资料或其他媒介间接地从他人或前人那里获得的。目前，我们已进入一个信息时代，科学技术迅猛发展，知识也在不断更新。每个人不可能拥有世界上所有一切知识和技术。在现代社会里，一个人要获得渊博的知识，必须学会与人交往。通过交往不断深化学习、扩充知识、启发灵感。古人云："独学而无友，则孤陋而寡闻。"对于大学生而言，除了向老师和书本学习知识外，还应努力拓展自己的交往空间，以丰富自己的学识，提高自己的能力。另一方面，任何一个社会群体，为了实现群体成员的共同目标，必须在共同的价值目标和行为规范的约束下，通过群体成员之间的交往，建立相互联系，集中力量，协调一致。同样，一个人在为某一事业而奋斗的过程中也离不开与他人的交往，离不开与他人的合作。这是因为一个人的能力再大，也毕竟是有限的，且每个人各有其擅长的一面和不擅长的一面。个人在与他人合作的过程中，自身的才华、能力、品格才能得到充分发挥和展现，也才能有希望获得事业的成功，从而得到社会的承认和尊重。

此外，人际交往还是大学生正确认识自我的一面"镜子"。在交往中，别人对于自己的态度、看法和评价，是自我认识的参照点，个体会以此来判断自己的心理面貌，发现自己的长处和不足，找准自己的社会位置。没有交往就没有参照，也就不可能形成正确的自我认识和评价。"我是怎样的一个人？""我在群体中的位置如何？""我希望自己成为什么样的人？"等，这是大学生常常自问自省的问题，而这些问题都可以在交往中找到答案。

第二节　大学生人际交往中的心理偏差

人们在交往过程中常常会在认知、评价他人时出现一些带有规律性的偏差，这直接影响着彼此交往的效果。正确地认识、了解和利用这些心理偏差，对于改进大学生的人际交往具有重要意义。人际交往中常见的心理偏差主要有以下几种。

一、首因效应

首因效应又称优先效应或第一印象，指交往双方最初得到的信息和形成的第一印象对于今后的交往活动有着深刻影响。比如，某人在初次会面时给人留下了良好的印象，这种印象就会影响人们对他以后一系列特性的认知。茫茫人海，芸芸众生。同是天涯陌生人，有的一见如故、相见恨晚，有的却几经交往、淡若路人。可见，人与人之间的交往是有选择的，而选择则是从第一印象开始的。人生没有天然的朋友，无论人们亲密到何种程度，都有相识的第一面。两个素不相识的人初次接触，彼此总是习惯性地根据对方的容貌、衣着、表情、姿态、谈吐、气质等做出一个初步的判断和评价，这种先入为主的第一印象，往往会影响到他们以后的交往。

首因效应由美国心理学家洛钦斯于 1957 年首次提出，他用实验的方法加以研究和证明。他编造了两段描绘一个名叫吉姆的学生的材料。这两段材料所描绘的吉姆的性格是相反的。一段把吉姆描绘成一个性格外向、好交际的人；另一段把吉姆描绘成性格内向、冷漠孤僻的人。洛钦斯把这两段材料以四种方式组合，分别让四组被测试者阅读。第一组和第二组只读描绘吉姆外向或内向的材料，结果 95% 以上的被测试者对吉姆形成的印象与材料描绘的相同。对第三组先呈现描述吉姆外向热情性格的材料后，再呈现描绘吉姆内向冷漠性格的材料；而对第四组呈现的顺序则相反。结果，第三组有 78% 的人认为吉姆是热情的，第四组则只有 18% 的人认为吉姆是外向的。可见，首因效应对人际印象的影响。

心理学研究发现，与一个人初次会面，45 秒钟内就能产生第一印象。个体主要是获得了对方的性别、年龄、容貌、表情、姿态、身材、衣着等方面的印象，判断对方的内在素养和个性特征。这一先入为主的第一印象是人的普遍的主观性倾向，往往直接影响着人们对他人以后的评价和看法。在现实生活中，首因效应的作用随时随地可见，如新入学的同学之间、老师的第一堂课、恋人初次会面、毕业生求职面试等。许多人就是依靠良好的第一印象而赢得交往的。

美国社会心理学家艾根于 1977 年发现，在同陌生人相遇的初期，按照“SOLER 模式”来表现自己，可以明显增加他人的接纳性，从而在别人心目中建立起良好的第一印象。其内容由五个英文单词的首字母组成。其中：S（Sit）表示坐姿或站姿要面对别人；O（Open）表示姿势要自然开放；L（Lean）

表示身体微微前倾；E（Eyes）表示目光接触；R（Relax）表示放松。“SOLER模式”表现出来的含义就是“我很尊重你，对你很有兴趣，我内心是接纳你的”。

需要指出的是，首因效应并非都是正确的，也不是不可以改变的。俗话说：“路遥知马力，日久见人心。”大学生仅凭第一印象就妄加判断，往往会失之偏颇，应加以注意。

二、近因效应

近因效应又称最后印象，指人们在交往中，最近得到的信息对人的认知具有强烈的影响，最后留下的印象比较深刻。洛钦斯仍然采用上面的实验，对近因效应进行了研究。但实验方法有所改变：一是提醒被测试者注意全面判断吉姆的性格特点；二是在阅读完一部分材料之后，插入一些无关的活动，然后再阅读后一部分材料，以使两部分隔开来，并告诉被测试者要做全面的判断。也就是说，在两种信息之间插入无关的工作，则后来的信息有较大的影响力。洛钦斯发现，两组信息的时间间隔越大，则近因效应越强。

近因效应和首因效应不是根本对立的，它是一个问题的两个方面。交往中的第一印象和最后印象对人的认知都是很重要的。一般来说，在与陌生人的交往中，首因效应比较明显；而在与熟人尤其是比较亲近的人的交往中，近因效应则更为突出。这就要求大学生在人际交往中，既要有一个良好的开端，又要有一个漂亮的结尾。比如下面这个例子：某大学生在面试过程中，主考官告诉他可以走了，可当该大学生要离开考场时，主考官又叫住了他，对他说“你已回答了我们所提出的问题，评委觉得不太好，你对此怎么看？”。其实，主考官这一设置是对该大学生的最后一考，他想借此考察一下应聘者的心理素质和临场应变能力。如果这一道题回答得精彩，大可弥补此前面试中的缺憾；如果回答得不好，可能会由于这最后的关键性试题而使应聘者前功尽弃。

三、光环效应

光环效应又称晕轮效应、月晕效应。它是一种影响人际知觉的因素，意指人们在交往中，常常从对方所具有的某个或某些特征而泛化到其他一系列尚不知道的特征，亦即由所知觉到的特征推及未知觉到的特征，从局部信息而形成一个完整的印象。如“情人眼里出西施”“爱屋及乌”等都属于光环效应。

1965年，美国心理学家凯利通过印象形成实验证实了光环效应。他利用心理学教学课堂，把55名学生分为两组，分别向他们介绍一位新聘任的教师。

甲组学生被告知，这位教师是“热情的”；乙组学生则被告知，这位教师是“冷漠的”。然后，新教师来到课堂授课，并分别领导两组学生进行20分钟的讨论。下课后，实验者让每个学生填写一份问卷，说明自己对该教师的印象。结果，甲组学生的印象是：有同情心、会体贴人、有社会能力、富有幽默感、性情善良；而乙组学生的印象却恰恰相反，认为他严厉、专横。这个实验证明，在人际交往认知的过程中有明显的个人主观推断作用。光环效应实际上就是个人主观推断泛化、扩张的结果。其错误在于：它抓住事物的个别特征，习惯于以个别推及一般，就像盲人摸象一样，以点代面；它把并无内在联系的一些个性或外貌特征联系在一起，断言有这种特征必然会有另一种特征。在光环效应中，一个人的优点或缺点一旦被夸大，其缺点或优点也就为光晕所遮蔽，退而不见了。

总之，光环效应是人际交往中对人的心理影响很大的一种认知障碍。大学生在人际交往中，应尽可能多地掌握交往对象的特征，以便形成较为全面而正确的认知，避免光环效应一叶障目、以偏概全的负作用。

四、定势效应

定势效应是指人们头脑中存在的某种固定化的意识、知识、经验，影响着对人和事物的认知和评价。当我们和他人接触时，常常会不自觉地产生一种有准备的心理状态，用一种固定了的观念或倾向进行判断和评价。比如，《吕氏春秋》中“疑人偷斧”的寓言故事就是定势效应的典型表现，即“人有亡铁者，意其邻之子；视其行步，窃铁也；颜色，窃铁也；言语，窃铁也；动作态度无为而不窃铁也”。

1965年，苏联社会心理学家包达列夫通过实验，揭示了定势效应在人际印象中的作用。他向两组大学生出示了同一个人的照片。在出示之前，向第一组说，将出示的照片是一个十恶不赦的罪犯；而向另一组说，他是一位大科学家。然后，让两组学生分别用文字描绘照片上这个人的相貌。第一组的评价是深陷的双眼表明内心的仇恨，突出的下巴表明沿着罪恶的道路走到底的决心等；第二组的评价是深陷的双眼表明思想的深刻，突出的下巴表明在认识道路上克服困难的意志力。同样的照片，却因为出示之前一句话的提醒，而产生了不同的评价结果，这其中的道理就是定势效应。

定势效应是一种格式化的东西，具有隐蔽性、持续性、顽固性等特征。大学生在人际交往中要避免定势效应，关键在于学会用发展的、辩证的眼光去对待他人，不人云亦云，不盲目从众。而对于犯过错误或不被看重的人来说，要改变别人的定势效应，就要用自己的实际行动和出色的成绩去影响他人，使之逐步建立新的、正面的定势效应。

五、投射效应

投射效应是指在人际交往中，一个人总是假设他人与自己具有相同的倾向，把自己所具有的某些不讨人喜欢、不为人所接受的特性投射到他人身上，认为他人也是如此。比如，疑心重的人总认为别人也不怀好意；爱议论别人的人总以为别人时常在议论自己；惯于撒谎的人常常也不相信别人的话；等等。“推己及人”或“以己之心度他人之意”就是投射效应。

投射效应一般有以下三种表现。一是相同投射。这种投射的发生在于忽视自己与对方的差别，在不知不觉中从自我出发做出判断。比如，有的人自己感到热，便以为别人也闷热难耐，不顾别人意愿和感受就开放冷气。二是愿望投射。即把自己的主观愿望强加给对方的投射现象。比如，一个自我感觉良好的学生，希望并相信老师对他的作业一定会给以好评，结果就把老师一般性的评语理解成赞赏的评价。三是情感投射。比如，人们对自己喜欢的人越看越觉得优点很多；与此相反，对自己不喜欢的人则越看越讨厌，越来越觉得他有很多缺点。这种现象在爱情生活中表现得尤为明显。

投射效应使人们倾向于按照自己是什么样的人来知觉他人，而不是按照被观察者的实际特点和具体情况进行知觉。投射效应在日常生活中时有发生，并且带来认知的偏差和对他人人格的歪曲，妨碍正常的交往，而辩证地、一分为二地去对待别人和对待自己，则是克服投射效应的方法。

此外，人际交往中的心理偏差还有刻板效应、从众效应等。

第三节 大学生人际交往障碍及其调适

我国著名医学心理学家丁瓒教授曾经指出：“人类的心理适应，最主要的就是对人际关系的适应， 所以人类的心理病态，主要是由于人际关系的失败而来。”对于大学生来说情况更是如此。由于多种因素的影响，不少大学生对人际交往存在不适和冲突心理，尤其是由自卑、嫉妒、猜疑、恐惧等心理障碍引起的交往挫折，更需要给予关注和应对指导。

一、由自卑造成的交往障碍

自卑是一种不能自助和软弱的复杂情感。它是个人由于生理或心理的缺陷及一些条件的限制和认识的偏差而产生的轻视自己的心理，自我评价偏低，认为自己在某些方面不如他人或无法赶上他人，并伴有不安、羞怯、内疚、忧郁、失望等消极情绪反应。在交往活动中，自卑常表现为过分敏感，缺乏自信，自惭形秽，行动退缩不前，难以主动与人交往，想象成功的体验少，想象失败的体验多。自卑的浅层感受是别人看不起自己，而深层的体验是自己看不起自己。强烈的自卑心理极易导致自我价值感降低。

导致自卑的原因主要有：自我认识不足；目标期望过高；自尊心受挫；某些先天或后天的生理、心理缺陷以及消极的自我暗示抑制了交往的自信和能力的发挥，等等。此外，还有家庭经济困难、个人成长经历和性格特点等因素。严重的自卑感对于大学生正常的人际交往危害极大，但也并非不治之症，可通过调整认识和增强自信，并给予支持而消除自卑感。

第一，正确认识自己，提高自我评价。自卑的人往往不能正确地认识自己和对待自己。在与他人交往时，多喜欢拿自己的短处与他人的长处相比，结果越比越觉得自己不如别人，越比越泄气和自卑，陷入恶性循环之中。因此，要克服自卑感，首先应从改变认识入手。要学会从多角度看问题，善于发现自己的优点，肯定自己的成绩；要经常回忆自己的长处和自己经过努力做成功了的事例，以此激发自己的自信心；要以理性的态度面对交往中的失败和挫折，不要由于自身某些方面的缺陷或不足而把自己看得一无是处，不能因为一次失败而以偏概全、自我否定。只有全面、辩证地评价自己和他人，正确对待自己的缺陷和不足，才有可能克服自卑感，消除交往障碍或挫折感。

第二，调整目标期望，增强交往信心。自卑的人一般比较敏感脆弱，一旦遭受挫折，很容易情绪低落、意志消沉。这就需要从一连串小的成功开始，通过不断的成功来表现自己和确立自信，消除对自己能力的怀疑。同时要认识到，凡事并不是十全十美的，要善于自我满足，不怀奢望，知足常乐。为此，对交往的期望不要定得过高，更不能操之过急，而要循序渐进地锻炼自己的能力，这样不仅能够体验到达到目标时的成功和喜悦，而且有助于消除交往中的自卑感，增强自信心。

第三，善于进行积极的自我暗示。所谓暗示是指人们为了某种目的，通过人体的语言、表情、手势、行为或某种特殊的符号，对人们的心理和行为产生影响的过程。自我暗示是暗示的一种类型，它的暗示信息来自自身内部，自己对自己发出刺激信息，影响自己对某事物的认知、情绪、意志和行为。积极的自我暗示是说，当自己处在不利的地位或遇到某些情况感到信心不足时，要及时鼓励自己，善于运用肯定的方法增强自己改变现状的信心。比如，不妨运用语言暗示自己：“别人行，我也能行。”“别人能成功，我也一定能成功。”

自我暗示可以默不作声地进行，也可以大声地说出来或在纸上写下来。

第四，大胆突破自我，主动与人交往。自卑感强的人多数性格孤僻、内向，胆怯、不合群，常把自己孤立起来，少与周围人交往。由于缺少心理沟通，易使心理活动走向片面，越是不与人交往，越是羞于交往，就越是自卑。自卑者如能敢于跳出这一“怪圈”，积极主动地参与交往，尤其是与性格开朗、乐观、豁达的人交往，不仅有利于感受到他人的喜、怒、哀、乐，丰富生活体验，而且有利于在交往中形成正确的自我认知，抒发被压抑的情感，增强交往的勇气，走出自卑的泥潭。

二、由嫉妒造成的交往障碍

嫉妒是指在交往中，因发现自己在知识、能力、成就、名誉、地位，以及身材、容貌、风度等方面不及别人时而产生的一种由羡慕、焦虑、愤怒、排斥、敌意等组成的复杂情感。嫉妒就内心感受来讲，前期依次表现为由攀比到失望的压力感；中期表现为由羞愧到屈辱的心理挫折感；后期则表现为由不服、不满到怨恨甚至报复的发泄行为。

嫉妒心理是人的一种很普遍的心理。从本质上看，它是一种不健康的心理。无论是何种形式和内容的嫉妒，都会直接影响人的情绪平衡与身心健康，大大降低学习或工作的效率；同时，嫉妒心强的人往往不能容忍别人超过自己，常想方设法阻止别人的发展，总想压倒别人，这将会使同学、朋友不愿与之交往，从而造成人际冲突或交往挫折，自己陷入不良的人际关系氛围之中而感到孤独、寂寞。巴尔扎克说过：“嫉妒者比任何不幸的人更为痛苦，因为别人的幸福和他自己的不幸，都将使他痛苦万分。”莎士比亚也曾写道：“嫉妒是绿眼妖魔，谁做了它的俘虏，谁就要受到愚弄。”因此，大学生应自觉地对交往中的嫉妒心理进行调节和转化。

第一，有意识地调整自己的注意力。在交往中，他人在某些方面的优势恰好是自己的劣势，这一差异是一些大学生产生嫉妒心理的刺激源。如果有意识地放弃这种比较，正视自己的劣势，把注意力调整到自己的优势和长处方面，或者把注意力转移到对方的劣势和不足之处，便有可能使失衡的心理重新获得平衡，从而削弱或消除嫉妒心理，改善人际交往。另外，为了缓解失败给自己带来的心理上的不平衡感，可以找一些使自己不再与他人比较和嫉妒别人的理由；或者积极参与其他有益的活动，从而转移注意力，嫉妒的毒素就不会滋生、蔓延。

第二，化消极的嫉妒为积极的进取。当别人在某些方面超过自己时，消极的嫉妒对于双方的交往有百害而无一利。嫉妒者应当清醒地认识到，一个人不可能在任何时候都比别人强，人有所长也有所短。人固然应该喜欢自己、接受自己，但还要客观地看待别人的长处。如果把因不及别人而产生的嫉妒化为一种上进的力量，努力去弥补双方的差距，或者超过对方的优势方面，不仅可以使自己从嫉妒中解脱出来，而且有利于充实和提高自己。

第三，提高自身修养，培养宽广胸怀。一些大学生在交往中产生嫉妒心理还与他们心胸狭窄、自我意识发展畸形有密切的关系。因此，注重培养达观的人生态度，不断开阔自己的视野，是消除嫉妒心理的关键所在。大学生要坦诚相对，与人为善，学会赞美和欣赏别人，把别人的成就看作是对社会的贡献，把优秀的人当作自己学习的榜样；要将心比心，设身处地地为别人着想，以加深理解、密切交往；要确立自己的规划，充实自己的生活，扬长避短，发挥自身应有的潜能。真正的强者需要埋头苦干。正如英国哲学家培根所说：“每一个埋头沉入自己事业的人，是没有工夫去嫉妒别人的。”

另外，当出现嫉妒心理时，还要学会自我宣泄，阻止嫉妒朝着更深的程度发展。

三、由猜疑造成的交往障碍

猜疑是一种由主观推测而产生的不信任的复杂情感。猜疑心重的人往往无中生有，自我牵连倾向太重，总觉得其他什么事情都与自己有关，对他人的态度、言行过分敏感，总是疑心重重，认为人人都不可信、不可交。比如，有的人看到几个同学在讨论问题，就会怀疑是在说他的坏话；别人脱口而出的一句话，也会琢磨半天，努力发现其中的“潜台词”。一个人一旦掉进猜疑的陷阱，便会处处神经过敏，事事捕风捉影，对他人失去信任。久而久之，不仅影响正常的人际交往，而且由于自我封闭，阻隔了外界信息的输入和人间真情的流露，整日处于闷闷不乐、惊恐不安之中，严重损害身心健康。

交往中，猜疑心理产生的原因主要有以下几个方面。

一是作茧自缚的封闭性思维。猜疑一般总是从某一假想目标开始，最后又回到假想目标，就像一个圆圈一样，越画越圆、循环证明。同时，经常戴着“有色眼镜”去观察人，用别人的举动来验证而不是修正自己的看法，因而常常歪曲事实，对别人产生怀疑。

二是对环境和他人缺乏了解和信任。古人云：“长相知，不相疑。”反之，彼此之间缺乏深入的了解，必然会产生一种不安全感。而“他信”的缺乏，往往又同“自信”的不足相联系。猜疑心重的人，看似怀疑别人，实际上也是对自己缺乏信心。比如，有些人在某些方面不如别人，就总以为别人在议论自己，看不起自己，算计自己。

三是对交往挫折的自我防卫。比如，有些大学生以前由于轻信别人，在交往中上当受骗，遭受了巨大的精神损失和感情挫折，从此不再信任任何人。

四是缺乏思考，听信流言。有些人由于缺乏自身独立的思考，既要以别人的评价作为衡量自己言行的是非标准，又很在乎别人的说长道短。而当与他人产生误会或别人的态度不明朗时，他们往往会从不利于自己的方面出发，毫无根据地去推测和怀疑别人的言行。

猜疑是人性的弱点之一，历来是害人害己的祸根。英国哲学家培根曾经说过："心思中的猜疑有如鸟中的蝙蝠，他们永远是在黄昏里飞的……这种心理使人精神迷惘，疏远朋友，而且也扰乱事务，使之不能顺利有恒。"大学生要克服交往中的猜疑心理，应从以下几个方面入手。

首先，要保持理智，切忌感情用事。当猜疑的念头萌生时，要冷静思考，并督促自己立即寻找这个念头产生的原因和证据。在形成循环思维之前，要积极引进正反两个方面的信息，而不要轻易为自己的怀疑提出主观的单方面的依据。如果证据确凿，应以诚恳的态度，同对方推心置腹、心平气和地交换意见；如果证据不足而是自己主观推测、想象过多，应尽快否定自己的猜疑。

其次，要增强自信，学会知人知己。克服猜疑心理的最好办法，不是在猜疑信号出现后消除，而是在出现前防止。要做到这一点，树立自信和相互了解是十分重要的。当一个人充满信心地进行学习、生活和人际交往时，就不会担心自己的行为是否被别人挑剔和议论；当大学生对自己和周围同学的性格特征、兴趣爱好、为人处世、交往模式、成长经历、风俗习惯等情况有了比较全面的了解后，也就不会无端地去猜疑别人了。

最后，要开阔胸襟，优化心理品质。猜疑往往是心灵闭锁者人为设置的心理屏障。只有加强个人道德情操和心理品质的修养，敞开心扉，增加心灵的透明度，真诚地与他人沟通交流，才能增进相互之间的了解与信任，从而消除隔阂、排释误会，使猜疑获得最大限度的消解。同时，要学会自我开脱。当出现猜疑心理时，不妨暗示自己：走自己的路，让别人去说吧！没做亏心事，不怕鬼敲门。这种暗示会使自己得到解脱。

四、由恐惧造成的交往障碍

恐惧是指因受到威胁而产生并伴随着逃避愿望的情绪反应。大学生在交往中的恐惧心理主要表现为面红耳赤、目光紧张、呼吸急促、心跳加速、局促不安、语无伦次等。于是，他们处处小心，时时躲避，不敢当众演讲、书写或进食，不敢与重要的人物进行交谈；害怕聚会，害怕与人近距离相处，害怕被别人观察；若被迫进入交往场合，便会产生严重的焦虑反应，惶然不知所措。

对交往恐惧的大学生，有的属于器质性恐惧，如抑郁性气质的人，生性孤僻，害怕与人交往，常常怀有一种胆怯的心理；有的则属于挫折性恐惧，如曾在某一较大场合当众出丑，心理上受到较大刺激和创伤，产生了一种恐惧情绪，以后一遇到交往便条件反射；还有的是由于交往能力缺乏而对人际交往产生恐惧。

克服交往中的恐惧心理，除了要充分认识人际交往对于大学生成长的重要意义，增强交往的自觉性、主动性外，还应掌握战胜恐惧的途径和方法。

第一，审视现实，弄清自己交往中到底恐惧什么。对交往恐惧的大学生虽然一遇交往便陷入恐惧和忐忑不安之中，并竭力回避恐惧的对象，但他们很少真正正视自己所恐惧的东西。实际上，他们所恐惧的对象并不构成任何威胁，他们所恐惧的只是“自己的恐惧”。他们把许多事实上并不一定可怕的事物或情景，在想象中蒙上了一层恐惧的色彩，以往交往中的挫折使他们把自己的恐惧情绪进一步放大，自身的表情反馈又使这种恐惧情绪得到渲染，形成恶性循环。因此，要战胜恐惧，关键在于要搞清楚自己到底恐惧什么，而一旦正视了它，并探明这种恐惧初次产生或形成的原因，便会发现它并没有什么针对性的内容。

第二，改变不利于交往的个性品质，排除意识中的消极因素。比如，抑郁质的人一般对自己的神态行为特别敏感，生怕自己在别人面前出丑、失态。这种强烈的害怕意识反而使自己在交往中异常紧张、口齿不清、行为拘谨，而紧张的面部表情和行为通过反馈更加强了自己的紧张。了解这一规律，便可经常做一些克服交往恐惧的适应性训练，多接触使自己恐惧的人，多做人前的工作，多参加集体活动，从而逐步克服恐惧心理。对此，有人还总结出了具体的经验，如将两脚平稳地站立，然后轻轻地把脚跟提起，坚持几秒钟后放下，每次反复做 30 下，每天做 2 ～ 3 次，可以消除心神不定的感觉；有节奏的深呼吸，可以使紧张的心情得以缓解；与别人在一起时，手里握着一本书等，会让害羞的人感到舒服和有安全感；学会大胆自信地看着别人，不要老是回避别人的视线；等等。

第三，掌握必要的克服恐惧的方法和技巧。一曰“相同对比法”——可以这样想：我的交往能力差，但别人在刚开始时也可能这样，不管什么事，开始时都不见得能做好，多做几次就会做好，大家都一样。这样想对于克服与陌生人交往时的紧张与恐惧很有效果。二曰“不同对比法”——当遇到对方在学识、气质、谈吐及其他方面都很出色时，不要盲目地将自己与对方进行比较，不要妄自菲薄。可以这样想：他确实不错，但人各有长处。正如古语所说：“梅须逊雪三分白，雪却输梅一段香。”明白了这个道理，便会变得自信起来。三曰“感情接近法”——这种方法对于克服与领导、长者、老师和异性交往时的恐惧心理有很好的作用。具体做法是：当你与他们在一起时，不要过分考虑他们的身份、地位、年龄、性别，而不妨这样想，假如他们是我的长辈、我的兄弟姐妹……首先从感情上与他们亲近起来，这样就不会拘谨、难耐了。四曰“难堪练习法”——让对交往恐惧的人到人群中去，公开表演、唱歌、朗诵，不必顾及别人的反应。这样，一次、两次、三次……，从易到难，直至恐惧感消失。

第四节　大学生人际交往的原则与技巧

一、大学生人际交往的基本原则

人际交往的原则是个人在与他人沟通、交往过程中应当遵循的基本要求。这些基本要求主要包括以下几个方面。

（一）尊重与平等原则

尊重他人，平等相待，这是人际交往的根本原则，也是建立和谐人际关系的前提和基础。来自五湖四海的大学生，由于先天遗传因素的差异和后天环境的影响，彼此在知识、能力、气质、性格、兴趣爱好、风俗习惯、个人信仰等方面不尽相同，但在人格上都是平等的。也就是说，人人都有自己的人格尊严。大学生在人际交往中应遵循尊重与平等的原则，处理好与他人的关系，既自尊自爱，又不做有损他人尊严的事情；既不夜郎自大、盛气凌人，又不低三下四、妄自菲薄。每个人都希望在交往过程中得到别人的尊重，而只有首先尊重他人才能赢得他人的尊重；只有平等待人，才能换取别人对自己的平等相待。正如古人所说：“爱人者，人恒爱之；敬人者，人恒敬之。”因此，尊重与平等不是单方面的要求。因此，大学生在交往中应彼此尊重。

（二）真诚与守信原则

孔子曰：“人而无信，不知其可也。大车无輗，小车无軏，其何以行之哉？”真诚、守信是中华民族的传统美德，也是人际交往得以延续和深化的保证。真诚就是真实、诚恳、没有虚假。只有彼此以心换心、坦诚相见，才能相互理解、相互接纳、相互信任。所谓“精诚所至，金石为开”，即用真诚去打开人际交往的心灵之门。守信就是恪守诺言，说到做到，言必行，行必果，这样才能赢得别人的信任，与他人建立深厚的友谊。相反，虚伪做作、言行不一是不会获得良好的人际关系的。有的大学生渴望得到别人的理解和接纳，但却不愿意敞开心扉、以诚待人，因而使自己与他人的正常交往受到阻碍；也有的大学生以世故、圆滑的态度对待交往而使得同学间的纯真友谊变得庸俗化。

（三）团结与互助原则

人际交往是一个双方在心理和行为上相互影响、相互作用的过程，因而互助、互惠是人际交往的心理需要，也是协调个人与他人关系的必然要求。大学生在日常交往中应相互关心、团结合作，这对于增进理解、加深感情有着十分重要的意义。这一原则要求我们，在处理人际关系时，既要考虑自己的利益，也要照顾对方的要求；既要善于用对方之长来补自己之短，也要利用自己的长处和优势去主动帮助和影响对方。只有学会帮助别人，才能在自己需要的时候得到别人的帮助；只有善于团结同学，才能更好地与之合作。大学生在经济上尚未独立，因而团结与互助原则主要体现在精神领域。比如，当同学取得荣誉时由衷喝彩而不是妒火中烧，当同学遇到困难时热情相助而不是幸灾乐祸等，都是这一原则的具体体现。

（四）宽容与谅解原则

由于兴趣爱好、生活习惯，以及性格、经历等方面的差异，大学生在交往过程中难免会出现矛盾或误会，因而宽容与谅解的原则成为协调个人与他人关系必不可少的条件。俗话说，“金无足赤，人无完人”。宽容与谅解就是做到严以律己、宽以待人，善于换位思考、将心比心；对于非原则性的问题，不斤斤计较，能够求同存异，大度容人。宽容与谅解不仅可以化解矛盾、消除误会，而且也显示出自身的勇气和修养，有助于扩大交往空间，赢得他人尊重，进而滋润人际关系。如果心胸狭窄、锱铢必较、苛刻待人，或者得理不让人，不仅不会得到他人的尊重，也不利于建立良好的人际关系。当然，宽容、谅解不等于无原则地姑息迁就，更不等于拿原则来做交易。

二、大学生人际吸引的基本规律

人际吸引是指在人际交往过程中，交往双方情感上相互亲密的状态，是个体对他人给予积极和正面的认知和评价的倾向。人际吸引的程度反映了交往双方心理距离的远近，是人际交往状况好坏的一个重要标志。大学生了解和把握人际吸引的基本规律，有助于促进和改善人际交往，协调和增进人际关系。

（一）接近吸引律

接近吸引律是指在人际交往过程中，由于交往双方存在接近点而导致相互之间心理距离缩小，进而产生相互吸引。能够产生人际吸引的接近点主要包括三个方面。

一是时间、空间的接近。一般情况下，人们生活的时空距离越小，则双方越容易接近，越容易相互吸引。比如，同龄出生、同时入学、同期毕业，或者同事、同乡、邻居等。时空接近是影响人际交往的重要因素。俗话说，“远亲不如近邻”“近水楼台先得月，向阳花木易为春”。

二是职业、背景的接近。专业、职业、民族、经历、出身相近的人，容易找到共同语言，形成共同的心理体验，从而缩短心理距离，导致相互吸引。唐代大诗人白居易的“同是天涯沦落人，相逢何必曾相识”表达的就是这个意思。它给我们一个启示：当与他人初次交往时，应多谈双方感兴趣的话题，努力寻找双方的接近点和共鸣点，以深化关系、促进交往。

三是兴趣、态度的接近。在人际交往中，如果双方有共同的兴趣爱好、思想观念和价值取向，则更容易相互吸引。这是因为，每个人都希望自己是正确的，希望得到他人的肯定与支持。这种愿望只有在与自己态度、观点相近的人那里才能得到满足，因而产生很强的吸引力。所谓“酒逢知己千杯少，话不投机半句多”“物以类聚，人以群分”“英雄爱英雄，好汉惜好汉”等，都说明了具有相似兴趣、态度的人更容易结交成友。在所有的接近点中，态度或思想观念、价值取向是产生人际吸引的最主要的因素。

（二）互补吸引律

在人际交往过程中，当交往双方在个性或需要以及满足需要的途径方面正好呈互补状态时，彼此间就可能会产生强烈的吸引力。互补的范围包括：能力特长、人格特征、利益需要、思想观点等方面。我们常常看到，性格外向、直率、脾气暴躁的人和性格内向、含蓄、脾气随和的人会友好相处；活泼健谈的人和沉默寡言的人会成为好朋友；等等。这是因为交往双方在气质、性格等方面取长补短，互相满足了自我完善的需要。

苏联心理学家曾对气质相同和气质不同的人合作的效果进行了比较研究。结果发现，两个强气质的学生组成的学习小组，常常因为对问题各执己见而影响团结；两个弱气质的学生在一起，又常常因缺乏主见而面面相觑。两个气质不同的学生组成的小组，团结搞得最好，学习效果最显著。

互补吸引律在地位不等、角色不同的上下级关系和家庭关系中体现得最为突出。而当交往双方的地位平等或角色作用相同时，人际吸引一般服从接近吸引律。

（三）对等吸引律

在现实生活中，人们都喜欢那些同样喜欢自己、尊重那些同样尊重自己的人。正如古人所说："敬人者，人恒敬之；爱人者，人恒爱之。"这种心理机制反映的就是对等吸引律。值得注意的是，对于不同的人来说，由他人的喜欢激发的回报并不完全相同。一般而言，自尊心、自信心强的人，他人的喜欢与排斥对其自我评价影响不大，即所谓"宠辱不惊"；而敏感、独立性差、自信心低的人，由于他们极少从自己那里得到肯定而获得尊重的满足，因此非常需要他人的正面评价，对他人的喜欢与厌恶反应较为强烈。

对等吸引律启示我们：责怪、谴责和报怨等只能使别人以同样的态度反敬你；廉价的恭维或夸夸其谈并不能引起别人的好感；充分的了解、发自内心的喜欢才能获得良好的交往和真诚的友谊。

（四）诱发吸引律

诱发吸引律是指由自然的或人为环境中的某一因素而引发的相互吸引。在交往过程中，如果人们受到某种诱因的刺激，而这种刺激正好投其所好，就会引起对对方的注意和交往兴趣，从而相互吸引。诱发的因素和形式有自然诱发、蓄意诱发、情感诱发等。

自然诱发指由人的外貌、气质、语言、风度等自然因素而诱发的吸引力。在日常生活中，人们常常因为听到某人一段言谈、看到某人姣好的容貌、觉察到对方深刻的内涵和优良的品质，从而产生由衷的钦慕之情和与之结交的强烈愿望，导致最终形成良好的人际关系。

蓄意诱发指有意识地设置某些刺激因素，以引起对方的注意和兴趣，从而产生吸引力。如出席某种社交场合，可以通过得体适宜的打扮、妙语惊人的谈吐、风趣幽默的故事等增强自己的吸引力。蓄意诱发在现实生活中的应用是相当普遍的。但是，蓄意设置诱发因素应当注意：投入适度，并瞄准对方的需要和兴趣，同时还要含蓄自然，使对方无娇作之感。

情感诱发是通过真诚的关怀、帮助、信任、容忍等因素而激发对方的情感，缩小双方的心理距离，从而相互吸引。比如，不失时机地帮助困难者、安慰失败者、祝贺成功者，都可以使对方产生强烈的情感体验，从而使双方在心理上更亲近。

（五）光环吸引律

光环吸引律指一个人由于在能力、特长、品质等方面比较突出，或社会知名度较高，从而泛化到这个人的其他方面，产生晕轮效应，使对方感到他的一切品质特点都富有魅力，从而愿意与之交往。光环吸引律突出体现在能力、成就和品格等方面。

一般来说，人们都喜欢聪明能干的人，而不喜欢愚蠢无知的人。这是因为人人都有一种寻求补偿、追求自我完善的欲望。与聪明能干的人在一起，在许多问题上可以得到帮助。另外，聪明能干的人说话办事恰到好处，给人以爽心悦目之感。在大多数情况下，能力较强、成就较大的人周围总是有一些倾心的朋友和追随者。但并非能力越强就越有吸引力。研究表明，一个人能力过强会使其他人产生卑下感而敬而远之，从而降低自身的吸引力。

另外，良好的性格、品质也会使人产生亲切感、敬重感和钦佩感，从而产生人际吸引。心理学研究表明，在人的性格、品质中，热情可以产生很强的光环效果。信任、忠诚、支持、帮助、宽容、富有幽默感等也是吸引朋友的良好品质。

（六）异性吸引律

由于性别和个性上的相补、相悦，男女在一起交往时会产生轻松、愉快的感受，因而容易相互吸引。这主要有以下三个方面的原因。一是性别相悦。男女在一起，尤其是和美丽、整洁的异性在一起，相互之间能产生一种轻松、愉快、互为接纳的感受。这种感受能使人精神焕发，工作、生活更积极、更主动。在日常生活中，我们常常发现，在清一色的团体中，人们总是感到缺少什么，加入一定比例的异性之后，气氛会马上活跃起来。二是个性互补。男性的刚健豪迈和女性的温柔细腻，二者在相互交往中可以得到平衡和升华，满足双方自我完善的需要。三是寻求肯定。在同等条件下，人们在得到同性肯定和支持的同时，能够得到异性的赞扬和欣赏，更会让人在心理上获得满足。

此外，人际吸引的规律还有互惠吸引律、强迫吸引律、熟悉性吸引律等。

三、大学生人际交往的方法技巧

人际交往虽然是一个双向选择与互动的过程，但每个人都能够掌握人际交往的主动权，从而赢得对方和推动交往，建立和谐、友好的人际关系。这就要求大学生不仅要遵循人际交往的原则和规律，还应了解增进人际交往的方法和技巧。

（一）把握人际交往的尺度

在人际交往中，我们常常会发现，有的人言谈举止、待人接物恰到好处，令人愉悦，而有的人却矫枉过正、有失体统。这其中的差别就在于“尺度”。由此可见，把握适宜的分寸和尺度对于树立良好印象和促进人际交往的重要意义。这些尺度可归纳为以下几个方面。

一是自尊，但又尊人。在人际交往中，自尊、自爱是树立良好形象的重要前提，而自轻、自贱会使人在交往中变得被动。自尊是可贵的，但自尊不是恃才傲物、孤芳自赏。只尊己而不尊人，常常得不到他人的尊重。正所谓“人必自尊而人尊之，人必尊人而人尊之”。尊重他人，就是要尊重他人的人格、他人的权利、他人的劳动、他人的意见、他人的生活习俗、他人的兴趣爱好等。

二是信任，但不轻信。信任是协调人际关系的基本原则，也是促进人际交往的良好诀窍。它可以使双方推心置腹、肝胆相照。若在交往中疑心重重或表里不一，那便无真诚交往可言，交往不过是逢场作戏而已。但是，信任不是轻信和盲从，不是人云亦云和随波逐流。轻信是对人对事不加观察、不加分析，是轻率和幼稚的表现。

三是显示自己，但不贬低别人。在人际交往中，善于制造诱发因素，把自己伶俐的口才、渊博的学识、典雅的服饰、文明的举止展示在众人面前，这是推销自我、赢得交往的重要因素。但是，应当注意的是，显示自己不是炫耀自己、自命不凡，更不是贬低别人、争风吃醋。

四是坦率，但不粗鲁。坦率即立身处世正直、公道，为人为事诚心诚意，言之有物，行之有理。但是，坦率不是粗俗、鲁莽，信口开河。如果阳奉阴违、两面三刀，或者不看对象、不分场合、不讲方式、不计后果，乱讲一气，是不会赢得交往的。

五是谦虚，但不虚伪。谦虚的品德对协调人际关系十分重要。一个人对自己实事求是，正确自知、客观评价，既诚恳接受别人的意见，又能虚心向别人请教，这样才能成为受欢迎的人。但是，谦虚不是虚伪，更不是献媚。故作谦虚之态以求谦虚之誉，或者言不由衷、唯唯诺诺，那便让人感到虚假、虚伪了。

六是谨慎，但不拘谨。谨慎从事是获得成功的必要条件。在交往中，三思而行，不该说的话不说，不该做的事不做，言谈举止得体、大方，有理有节，无疑有助于促进人际交往。但是，谨慎不是拘谨。在他人面前，语无伦次、手足无措，该说的话不说，该做的事不做，这种过分的拘谨是不会给人留下良好印象的。

七是活泼，但不轻浮。谈吐风趣幽默，举止轻松活泼，这是协调关系、深化交往的催化剂。如果与人交往面无表情、目光呆滞、语言平淡，则将不利于人际交往。但是，活泼不是轻浮。如果不分场合、不择对象，谈吐中一味插科打诨，俏皮怪话连篇，庸俗笑料满嘴，或当场拿别人的人格开微笑，往往令人难堪和反感。因此，切忌把粗鲁当潇洒、把庸俗当幽默、把肉麻当有趣。

八是成熟，但不世故。在人际交往中，说话得体、举止优雅、办事老练，一事当前不感情用事是成熟的表现，也是赢得交往的因素。但是，成熟不是世故、圆滑，不是四面讨好、八面玲珑，也不是逢场作戏、玩世不恭。

（二）受人欢迎的艺术

在人际交往中，每个人都期望得到他人的欢迎和接纳。而要成为受人欢迎的人，就必须善于向交往对象表达和传递尊重、友善之意，并能够根据他人不同层次的需求，设身处地、换位思考，善于肯定和赞赏对方，让对方感到他是重要的。为此，美国著名人际关系专家莱斯·布吉林在《人际交往的艺术与技巧》一书中，提出了受人欢迎的三大秘诀，即“三 A 原则”。

其一，Accept，接受对方。接受是生活中不可缺少的一种维生素，如同我们渴望别人接受自己一样，我们也要接受他人。要接受别人，关键是要有一颗宽容大度的心。世界上有“完美”二字，但无完美之人。因此，“接受”不仅意味着接受交往对象本身，还包括接受对方的风俗习惯、生活方式、个性特征、民族信仰等与自己不同的方面，甚至能够容忍别人“不合理”的行为和各种令你不顺心的情况，要求同存异而不能求全责备，更不能把自己对他人的接受作为砝码来讨价还价，接受一旦变成了交易，也就失去了对他人的尊重。

其二，Admire，赞美对方。赞美比接受就更进了一步。比较而言，接受是消极的，即使某人有缺点或不足，我们还是要容忍或接受。而赞美则是积极的，我们不仅要接受他人的缺点或不足，更要善于调整目光以欣赏的态度去发现他人身上的积极方面，并不失时机地加以肯定和赞美。这些优点或长处也许是微不足道的，但每个人都有被肯定和赞美的心理需要。在人际交往中，一句真诚的赞美，往往会产生神奇的效果。比如，“你的字写得真漂亮！”“你的裙子的款式真高雅！”由衷地赞美别人，从而展示自己宽广的襟怀和宽以待人的修养，而个体在接受别人的赞美的时候，自信心会增强，心情也会舒畅。因此，赞美为协调人际关系增添了积极和美好的内涵。当然，赞美不是人云亦云、不是曲意奉承。

其三，Appreciate，重视对方。重视和欣赏意味着价值的提高。每个人都有自己的尊严和价值，并期望在交往中得到尊重和重视。尊重和重视他人，是接受他人的思想基础。对他人发自内心的尊重和重视，才能够受到他人的尊重和重视。为此，在和他人交往时，就要有意识地传递这样一种信息：我很看重你，你对我来说是重要的、有价值的。这无疑会赢得对方的好感和欢迎。

在英文字母中，A 排名首位。人们往往把 A 当作好的代名词。可以说，“三 A 原则”是建立在“满足他人需求”这一宗旨之上的，它囊括了与人交往中受人欢迎的所有秘密。大学生掌握并运用“三 A 原则”，将有助于被交往对象所接受，成为人际交往中一个有修养的人、受人欢迎的人。

（三）展示自己魅力的艺术

魅力是一种能吸引人的力量和唤起仰慕或钦佩的品质。在人际交往中，恰当地展示自己的魅力是赢得交往和增进交往的重要方面。那么，如何展示自己的魅力呢？可概括为以下几个方面。

第一，自信乐观显活力。自信是在自我评价上的积极态度，是发自内心的自我肯定与确信。无论是人际交往还是事业发展，自信都是促进成功的重要因素之一。自信是一种信念，也是一种力量。自信而不自卑，会让人感到一种不可战胜的勇气和活力，感到他的可敬、可爱。自信的人才会乐观，才会主动积极地与人交往。这种自信与活力犹如头顶的骄阳，让你光彩照人、魅力四溢。要想成为自信者，就要像自信者一样去行动。

第二，着装宜人增风采。日本著名的“推销大王”齐藤竹之助在他的自传体畅销书《高明的推销》中说：“服装不能造出完人，但是初次见面给人印象的 90% 产生于服装。”由此可见，适宜的着装对于人际交往的重要性。着装的基本要求除了整洁、卫生之外，还包括合体、合适、合度等。所谓合体，即根据个人的身材条件去选择最合适的服装；所谓合适，即着装应与交往的场合、对象、环境、季节的要求相适应；而所谓合度，即着装要掌握分寸、恰到好处，与角色、身份相符，并能够展示自己的个性、审美和涵养。

第三，举止得体添风度。举止是指人际交往中的身体姿态、表情、动作及待人接物的方式等。它是传递人际信息的一种载体，也是人的外在魅力因素之一。在人际交往中，举止的基本要求包括以下几个方面。①举止稳重。说话办事、举手投足应当稳稳当当，快而不乱，忙而不慌，有板有眼，有条不紊。毛手毛脚，丢三落四，往往有失风度。②举止得当。一方面，做到站有站相，坐有坐相，走有走相，避免有失文明、不雅观的举止；另一方面，正确、恰当地运用交往礼仪，将自己的意愿准确表达出来。③举止优雅。交往中应谈笑自若、落落大方，使一言一行、一颦一笑能够显示出自己的风度和修养。④举止有度。亦即举止要有节制，谈笑既要抒情达意，又不信口开河。无休止地高谈阔论，旁若无人地纵情大笑，都有失风度。

第四，注重品质施爱心。审时处世，待人接物，不仅要有良好的风度，而且要能体现自己优秀的品质和修养。这也是展示魅力的重要方面。豁达宽容而不是心胸狭窄，助人为乐而不是自私自利，谦虚诚实而不是骄傲虚伪，只有这样，才能赢得更多的朋友。

此外，出众的才华也是展示魅力的重要手段。

第六章　大学生性心理与恋爱心理卫生

性是人类繁衍种属的自然本能，也是人类的高级情感。它作为一种生理的、心理的、社会的以及文化的行为，始终伴随着每一个人，并深刻地影响着人的心理健康、家庭幸福和社会稳定。对于处在青春期中期的大学生来说，性生理的成熟与性心理尚未完全成熟的矛盾、性的生理欲求与性的社会规范之间的冲突、正确的性观念和科学的性知识的缺乏，以及恋爱过程中的心理困扰及其调节等，成为大学生心理卫生的突出问题之一。因此，帮助大学生把握自身性心理发展和恋爱心理特点，了解大学生在性心理和恋爱心理方面存在的问题，形成对性心理的正确认识和健康恋爱观、择偶观，对于增进大学生的心理健康和进行正常的学习、生活，有着十分重要的意义。

第一节　大学生性心理发展及其特点

一、性心理发展的基本内涵

所谓性心理指的是人类有关“性”的心理。然而，要将性心理阐述得非常完整和准确是相当困难的。因为，性心理是随着人类的性成熟而发展的；社会对于人类性的观念是不断演变的；同时，影响性心理的因素也是多方面的。基于以上原因，这里所讨论的性心理，主要指在性生理的基础上，与性征、性欲、性行为有关的心理状态和心理活动，也包括与异性有关的如男女交往、婚恋等心理问题。性心理可具体表现为性感知、性思维、性情绪、性意志、性行为等。它们彼此联系、相互制约，共同体现在与性有关的一切言行之中，其中性思维起着主要作用。

性心理发展与性的生理发育和性的文化影响有着密切关系。一方面，性生理发育是性心理发展的生物学基础。性生理发育障碍或缺陷会使性心理的发展出现偏差；遗传基因及性生理发育的早晚，也对人的性心理状况有着不可忽视的影响。另一方面，性心理发展的背后常有社会性文化的影响存在，如文化传统、社会规范、风俗习惯、教育状况、性知识和性观念、性行为方式，以及家庭环境、同龄群体、大众传媒等，这就造成了不同时代、不同民族和不同文化背景下的个体在性心理表现上的差异。由此可见，人类的性既是生理现象，也是心理现象和社会现象。一个人性心理健康的状况是生物因素、心理因素和社会文化因素的完整统一。对此，世界卫生组织对性心理健康所下的定义是：通过丰富和完善人格、人际交往和爱情方式，达到性行为在肉体、感情、理智和社会诸方面的圆满和协调。性心理发展与健康是人类健康不容忽视的重要组成部分，正越来越受到人们的关注和重视。

二、大学生的性心理发展

性心理发展是奥地利心理学家西格蒙德·弗洛伊德在19世纪末、20世纪初提出的一个概念，他将性心理发展概括为5个阶段。美国心理学家赫洛克从发展的角度，把青春期的性心理发展分为四个阶段：疏远异性的性厌恶期、向往年长异性的“牛犊恋期”、积极接近异性的狂热期和青春后期的浪漫恋爱期。根据我国心理学家的研究，大学生性生理的成熟与性意识的觉醒，引起了大学生心理上一系列微妙的变化。一般认为，大学生性心理的发展大体经历异性疏远期、异性接近期和异性恋爱期三个阶段。

（一）异性疏远期

在童年时期，男女之间的交往和友谊完全是以个体的兴趣和爱好为纽带的。性别在孩子们的头脑中仅仅是一个“符号”。随着青春期的到来，生理上的一系列变化使他们感到惊奇、恐惧、不安和害羞，开始感到两性的差异，继而产生新颖感和好奇心，对性的问题发生兴趣，但却以反常的心态表现出来。这时，童年时期的“两小无猜”不见了，男女同学之间有意回避、各自独立，对异性常常采取冷淡甚至敌视的态度。即使童年时期青梅竹马的朋友，此时也变得格外谨慎和不自然地躲避，出现了“心有相互吸引之力，而行又互相疏远”的现象。在学习和日常生活中，男女界限分明，不能“和睦相处”，甚至有的男女同学在课桌上划上“三八线”，以示男女有别，互不侵犯。随着青春期对自身和异性生理心理的理解和适应，男女之间的交往障碍会逐渐消除。

（二）异性接近期

在完全进入青春期之后，随着生理机能的进一步成熟和性意识的发展，异性间羞涩心理较之前期大大减少，男女同学出现了有意识地了解对方心理秘密，喜欢在异性面前表现自己的心理现象。他们开始喜欢观察和接触异性，对异性的关注和友好特别敏感；对自己的容貌和体态十分注意，并开始着意打扮自己；在各种集体场合，乐意与异性一起参加活动，常常设法在异性面前显示自己的特长和能力，以博得异性的注意和青睐；留意自己在异性眼中的形象和评价；对影视、书刊中有关描写男女爱情的情节颇感兴趣，常常摘抄其中对爱情的精彩描写和有关爱情的格言、警句、诗词、歌曲等。但此时他们又常常为分不清对异性的是友情还是爱情而苦恼。

（三）异性恋爱期

这一阶段是青春期性意识表现和发展的相对成熟阶段。随着年龄的增长和阅历的丰富，男女同学情感上的相互吸引大大强化，表现为对异性的态度开始变得积极、主动。他们不再满足于对异性的一般接近和好感，而是将感情集中在某一个钟情的异性身上，对其他异性的关心明显减少，进而由最初萌发的对异性的情思逐步导入恋爱的轨道，喜欢与自己爱恋的对象单独相处而不大愿意参加集体性的活动，友谊圈逐步缩小；他们在学习中互相支持，在生活中互相照顾，经常陷于结婚的幻想之中，憧憬婚后的美满生活。这是大学生性意识发展成熟的标志，也是青春期性意识发展的必然结果。

三、大学生性心理发展的特点

大学生在性生理上已经发育成熟，在性意识方面也开始明朗化和迅速发展起来，表现出一系列的性心理行为。具体而言，大学生性心理发展的一般特征可概括为以下几个方面。

（一）敏感性与朦胧性

性敏感是性本能的一种自我表现。相当一部分大学生尤其是低年级大学生的性心理发展，尚缺乏深刻的社会内容，基本上还是性生理发育成熟带来的本能作用。他们非常关注自己和周围同学的发育变化，情不自禁地对异性产生兴趣、好感和爱慕，对有关性的信息表现出极强的神秘、好奇和敏感。同时，由于不少学生缺乏对性的基本知识的了解，因而使得这种敏感而神秘的性爱萌动又罩上了一层朦胧的面纱。实际上，这时他们对异性的兴趣、好感和爱慕，主要来自异性的自然吸引，正是在此基础上，在朦胧纷乱的心理变化中，性意识会逐渐强烈和成熟起来。

（二）强烈性与掩饰性

强烈性与掩饰性是处于青春期的大学生心理发展的显著特点之一。一方面，他们有与他人进行交流沟通的强烈要求，并渴望得到他人的理解和接纳；另一方面，他们又往往会将自己的内心世界封闭起来，并在外显方式上加以掩饰。这一特点在对待性心理问题上也是如此。大学生对性的关心程度明显强于中学时期。他们十分重视自己在异性心目中的形象与评价，但表面上却表现得拘谨、羞涩和冷漠；一些大学生对某一异性十分心仪，却有意无意地“装出”无动于衷、躲躲闪闪，甚至不屑一顾的样子；等等。这些矛盾的心理和行为表现常使他们产生种种冲突与苦恼。

（三）压抑性与动荡性

伴随着性生理的成熟，大学生对性知识的渴求及性爱冲动也不同程度地表现出来，但由于不少大学生心理发展尚不够成熟，加上对科学的性知识缺乏了解、正确的性道德观和恋爱观还不稳固，因而容易产生对“性”的认知偏差或回避性的需要，从而心理上过分焦虑和压抑，少数人还可能会以扭曲的、不良的方式表现出来。同时，大学生社会阅历尚浅，自控和自制能力有限，他们的性心理发展容易受外界因素的影响，甚至个别大学生的性意识还会受到错误强化。

此外，大学生的性心理还存在着明显的性别差异性。比如，在对异性感情的流露上，通常男生显得较为外显和热烈，女生往往表现得含蓄而温存；在内心体验上，男生更多的是新奇、神秘和喜悦，女生则常是羞涩、敏感和不知所措。

第二节　大学生性心理问题及其调适

总体来看，大学生性心理的发展是正常的、健康的。但也应当看到，由于大学生性生理成熟引起的性欲冲动与性心理发展尚不完全成熟、性的社会规范之间的矛盾，学校、家庭性教育的空白，以及中西方性观念的影响，使得一些学生在对性的认识、性欲冲动等方面存在着不同程度的冲突与焦虑。性爱问题已成为影响大学生心理行为的一个重要问题。

一、性认知偏差

大学生性认知偏差主要表现在以下两个方面。

一是对于“性”本身的认知偏差。一些大学生对“性”持有不正确的认识和态度，把“性”视为下流、肮脏的、难以启齿的，甚至谈“性”变色，把性欲与爱情完全割裂开来。比如，北方某大学一位女生在调查中写道：“在对待爱情的问题上，我的心里十分矛盾。恋爱是美好的，我向往那种浪漫、高雅的精神生活，而结婚是可怕的。”南方某师范大学一位女生也写道：“女生在一起谈论起爱情都津津乐道，而一谈到婚后生活，尤其是涉及性生活，就像躲避瘟神一样，认为那是下流行为，谁谈谁就道德败坏。”这种对“性”的认知偏差往往会导致性情感、性态度的过敏、矛盾和冲突，这既是一种性心理不健康的表现，也是引起一系列性心理障碍的重要因素。

二是对于自身性别认知的偏差。随着生理的发育成熟，一些大学生因对自己的形体特征不满而在心理上出现性别角色的认同混乱或焦虑、困惑。比如，有的男生由于自己身材矮小、柔弱，感到缺乏“男子汉”气质，认为“自己应该是个女生”；而有的女生则为自己是女性感到“遗憾”“自卑”“痛苦”；也有的大学生因长期生活在缺乏异性的环境中，或者从小被周围的人视为异性来养育，久而久之便在心理上认同自己为异性。这种对自我性别角色的认知偏差常使其本人感到冲突与纠结，有的不愿与异性接触而产生同性恋现象，有的则强烈要求改变自己的生理性别。

大学生对于性认知偏差的调适与矫正，一方面要通过科学的性教育，了解、掌握有关性生理发育、性心理发展，以及性道德、性法律等方面的知识；另一方面，充分认识性的社会属性，树立正确的性观念、性情感和性态度，培养健康的审美观和婚恋观，接受自身现实，符合社会规范，注重扬长避短。对于自身的性心理困惑，应及时寻求专门机构的咨询和指导。

二、性冲动困扰

性冲动是青春期大学生正常的生理和心理的综合反应。它是指在性激素和内外环境刺激的共同作用下，对性行为的渴望与冲动。性冲动的结果大致包括两种情况：一是性中枢神经系统处于兴奋状态而伴随生理上的反应以及心理上的激动和对性行为的想象与渴望；二是对性冲动不能进行理性的控制而产生婚前性行为。

其一，性冲动是随着生理的发育、性功能的日趋成熟，以及性意识的产生而产生的。处于青春期尤其是恋爱中的大学生，如果受到内外环境的刺激，如情侣间窃窃私语、异性体味体貌、抚摸、亲吻等，就会产生神经冲动，这种冲动传导到大脑的有关中枢即形成性兴奋，并通过神经系统作用于生殖器官，导致其变化。男性表现为阴囊收缩，阴茎勃起，性高潮时还会有射精现象；女性表现为阴蒂和阴道壁的充血膨胀，黏液分泌增多。与此同时，在心理上便会产生对性行为的渴望与冲动。这是性的自然冲动。但是，不少大学生难以接受自己的性冲动，因而在心理上产生羞愧、自责、恐惧、厌恶等种种压抑的情绪反应。

这种性压抑往往导致强烈的心理冲突，越是不能接受，越是有性冲动，就越感到矛盾、苦恼和焦虑。为了释放这种性压抑，获得性冲动的满足和快感，有的大学生以不恰当、不健康的方式予以宣泄。

其二，婚前性行为是一个较为广泛的概念。大学生婚前性行为是指男女双方在恋爱期间发生的性行为。除了外界因素的刺激外，大学生婚前性行为的主观因素主要在于：性自由观念；恋爱中双方过于亲昵无法抑制性的冲动；出于好奇心和性体验心理；等等。从男女双方的生理、心理角度来看，当情侣间进入热恋状态，双方的感情达到相当的程度时，彼此间的亲昵行为会逐渐大胆、放纵，乃至发生性行为。这是正常性行为过程的必然趋势。然而问题在于，大学生作为一个特殊的社会群体，其婚前性行为虽是双方自愿进行，但毕竟没有法律保证，同时亦不为传统观念和社会所广泛接受，因而容易导致他们心理上的冲突和压力。

应当肯定，性冲动是大学生身心发展的必然结果，是正常的生理心理现象，但这并不意味着可以随心所欲、毫无克制地满足自己的性欲望。因为性是自然属性与社会属性的完整统一，既是个人的行为，也要受到诸多方面的约束。因此，需要大学生学会以理智来驾驭和调控自己的行为。首先，要了解、掌握科学的性知识，摆正自己的心态，破除性神秘感，正视性冲动问题。其次，要树立明确的学习目标和发展规划，多参加有益的集体活动和社会实践，使自己的精力和兴奋点专注于综合能力和素质的培养方面。这是控制性冲动的关键因素。再次，要培养良好的生活习惯和兴趣爱好，饮食起居要有规律，讲究个人卫生，开展体育运动，这不仅丰富了生活，陶冶了性情，也有助于减少性冲动。最后，要学会用积极的、健康的和具有建设性的方式有效克制或排解性冲动，如升华、代偿、转移等。

第三节　大学生恋爱心理卫生

德国诗人歌德说，哪个少男不钟情，哪个少女不怀春。自从爱情降临人间，便与人类同存于世，与社会一起历经沧桑。无论是中国古老的诗歌总集《诗经》，还是希腊史诗、罗马神话，以及基督教的《圣经》等，都记载着许多神奇而动人的爱情故事。对于正值青春期的大学生来说，随着生理、心理机能的迅速发展和不断完善，他们也逐渐步入了浪漫的恋爱季节，大学生情侣成为大学校园中的一道风景线，有的大学生甚至把恋爱视为大学生活的“第二主旋律”。在这“主旋律”中，有大学生对美好爱情的憧憬与迷茫，也有他们恋爱过程的甜蜜与烦恼；有娓娓动听的小夜曲，也有带着颤音的咏叹调。引导大学生理性对待自己的情感，正确处理恋爱中的困扰与问题，培养爱的能力与责任，不仅是其顺利度过大学生活的需要，也关系到大学生未来的人生发展与幸福生活。

一、大学生恋爱的心理行为表现

恋爱是男女双方培养爱情的过程。处在恋爱状态下的男女大学生，通常表现出以下行为特征.①恋人之间常有眉目之间的传情和言语的沟通。他们往往通过目光接触来暗送秋波，这其中的情感只有双方彼此心领神会；而语言的沟通则又是恋人之间心理活动的外化，如花前月下的绵绵细语、慷慨激昂的山盟海誓等，以此来直接表达爱情。②恋人之间常有美化对方，只见对方优点而不顾其他的倾向。恋爱状态下的男女双方完全是以强烈的情感吸引为纽带的，只要能和对方在一起，他们就会觉得自己是世界上最幸福的人。此时，他们只看到对方的优点和长处，甚至以其优点掩盖其缺点，正所谓“情人眼里出西施”。③恋人之间力图完善自己，有努力使自己跟对方协调起来的倾向。处在恋爱状态下的男女双方总是力图保持同步，在兴趣、爱好、习惯、行为等方面有相互接近、相互协调的倾向。④恋人之间会在日常的一举一动中表达自己对对方的关心，常有“一日不见，如隔三秋”之感。恋爱状态下的男女双方，其言行举止总是围绕着对方来进行，并通过多种方式表达自己对对方的关怀，常希望能为对方多做贡献。⑤恋人间常防备对方被别人抢走，有独占对方的强烈欲望，即表现出恋爱过程的排他性。恋爱中的男女双方往往把对方看作自己的“私有财产”，看到恋人与其他异性在一起，常常会产生嫉妒心理。

以上心理行为表现是仅就大学生恋爱的一般特征而言的。大学生由于处于特定的生理心理发展阶段、校园生活内容和学习、交往环境，致使其恋爱行为呈现出自身鲜明的特点，具体体现在以下方面。

一是普遍化与公开化。大学生恋爱在大学校园里已成为一种相当普遍的现象，尤其是低年级大学生恋爱的比例逐渐扩大，恋爱的方式和行为举止也较为直接、外露和张扬。有的大学生一进入大学便不再压抑自己的情感，开始坠入爱河，而且表现得十分投入与公开。他们或牵手搭背漫步校园，或紧靠而坐一同自习，或成双成对一起就餐，甚至有的毫无顾忌地在公开场合拥抱、接吻，打情骂俏。

二是自主性与盲目性。大学生脱离了家庭生活和父母的直接管束，自立意识明显增强，在对待恋爱问题上也表现出较强的自主性和独立性，他们追求恋爱双方的相互尊重与平等，强调彼此心灵的默契与融合。与此同时，大学生恋爱又具有明显的冲动性和盲目性，恋爱的心理动机五花八门，一部分大学生是以寻找生活的伴侣为目的，而有的则是追求恋爱过程所带来的欢悦，或者为了摆脱“孤独”“空虚”而“寻找刺激”，还有的是禁不住同室同学谈恋爱的诱惑和压力，等等。

三是开放性与脆弱性。一方面，大学生恋爱具有浓郁的浪漫气息，渴望通过爱情获得精神的愉悦和情感的满足；同时，在婚恋观念上日趋开放，传统的道德观念逐渐淡化，一部分大学生认同或接受“不求天长地久，但求曾经拥有”的观念，并对婚前性行为持理解与宽容的态度。另一方面，大学生恋爱非婚姻取向性突出，在恋爱态度上更倾向于将恋爱与婚姻相分离，注重恋爱的过程和感觉，而不刻意追求爱的真谛与结果，如同歌词里所描述的“就在半梦半醒之间，我们忘了还有明天”，很少考虑未来婚姻家庭生活的现实问题，加之他们经济尚未独立和面临学业、就业等压力，这便使得大学生恋爱中的感情和思想容易发生变化，因而常会导致恋爱关系的脆弱而中断，出现恋爱率高而成功率低的状况。

此外，除了传统的恋爱形式外，随着计算机信息技术的飞速发展和普及应用，大学生作为“互联网原住民”，通过网络相识、相恋成为一些大学生恋爱的新时尚。

二、大学生恋爱中常见的心理问题

大学校园相对宽松、自由的环境和丰富多彩的群体活动，增加了男女同学之间的交往和接触，为相互了解和培养爱情提供了机会和方便。然而，并不是所有大学生的恋爱都能带给他们幸福和欢乐，也有一些大学生的恋爱却伴随着挫折和痛苦，进而产生一定的心理困扰。

（一）由单恋和暗恋带来的情绪困扰

大学生处在青春期的中、后期，生理上已完全成熟，性意识亦明显增强，渴望与异性接触和交往，并积极构思着自己心目中的“白雪公主”或“白马王子”，这是一种正常的爱慕和情愫。但是，如果一方对另一方表示出爱慕之情，在对方一直没有回应或明确表示拒绝时，仍一厢情愿地倾慕和日夜思念，就会变成单恋或称单相思。单恋者由于对倾慕的对象一往情深，希望得到对方爱情的动机十分强烈。在这种心理支配下，常常会把对方的言行举止纳入自己主观需要的轨道来理解，造成对对方认知的偏差。例如，对方一个眼神、一丝微笑、一句模棱两可的话语，在第三者看来微不足道，但在当事人看来却是爱的表示，并坚信不已。这种非理性特征往往使当事人陷入单相思的深渊而不能自拔，甚至导致严重的心理失调。暗恋则是一方对另一方心存爱意或好感，由于自身胆怯怕被拒绝或对方已有伴侣等种种原因，只好将爱恋埋于心底而不敢或无法宣之于口。暗恋者通常比单恋者更感到痛苦，除了要忍受对方不知道的恋情之外，还要默默忍受暗恋给自己所带来的压抑和苦闷。通常认为，暗恋者付出的比正常的恋情要多出好几倍，并且这种付出一般不会获得回报。另外，爱情错觉是单相思的另一种形式。它是指大学生在异性间的接触往来关系中，一方错误地认为对方对自己“有意”，或者把双方正常的交往和友谊认为是爱情的来临。这种情况常会使当事人想入非非、自作多情，陷入空虚、烦恼甚至痛苦、绝望的境地。

（二）由感情纠葛导致的精神伤害

大学生恋爱过程中的感情纠葛，主要表现为以下几种情形。

一是三角恋爱，即一个人同时与两个异性保持恋爱关系。这种三角或多角恋爱常常是造成大学生感情纠纷的主要原因之一。

二是猜疑、嫉妒。处在恋爱状态下的男女大学生，常常有美化对方的倾向，对方做什么，自己就相信什么，并且只看到对方身上的优点和长处，甚至以其优点掩盖其不足，正所谓“情人眼里出西施”。然而，随着时间的推移和交往的深入，一些大学生发现对方跟自己想的不一样，便开始质疑对方原来的所作所为。这种理想化的恋爱模式如果处理不当，就会伤及双方的感情，甚至会导致恋爱关系的中断。另外，如前所述，恋人间有强烈依恋和独占对方的欲望，在心理上把对方看作自己的“私有财产”，常防备对方被别人“抢走”，看到恋人与其他异性在一起，也会产生猜疑、嫉妒的心理。这也是大学生恋爱过程中发生感情矛盾、纠葛的一个原因。

三是众人非议。爱情是男女双方自主自愿的行为，只要合乎道德要求和法律规范，不受其他外在因素的干涉。但是，在现实生活中，大学生的恋爱有时会受到周围同学的议论和挑拨，或者双方父母的反对与责难。在这种压力之下，也会使得一些大学生恋人之间或感到无奈、绝望，或出现感情裂痕，这无疑会给双方带来精神上的伤害与挫折。

（三）由从众和攀比引发的内心空虚

社会心理学研究表明，群体成员的行为通常具有从众的倾向。当个体发现自己的行为和观点与群体不一致或与群体中大多数人有分歧时，会感受到一种压力，促使其改变自己的行为和观点，以趋向于与群体一致。一般来说，从众性强的人缺乏主见，易受暗示，容易不加分析地接受别人的意见并付诸行动。大学生作为一个特殊的社会群体，具有大体相同的年龄、智力、生活阅历和文化背景，从众心理和情感需求使谈情说爱成为大学校园里相当普遍的形象。但是应当看到，有些大学生的恋爱动机并不是想“终成眷属”，而是迫于同寝室同学全都在“恋爱中”的压力或暗示，为了满足虚荣、排遣寂寞，盲目去谈恋爱。有的学生认为，大学期间不谈恋爱会显得很没面子。只有被人追求或自己追求到了，才能显示出“身价”。于是，他们抱着随大流的态度，只注重恋爱的过程，不承担爱的责任，把恋爱当作一种情感体验，不考虑爱的“将来完成时”。还有些学生不是追求爱的真谛，而是把恋爱当成一场博弈。上述思想认识和行为表现不仅折射出一些大学生的恋爱道德问题，也反映出他们心理上的空虚和爱的迷惘。其结果，有的学生因把过多的时间和精力投入频繁的“恋爱”之中而影响了学业；有的学生身陷情感的旋涡而进退两难；还有的因盲目攀比而出手阔绰、不堪重负。同时，一些学生错误的恋爱态度和不负责任的恋爱行为也会使其他同学感到上当受骗、情感受挫，并可能导致校园犯罪的不良后果。

（四）由恋爱中止造成的心理创伤

在某种程度上说，恋爱是把双刃剑。它既能给大学生带来美好的情感体验，也可能因处理不当而给大学生带来情感伤害。在大学生恋爱过程中，由于种种原因，一方被另一方无情抛弃，或者双方因性格不合、意见分歧、重大疾病、家庭反对等不再保持恋爱关系，那就意味着恋爱的中止。恋爱的一方失去另一方的爱情，通常亦称为“失恋”。这是大学校园里经常发生的现象，也是大学生较为严重的情感挫折。无论是一方被人抛弃，还是双方和平分手或被迫中止恋爱，都会引起一定的消极情绪和行为反应。对于多数大学生来说，失恋后的情绪和行为反应主要表现为以下几个方面。其一，羞愧难当，心灰意冷。这是许多失恋者共同的心理感受。失恋的打击让他们感到在别人面前抬不起头来，陷入自卑与失落的情绪中，进而走向怯懦与封闭，有的甚至从此拒绝爱情，性格变得孤僻、古怪。其二，逃避现实，自欺欺人。一些大学生无法面对分手的事实，否认失恋的存在，对抛弃自己的人仍一往情深，靠回忆和幻想度日，从失恋又陷入单恋的泥潭，也有人会出现一种既爱又恨的特殊感情矛盾。其三，痛苦悲伤，绝望易怒。大学生失恋后，常常会产生伤心、忧郁、焦虑、愤怒和绝望、虚无等消极情绪，有的还会出现攻击行为，看什么都不顺眼，无端地迁怒于人或事物，特别是被一方抛弃或感情受到欺骗、玩弄的失恋者，为了宣泄内心的痛苦与愤怒，可能采取非理智的偏激行为。近年来，大学生因失恋而伤害自我或报复他人的极端事件屡见报端，并已引起社会的广泛议论和高度关注。

三、大学生恋爱心理问题的调适与疏导

恋爱对于正值青春期中期的大学生来说，无疑是其情感生活和人生成长中的一个重大事件。除了社会环境及家庭因素外，大学生应重点在个体自身方面寻找原因，如恋爱态度存在偏差、爱的能力相对较低、恋爱道德责任缺失和恋爱挫折意识不足等。有效调适和疏导大学生恋爱中的心理问题，尤其要注重在树立正确的恋爱观、热恋和失恋心理调节，以及培养爱的能力等方面下功夫。

（一）树立正确的恋爱观

恋爱观是指一个人对于爱情的认识与了解，对于恋爱的态度、看法及行为倾向。一个人的恋爱观很大程度上取决于其世界观、人生观和价值观。大学生树立正确的恋爱观，才能端正恋爱动机，发展适当的恋爱关系，合理地控制和调节自己的情感，处理好恋爱与学业、爱情与事业之间的关系，为将来的幸福生活和事业发展奠定基础。

第一，要提倡志同道合的爱情。大学生应把志趣相投、理想契合、信念一致放在首要地位，把心灵美好、情操高尚、心理相融作为择偶的第一标准。这是爱情萌发与和谐发展的思想基础。莎士比亚曾说：“爱情不是树荫下的甜言，不是桃花源中的蜜语，不是轻绵的眼泪，更不是死硬的强迫，而是建立在共同基础上的心灵沟通。”因此，恋爱不是为了寻找刺激，更不是单纯为了性的满足。大学生要矫正在恋爱态度上的误区与偏差，摒弃对待爱情的功利化和游戏化，做到理想、道德、责任、事业和性爱的有机结合。

第二，要摆正爱情在人生中的位置。爱情是人生的重要组成部分，但不是人生的全部，它应该服从于事业的发展。俄国思想家别林斯基曾经说过，如果我们生活的全部目的仅在于我们个人的幸福，而我们的幸福仅仅在于一个爱情，那么生活就会变成一片破碎的心灵和阴暗的荒原，在人生的交响乐曲中，事业才是永恒的主旋律。一个人事业取得成功，就会为爱情提供更加充足的营养，其爱情之花才会开得更加鲜艳芬芳。对于大学生来说，就是要以学业为重，这是大学生活的根本任务所在，也是爱情生长的坚实根基。如果把宝贵的精力和美好的青春年华过多地沉湎于感情缠绵之中，既会虚掷光阴、耽误学业，也难以获得真正的爱情。

第三，要遵守恋爱中的道德规范。爱情作为人与人之间的一种特定的社会

关系，必须符合一定的风俗、习惯、道德和法律等社会规范。从大学生恋爱行为的道德要求来看，主要体现在如下几个方面。一是尊重人格平等。爱情是建立在男女双方平等、互爱基础上的。如果把对方当作自己的附庸，或依附对方而失去“自我”，都是对爱情实质的曲解。同时，恋爱双方都有给予爱、接受爱和拒绝爱的自由，放纵自己的情感或者对对方予以束缚或强迫，都不符合恋爱的道德要求。二是自觉承担责任。爱不仅是获得，更意味着一种责任和奉献。这是爱情生活的重要保障，是坚贞爱情的“试金石”。责任的担当不是单纯的“我的心里只有你”的反复吟唱，而是需要见诸行动的自觉。这种为对方的“忘我”付出，丰富了爱情的内涵，提升了爱情的境界。三是真诚、纯洁、专一。这是爱情最起码的要求，也是爱情排他性的具体体现。朝三暮四、见异思迁或以虚伪去骗取爱情，不仅是对美好爱情的亵渎，而且其所谓的“爱情”也是不会长久的。四是文明相亲相爱。大学生恋爱的过程是甜蜜的，并始终是在充满激情的状态下进行的，但这种激情的表达方式应当格调高雅、含蓄文明。大学生恋爱时要注意场合和把握尺度，做到热烈之中有持重，激情之中有理智。那种任凭自己的感情随波逐流，无视社会公共道德要求，态度鲁莽、放纵，举止粗俗、轻佻，不是知书达礼的大学生的明智之举，而是浅薄和没有理智的表现。

（二）热恋中的心理调节

热恋是爱情深入发展的标志。男女双方经过一段时间的相互了解，双方思想感情日趋一致，心理高度相融，能够在相互接触中比较确切地表达自己的情感。处在这一阶段的男女大学生，往往相互美化、相互吸引，双方都感到顺眼、满意和舒服，所有其他方面的兴趣也都转移到恋爱上来，言谈举止、目光表情、行为习惯都体现出一个“爱”字，不允许第三者介入。从心理学的角度看，恋爱，尤其是热恋，无论最后结果成功与否，都是一种应激，需要调动大量的精神能量，其强度并不亚于紧张的学习。热恋过程中的各种矛盾和冲突，特别是性的冲动与社会道德之间的矛盾和冲突，时常困扰着大学生的心理和行为。因此，热恋中的大学生应注意自身心理的平衡与调节。

首先，要用理智调整自己的行为。处于热恋阶段的大学生容易出现“期望效应”，即把自己所希望出现的特征赋予对方，把自然景物和周围环境都打上了爱情的印记。此时，他们的认识活动范围往往会缩小，情绪变化较大，不能正确评价自己行为的意义和后果，表现为上课不能集中精力，做事不能专心致志，等等。这对大学生的学习和身心健康均会产生不良的影响。因此，需要大学生头脑冷静、胸怀开阔，以理性来调控自己的情绪和行为，并利用爱情的强大动力，互相帮助、共同提高。如果把感情比做桨，那么理智便是舵。只有两者的默契配合，爱情之舟才能抵达幸福的彼岸。

其次，要注意克制热恋中的性冲动。热恋中的青年学生常常忘乎所以，似乎身边的一切都消失了，存在的只有爱的炽热和感情的陶醉。当两情缱绻，情切切、意绵绵时，很容易产生性冲动。性冲动是趋向异性目标的一股内在力量，是正常的性心理现象。但是，由于婚前性行为与社会风俗习惯和道德规范的相悖，它对爱情的发展和大学生心理健康具有较大的危害性。一方面，无论是有情人终成眷属，或是无缘分道扬镳，倘若发生性行为，一旦有一方喜新厌旧，或者由于其他一些原因而分手，就会对另一方造成严重的打击，尤其是会对女生带来更大的痛苦。另一方面，由于一些大学生缺乏必要的性知识，且性行为往往是在紧张、冲动状态下进行的，可能会影响到他们的心理状态以及对婚姻和性生活的正确认识。如果不慎怀孕，更会使双方陷入难堪、焦虑的境地。因此，为了彼此将来的幸福，热恋中的大学生要注意控制性的欲望，切勿因为一时的冲动而遗憾终生。

最后，要学会保持距离和心理转移。热恋中的大学生单独约会、亲密相处是经常发生的，这是双方互爱的表现。但是需要提醒的是，双方要洁身自好，既要对自己负责，又要对恋人负责。如果一方失去理智，有非分之想时，另一方要勇于启齿、及时制止，或者转移话题，分散注意力。

总之，爱情是人类的高级情感之一，是性爱和美感、道德感、理智感的完美统一。大学生只有真正了解爱情的本质与真谛，善于在热恋时保持心理平衡，用理智驾驭住感情，才会有甜蜜的爱情生活，否则，所尝到的常常是爱情的苦果。

（三）失恋后的心理调适

失恋是爱情的悲剧。它对于任何人来说都是一杯浓烈的苦酒，都会在失恋者的心里刻下一道伤痕。当恋人中的一方宣布终止恋爱关系时，遭到猝然打击的一方总是不愿接受眼前的现实。但是，失恋者若不能用理智去冷却感情的冲动，而任凭感情的风暴去冲击一切，就会产生心理上的偏差与失衡，甚至伤害自己或他人。大学生在遭遇失恋的挫折后，除了树立正确的恋爱观外，还应从以下几个方面来进行自我调节。

一是升华。失恋后不是陷于绝望的境地而不能自拔，而是把全部情感和精力投入到学业上的发奋和对事业的追求之中，把恋爱挫折化为一种向上的动力，以此寻求精神的慰藉，淡化失恋的痛苦，进而从情感的漩涡中解脱出来，这就是升华。如歌德失恋后满怀激情地写出了《少年维特之烦恼》；罗曼·罗兰失恋后把精力投入到《约翰·克利斯朵夫》的创作中；等等。

二是转移。失恋后尝试换个环境，暂时与触动自己痛苦回忆的人、物、景相隔离，如出门旅游，让心旷神怡的美景冲洗掉失恋的苦闷，将惆怅的情绪融化在大自然的壮丽风光之中；或置身于一个欢乐的环境，通过结交朋友、参加集体活动等，以使自己开阔心胸和获得安慰；或将注意力集中在自己感兴趣的事物中，以消解失恋后的空虚感。

三是宣泄。失恋后不要把痛苦长期隐藏和压抑在心底，更不要时常陷入对痛苦经历的回忆中，而要通过适当的方式将不良情绪排解或释放出来，以减轻心理负荷。现实生活中宣泄的方法很多，人与人因个体差异和所处环境、条件各异，所采用的宣泄方式也不尽相同。比如，可以关起门来大哭一场或到海边怒吼几声，尽情地发泄自己的情绪，以达到心理的平衡；或者向自己信任的亲朋好友倾诉心中的烦恼，得到他们的安慰、鼓励和中肯的建议；还可以通过侍花弄草、挥毫泼墨等以静制动的方式，平息心头的怒气，纾解沉重的压抑。此外，如果感觉心中的积郁实在太深，无法排解时，也可以向专业心理咨询人员求助。

四是承认。爱情不是同情，更不是怜悯，而是以双方互爱为基础的。恋爱一旦宣告终止，失恋的一方对另一方的感情无论多深，恋爱亦不能成立。失恋者应当认识到，既然对方已经无意，那么分手不失为一种明智的选择；既然失恋已经发生，那么就要正视这一现实。只有敢于承认和面对，才可能冷静地反省逝去的感情，理智地分析失恋的原因，并在反省与思考中提炼出成长的力量，从而恢复自信，学会坚强，找到自我的价值。

需要强调的是，要减轻失恋者的痛苦，让其心智恢复正常，除了失恋者自身的努力外，社会支持的作用也是不容忽视的。

（四）培养自身爱的能力

爱不仅仅是一种情感，也是一种能力，即一个人与异性建立和保持亲密关系的能力。心理学家弗洛姆认为：“爱是人的一种主动的能力，一个突破把人和其他同伴分离之围墙的能力，一种使人和他人相联合的能力；爱使人克服了孤独和分离的感觉，但他允许他成为他自己，允许他保持他的完整性。”由此可见，爱的能力实际上是一种综合的素质。主要包括以下几个方面。

其一，表达和接受爱的能力。一个人心中对另一个单身异性产生了爱意，在经过理智分析之后，要敢于表达、善于表达，这是一种爱的能力。一个人面对别人的示爱，能够及时感受并准确判断，然后做出接受、谢绝或再观察的选择，这也是一种爱的能力。大学生要具有这种爱的能力，就应懂得：什么是真正的爱情？健康的恋爱价值观是什么？自己喜欢什么、适合什么？怎样承担爱的责任与风险？同时，还要有足够的勇气和自信。一个没有勇气的人往往不敢真诚地表露自己，总是担心被对方拒绝；一个不够自信的人往往不能敏锐地察觉爱的信息，进而准确判断和坦然接受。因此，大学生需要时刻提醒自己：异性间的友谊不是爱，单相思不是真正的爱，为了排解无聊或盲目攀比的恋爱也不是爱。真正的爱是双方互爱。爱的根本问题不是有没有爱的对象，而是有没有爱的能力。

其二，鉴别和拒绝爱的能力。恋爱不是儿戏和消遣，也不是炫耀自我的资本。面对他人的示爱，大学生需要谨慎对待、理性观察和细心鉴别。如果认为对方不适合自己，应有勇气加以拒绝。一般情况下，拒绝他人的求爱以如实说明自己的态度为好。在向对方说明自己的态度时，既要清楚表达，果断说“不”，不能吞吞吐吐、模棱两可，以免使对方误解而陷入“单相思”之中，同时又要注意尊重对方，掌握恰当的拒绝方式，切莫简单轻率，甚至恶语伤人。

其三，维护和发展爱的能力。大学生的恋爱受多种因素的制约，因而在追求爱情的过程中遇到各种挫折是在所难免的。如何有效地化解和消除爱的矛盾与冲突，发展健康的恋爱行为，保持爱情的长久与活力，不仅反映出一个人的心理成熟水平，也是爱的能力高低的体现。一方面，要求大学生提高恋爱挫折承受能力。当爱情遇到困难时，能够用理智来驾驭感情，通过适当的情绪调节减轻心理上的痛苦，并冷静分析原因，努力寻找解决问题的方法和途径。另一方面，要求大学生完善自身人格，尤其是学会承担责任。弗洛姆认为，爱的核心因素就是责任。选择了爱，也就意味着决定承担爱的风险。任何一方都有权利享受爱情的甜蜜，同时也承担着维护和发展爱情的义务。

世界因为有爱而变得美丽，生活因为有爱而变得精彩。然而，爱是需要能力的。它不是与生俱来的本能，而是需要通过后天习得的。大学生具备了爱的能力，便能懂得爱、欣赏爱、付出爱、珍惜爱。

第七章　大学生人格发展与心理卫生

人格是人的素质的重要组成部分，也是人的心理面貌的集中反映。它在很大程度上决定了人的心理活动以及对外界环境反应的方向、程度和效果。人的心理行为就是人格与环境相互作用的结果。大学时期是大学生心身迅速变化和走向成熟的关键时期，也是个性心理特征趋于定型的重要阶段。当代大学生是祖国的未来、民族的希望，肩负着实现中华民族伟大复兴中国梦的历史重任。他们的人格发展状况如何，不仅直接影响着个体的心理健康和精神风貌，也关系着整个民族和社会的和谐发展。因此，塑造大学生健全的人格，是高等学校培养人才的重要使命，也是大学生心理卫生工作的目标和任务所在。

第一节　大学生人格发展及其影响因素

在日常生活中，人与人之间存在很多差异，如有的人性情温和，有的人冲动急躁，有的人自私自利，有的人大公无私。这些不同之处即是人格在人们心理特征上的具体表现。大学生正确认识和把握自己的个性特点，注重健全人格的强化和塑造，对于自身的心理健康和成长成才都是至关重要的。

一、人格的概念及特征

人格一词来自拉丁文 Persona（面具），最初在古希腊戏剧中使用，原指演员用所戴的特殊面具来表现剧中人物的角色身份、性格特征。后来，心理学借用这个术语来说明一个人外在的行为表现方式，在生活中所扮演的角色，人的内在品质，等等。对于人格的定义，诸多学者从不同的角度做出了相应界定。比如，美国心理学家阿尔波特认为，人格是个体内部那些决定个人对其环境独特顺应方式的身心系统的动力结构。雷蒙德·卡特尔认为，人格是一种倾向，可借以预测一个人在给定情境中的所作所为，它是与个体的外显和内隐行为相联系在一起的。英国心理学家艾森克认为，人格是个人的性格、气质、智力和体格的相对稳定而持久的组织，它决定着个人适应环境的独特性。我国台湾学者杨国枢认为，人格是个体与其环境交互作用的过程中所形成的一种独特的身心组织，而这一变动缓慢的组织是个体适应环境时，在需要、动机、兴趣、态度、价值观念、气质、性向、外形及生理等方面，各有其不同于其他个体之处。黄希庭认为，人格指个体在行为上的内部倾向，它表现为个体适应环境时的能力、情绪、需要、动机、兴趣、态度、价值观、气质、性格和体质等方面的综合，是具有动力一致性和连续性的自我，是个体在社会化过程中形成的给人以特色的身心组织等。

综合国内外学者的观点，我国心理学界一般认为，人格是指一个人整体的精神面貌，它是由先天获得的遗传素质与后天环境相互作用而形成的、具有独特倾向性和相对稳定的心理特征的总和。人格是一个具有丰富内涵的概念，与其他心理过程和心理特征相比，人格作为由多种心理特质相互联系而构成的一个有机整体和动力系统，具有以下特点。

其一，人格是独特性与共同性的统一。人格的独特性表现在，由于先天遗传因素的不同及后天环境的影响，形成了个体各自独特的心理特点，并反映在需要、动机、兴趣、态度、信念、价值观、气质、性格等方面的差异，即所谓“人心不同，各如其面”。而强调人格的独特性，并不排除人格还具有共同性的特点。比如，由于共同的社会文化影响，同一民族、同一地区、同一阶层、同一群体的个体之间往往具有诸多相同或相似的人格特征，他们对某些问题的认识和看法、为人处世或待人接物的态度、愿望的实现等，也会出现某些共性。

其二，人格稳定性与可塑性的统一。人格是由许多特质要素构成的。这些特质会使一个人的心理和行为具有稳定的倾向。它包括两层含义：个体的心理特征与行为模式是先天遗传和后天环境影响的结果，所谓“冰冻三尺，非一日之寒”；个体的人格特质与行为模式一旦形成，就会相对稳定地持续和一致性表现，不会轻易发生改变，所谓“江山易改，本性难移”。然而，人格的稳定性是相对的，并不意味着人格特质是不可改变的。许多因素都可能会导致人格的变化，如社会环境和生活经历的重大改变、生理和年龄的变化、个人的自我修养、家庭和学校教育等。也正因为如此，人格塑造和完善才成为可能。

其三，人格是生物性与社会性的统一。所谓生物性，是指人格是在人的自然生物特性的基础上发展起来的。人的生物特性影响着人格发展的具体过程和方式，也决定着人格特点形成的难易。人不仅具有自然属性，还具有社会属性。人的自然性是人格发展的物质基础，它不能决定人格的发展方向，而对个体人格发展起决定作用的是社会文化环境。这就是人格的社会性。人格就是个体在遗传因素的基础上，通过与后天环境的相互作用而形成的相对稳定的、独特的心理行为模式。个体的成长便是一个“自然的我”走向“社会的我”的过程。从一定意义上说，个性心理特征（人格）就是个人社会经历的反映。

此外，人格还具有统和性和功能性。人格的有机结构具有内在一致性，受自我意识的调控。当一个人的人格结构的各个方面彼此和谐一致、功能发挥正常时，就会呈现出健康的人格特征；当人格功能失调时，就会出现各种心理冲突，甚至发生异常。

二、人格的心理结构

关于人格结构，心理学界存在诸多不同的理论观点和具体划分。比如，美国心理学家阿尔波特于 1937 年首次提出了人格特质理论。他认为，人格以特质迎接外部世界，用特质来组织经验，构成一个人完整的系统，由此而引发人的思想和行为。阿尔波特把特质分为共同特质和个人特质。共同特质指在某一社会文化形态下，大多数人或一个群体所共有的相同的特质。个人特质指个体身上所独具的特质。个人特质又依其在生活中所起的作用大小，分为首要特质、中心特质和次要特质。雷蒙德·卡特尔认为，人格特质是有层次的结构，并提出了基于人格特质的一个理论模型。该模型分成四层：个别特质和共同特质；表面特质和根源特质；体质特质和环境特质；动力特质、能力特质和气质特质。表面特质是从外部行为直接能观察到的特质；而根源特质则是内在的、决定表面特质的最基本的人格特质。人的行为之所以具有一致性和规律性，就是因为每一个人都具有根源特质。1949 年，卡特尔用因素分析法提出了 16 种相互独立的根源特质，并编制了《卡特尔十六项个性因素测验》（简称 16PF）。这 16 种人格特质是：乐群性、聪慧性、情绪稳定性、恃强性、兴奋性、有恒性、敢为性、敏感性、怀疑性、幻想性、世故性、忧虑性、激进性、独立性、自律性、紧张性。卡特尔认为，每个人身上都具备这 16 种特质，只是在不同人身上的表现有程度上的差异。奥地利心理学家弗洛伊德的人格结构理论认为，人格由本我、自我和超我构成。本我是人格结构中的最原始部分，由本能、冲动与欲望组成，支配本我的是“快乐原则”；自我介于本我与外部世界之间，是个体出生后在现实环境中由本我中分化发展而产生，其基本任务是协调本我的非理性需要与现实之间的关系，使个体为了适应现实而对本我加以约束和压抑，自我遵循“现实原则”；超我是人格结构中的道德部分，由“良心”和“自我理想”组成，支配超我的是“完美原则”。20 世纪 80 年代以来，人格研究者们在人格描述模式上达成了比较一致的共识，提出了人格五因素模式（即“大五人格”），它被众多心理学家认为是人格结构的最好范型。这五个维度因素如下。

①开放性：具有想象、审美、情感丰富、求异、创造、智能等特质；②责任心：显示胜任、公正、条理、尽职、成就、自律、谨慎、克制等特点；③外倾性：表现出热情、社交、果断、活跃、冒险、乐观等特质；④宜人性：具有信任、利他、直率、依从、谦虚、移情等特质；⑤神经质或情绪稳定性：具有焦虑、敌对、压抑、自我意识、冲动、脆弱等特质。

由以上人格结构理论可知，人格是一个复杂的结构系统，由不同的成分构成，不同成分从不同的侧面反映出个体间的差异。具体来说，人格结构系统包括气质、性格、动机、认知、自我调控等成分。其中，气质和性格是人格构成的重要方面，也是大学生比较关心的问题。

气质是人格结构中比较稳定的、与遗传素质密切相关的成分，是人格发展的先天基础之一。它是个体表现在心理活动的强度、速度、持久性、灵活性以及指向性等方面的一种心理特征。在大学校园里，我们常常可以看到，有的大学生活泼好动，反应灵活；有的则安静稳重，反应缓慢；有的大学生做事总是显得十分急躁，情绪明显外露；有的则沉着冷静，不动声色。大学生在这些心理特征方面的差异，就是气质不同的表现。

心理学家通常把气质分为多血质、胆汁质、黏液质和抑郁质四种类型。各气质类型的典型特征及行为表现，如表 7-1-1 所示。

表 7-1-1　各气质类型的典型特征及行为表现

气质类型	心理特征	行为表现
多血质	感受性低；耐受性高；反应快而灵活；情绪兴奋性高，外部表露明显；外倾性明显；行为可塑性大	活泼，好动，敏感，反应迅速，喜欢与人交往，注意易转移，兴趣易变化，缺乏持久力
胆汁质	感受性低；有一定耐受性；反应快而不灵活；情绪兴奋性高；抑制能力差；外倾性明显；行为有一定可塑性	直率、热情，精力旺盛，情绪容易冲动，心境变换剧烈，脾气急躁
黏液质	感受性低；耐受性高；反应速度缓慢，具有稳定性；情绪兴奋性低；内倾性明显；行为有一定可塑性	安静、稳重，反应缓慢，沉默寡言，情绪不易外露，注意稳定难转移，善于忍耐
抑郁质	感受性高；耐受性低；反应速度慢，刻板而不灵活；情绪兴奋性高而体验深；内倾性特别明显；行为可塑性小	情绪体验深刻，行动迟缓，多愁善感，能觉察他人不易觉察的细小事物，富有幻想，胆小孤僻

气质本身无优劣之分，任何一种气质都有其积极和消极的方面，气质也不能决定一个人活动的社会价值和成就的高低。在同一领域可以找出不同气质类型的杰出人物，在不同领域里的杰出人物中，也可以找出相同气质类型的代表。因此，大学生要正确对待和悦纳自己的气质类型，经常有意识地控制自己气质的消极品质，充分发扬自身气质的积极品质，以形成良好的个性。

性格也是人格构成的重要方面，是区分人格的主要心理标志。它是一个人对现实稳定的态度和与之相适应的习惯化了的行为方式的总和。诸如诚实或虚伪、勤劳或懒惰、自豪与自卑、勇敢或懦弱、当机立断或优柔寡断等，均属于性格特征。性格是后天形成的，一经形成便比较稳定，但并非一成不变，而是具有可塑性的。性格不同于气质，它更多体现了人格的社会属性，个体之间人格差异的核心是性格的差异。

性格具有非常复杂的结构和多种多样的特征。这些特征大体可概括为四个方面：对现实和自己的态度的性格特征，如大公无私、谦虚谨慎、正直、诚恳或损人利己、狂妄自大、狡诈、敷衍等；性格的意志特征，如目的性、自觉性、主动性，以及镇定、果断或慌乱、犹豫等；性格的情绪特征，如热情或冷漠、愉快或抑郁等；性格的理智特征，如倾向于采取整体或分析的观察方式，以及思维的敏捷性、独创性、深刻性和逻辑性等。

性格类型可以从不同的角度和侧面进行不同的划分。比如，按照知、情、意在性格中的表现程度，可分为理智型、情绪型和意志型三种。理智型的人通常以理智支配和控制自己的行动；情绪型的人往往不善于思考，情绪体验深刻，举止容易受情绪左右；意志型的人一般具有较明确的目标，行为积极、主动。

按照个体的心理倾向，可分为外倾型和内倾型。外倾型的人，心理活动倾向于外部，活泼开朗，善于交际，感情易于外露，处事不拘小节，独立性强，但有时粗心、轻率，情感动荡多变等；内倾型的人，心理活动倾向于内部，一般表现为感情含蓄，处事谨慎，自制力强，善于忍耐，富于想象，不善社交，适应环境比较困难，易优柔寡断、拘谨、胆怯等。

按照个体的独立性程度，可分为独立型和顺从型。独立型的人善于思考，不易受外来事物的干扰，他们具有坚定的信念，能独立地判断事物，发现问题、解决问题，在紧急和困难的情况下不慌张，易于发挥自己的力量，但有时会把自己的意志强加于人，固执己见，不易合群；顺从型的人随和、谦恭，易与人合作，但独立性差，易受暗示，容易接受别人的意见，应变能力较差，在紧急情况下易惊慌失措。

从心理健康的角度看，有些性格特征有助于人的心理发展和心身健康，如自信、乐观、独立等；而有的性格特征则无益于心身健康，如抑郁、自卑、冲动等。这就需要大学生正确地了解自己的性格特点，有意识地矫正或改变自身的某些性格缺陷，培养良好的个性品质。

三、影响人格发展的主要因素

人格是伴随着人的一生不断成长的心理品质。人格发展体现着个体生物遗传因素的影响，也与社会文化环境的作用密切相关。对于大学生的人格发展来说，其影响因素可概括为以下几个方面。

第一，生物遗传因素。生理基础和遗传因素是人格形成与发展的自然基础和必要前提。研究表明，人的大脑是人格的主要物质基础，脑的局部病变或损伤会导致人格和行为的改变；同时，人格的异常也会影响大脑的发育和活动。遗传因素对人格的作用程度会因人格特质的不同而异。通常在智力、气质这些与生物因素相关较大的特质上，遗传因素的作用较重要；而在价值观、信念、性格等与社会因素关系密切的特质上，后天环境的作用可能更重要。实际上，人格的发展是遗传与环境两种因素交互作用的结果。人既具有生物属性，又具有社会属性。人在胚胎状态时环境因素的影响就开始了，这种影响会在人的一生中持续下去。

第二，社会文化因素。每个人都处在特定的社会文化环境中，文化对人格的影响是极为重要的。社会文化塑造了社会成员的人格特征，使其成员的人格结构朝着相似性的方向发展，这种相似性具有维系社会稳定的功能，又使得每个人能稳固地“嵌入”在整个文化形态里。社会文化对人格的塑造功能还表现在不同文化的民族有其固有的民族性格。例如，中华民族是一个勤劳、勇敢的民族，这里的“勤劳”“勇敢”的品质便是中华民族共有的人格特征。

第三，家庭环境因素。家庭是社会的细胞，也是孩子出生后最早接触的社会环境。家庭结构、经济条件、父母的人格特点及不同的教养方式等，对孩子的人格形成与发展有着重要影响。比如，从家庭教养方式来看，一般可以分为权威性教养方式、放纵型教养方式和民主型教养方式。研究发现，权威型教养方式的父母在子女教育中表现得过于支配，孩子的一切都由父母来控制。在这种环境下成长的孩子容易形成消极、被动、依赖、服从、懦弱，做事缺乏主动性等人格特征。放纵型教养方式的父母对孩子过于溺爱，孩子的任何要求都会得到满足，父母对孩子的教育有时出现失控的状态。在这种家庭环境中成长的孩子多表现为任性、幼稚、自私、野蛮、无礼、独立性差、唯我独尊等人格特征。

民主型教养方式的父母与孩子在家庭中处于一种平等和谐的氛围当中，父母尊重孩子，给孩子一定的自主权和积极正确的指导。父母的这种教育方式能使孩子形成活泼、快乐、自立、善于交往、富于合作、思想活跃等人格品质。

第四，学校教育因素。学校不仅是传授文化科学知识的场所，而且是发展学生智力、对学生进行思想品德教育和身心健康教育的地方，学校教育在一个人的人格形成过程中起着举足轻重的作用。学生通过课堂教育接收系统的科学知识，同时形成科学的世界观；通过学习还可以形成与发展学生坚持性、主动性等优良的人格特征；教师的各种教育教学活动及一言一行对学生人格的形成具有指导、定向和示范性的影响。另外，良好的校风、班风和管理模式有助于促使学生养成积极、独立和遵守纪律等人格品质。

需要指出的是，人格是个体在与环境相互作用的实践活动中逐渐形成和发展起来的，但任何环境因素都不能直接决定人格，它必须通过个体已有的心理发展水平和心理活动才能发挥作用。

第二节　大学生常见的人格障碍及表现

一、人格障碍的内涵和特征

人格障碍又称病态人格、变态人格，是一种由于人格发展不健全，在没有认知过程障碍或智力障碍的情况下出现的情绪反应、动机和行为活动的异常。一般认为，人格障碍是由于生物、心理和社会环境等方面的因素造成的。人格障碍的产生被看作是人格发展过程的不成熟和畸变，它是人格在发展和结构上的明显偏离正常且根深蒂固，这就导致个体以适应不良的方式持久地对待周围事物和做出极度的情感反应，从而产生明显的心理社会功能变异。

人格障碍通常开始于童年、青少年或成年早期，并一直持续到成年乃至终生。虽然人格障碍产生的原因十分复杂，但各类人格障碍者都有一些共同的特征。

第一，他们都有紊乱不定的个人心理特点和难以与人相处的人际关系。这是各类人格障碍者最主要的行为特征。不论其行为变异是被动的还是主动的，都会给他们造成困难，甚至带来灾祸。

第二，把自己所遇到的任何困难都归咎于命运不济或别人的差错，把社会和外界对自己的不利条件常常是悖理的、不应该的，因而他们不能发现自己的缺点，或者不知道自己有什么需要改正的。

第三，以自我为中心，认为自己对别人可不负任何责任，对不道德的行为没有负罪感，总是把自己的想法和利益放到压倒一切的位置，而不管他人能否接受。

第四，无论走到哪里，都把自己的固定看法或猜疑、仇视带到哪里，任何新环境的气氛无不受其行为特点的影响。

第五，对自身人格缺陷常无法自知，对其怪癖行为对别人的影响或伤害泰然自若。人格障碍的行为问题有多种不同的程度，轻者基本过着正常生活，只有与他最接近的人才会发现其怪癖；严重者则事事都违抗社会习俗而溢于言表，并难以适应正常的社会生活。

第六，人格障碍主要表现为情感和行为的异常，但其意识状态、智力均无明显缺陷。一般没有幻觉和妄想，可与精神病性障碍相区别。

二、人格障碍的类型及其表现

人格障碍的分类及其表现十分复杂，而且与正常人格重叠交叉。目前，国际上对人格障碍比较公认的定义和描述见于美国精神医学学会出版的《精神疾病诊断与统计手册》（DSM），现已修订至第五版（DSM-5）。中国现行标准 CCMD-3（《中国精神疾病分类与诊断标准第 3 版》）完成于 2001 年，与 DSM-4 大体相仿。

（一）偏执型人格障碍

此类人格障碍的主要特点如下。①对挫折和拒绝过度敏感；②对侮辱和伤害耿耿于怀或持久怨恨；③多疑且带有弥漫性，甚至将别人的中性的或友好的表示误解为恶意的、别有用心的；④好争斗，对个人权利执意追求，明显与周围环境不和谐；⑤病态性的嫉妒；⑥自视过高和以自我为中心，总感觉受压制、被迫害；⑦认为周围人有搞阴谋的先入为主的观念。

儿童期的教育不当和某些生活环境的影响是形成偏执人格的主要原因。偏执人格学生要正确认识自己，正视自己的缺陷及其成因，及时采取各种措施，防止偏执的进一步发展。谦虚是制止偏执的良方之一。它可以使人心胸开阔，克服成见，以实事求是的态度对待人和事物，让自视甚高的自我懂得“山外有山，天外有天”的道理。

（二）分裂型人格障碍

这类人格障碍主要表现为：①性格明显内向，与家庭和社会疏远，除生活和工作中必须接触的人外，基本不与他人主动交往，过分沉湎于幻想，孤独地活动；②表情呆板，情感冷淡，甚至不通人情，不能表达对他人的关心、体贴及愤怒等；③对赞扬或批评无动于衷、满不在乎；④缺乏愉悦感；⑤无知心朋友，没有亲密或信任的人际关系；⑥在遵守社会规范方面存在困难，导致行为怪异。

分裂人格者可能是在孩提时期能力较差，做事落后他人，而遭到训斥、歧视或冷落，以致失去自信，产生对他人不满和冷漠的情绪；也可能是由于他们在某次活动中遇到严重挫折，自尊心受到伤害，从而形成分裂人格。一旦形成分裂人格后，他们更加不愿意和别人交往，更容易让人误解，也更加速了分裂人格的形成。

活动可以消除分裂人格。分裂人格学生要主动参加文体活动、社团活动和各种娱乐活动。在活动中，增加与人交往的机会，改善冷淡的情绪和退缩的行为。同时发挥自己的优势，提高人际吸引力，增强自信。即使有烦恼和不快，也不要闷在心里，以免加剧孤僻行为。可以把不悦和烦闷向可信赖的家人、师友倾诉，或在活动中消除它，使自己心情舒畅，提高生命的活力和生活的乐趣。

（三）反社会型人格障碍

反社会型人格障碍的主要特点如下。①对人冷酷无情，缺乏同情心；②没有责任心，无视道德准则、法律义务和社会常规，时常做出不符合社会要求的行为；③不能与他人维持长久的关系；④对挫折的耐受度较低，受挫后易产生攻击甚至暴力行为；⑤对善恶是非缺乏正确判断，对自己所做的损人利己或不道德的事情毫无羞愧之感，对反社会行为没有明显的悔恨之意，也不能从中吸取教训，甚至处罚无效；⑥与社会或他人相冲突时，总是为自己进行无理辩解或责怪别人；⑦易激惹，情绪具有爆发性，行为具有冲动性。

（四）冲动型人格障碍

冲动型人格障碍的主要表现是如下。①常有突如其来、不计后果的行为倾向；②对事物的计划和预见能力明显受损；③不稳定的和反复无常的心境；④容易暴怒或产生与此相反的激情，对由此导致的冲动行为不能自控；⑤易与他人发生争吵，尤其是在其冲动行为受阻或是到批评时；⑥不能坚持没有报酬或奖励的行动；⑦人际关系容易紧张或不稳定，往往导致情感危机。

（五）戏剧型人格障碍

这种人格具有浓厚而强烈的情感反应，其行为特点如下。①自我戏剧化，情绪表达过分、夸张；②暗示性较高，易受他人或环境的影响；③情感肤浅且易变；④以自我为中心，不为他人着想；⑤总是渴望得到赞赏，否则会感到被伤害或感到委屈；⑥追求刺激，把自己置于活动的中心，喜欢引起别人的注意；⑦为了达到个人需要或满足一时的感情而不惜牺牲或不择手段。

戏剧型人格者可能从小就为所欲为，是家庭的中心，也可能是从小就受到冷落或被遗弃，是家庭的“多余者”和“不速之客”。因此，他们盼望自己被关注和重视。这种教育环境和青少年心理发展的不成熟很容易使其形成戏剧型的人格特征，他们会运用夸张、表演等方式吸引他人的注意和关心，表达内心的敏感多变和不成熟的情感。

认知失调也是造成戏剧型人格的原因之一。一些学生没有认识到自己思想方法和人生观的错误，认为表现自己，加深他人对自己的印象是必须的，可以用自吹自擂、装腔作势和戏剧性的表演等一切手段来达到目的。因此，戏剧型人格者需要重新认识自己的思想情感，重新评估自己的认知方式和内容，以认知上的改变带动行为上的改变。

（六）强迫型人格障碍

这类人格障碍的具体表现如下。①遇事优柔寡断，过分谨慎，表现出深度的不安全感；②完美主义，凡事需反复检查核对，过分注重细节，以致忽视全局；③过分认真，顾虑过多，只考虑工作或学习的成效而不顾个人消遣及人际关系；④拘泥迂腐，因循守旧，不善于对人表达温情；⑤刻板、固执，总是要求自己和别人遵守各种规则或适应其办事方式；⑥经常被厌恶的思想或冲动所困扰，但未达到强迫症的程度；⑦必须在很早以前就对一切活动做好计划，并不厌其烦。

强迫型人格的形成有多种原因，如天生具有不灵活和抑制性的气质特点、从小受到不良的教育以及曾经遭受过重大挫折或打击等。矫正强迫型人格最简单的方式就是学会放松。在日常生活中，不要过于约束自己，也不要让那些清规戒律和模式来控制自己；一旦确定了想做的事情就立刻去做，不要优柔寡断，反复考虑。

（七）回避型人格障碍

这种人格障碍主要表现为：①持续且弥漫性的紧张和不安全感；②一贯的自我过敏、自卑，行为退缩；③不断地渴望被人接受和受到欢迎；④对批评和反对意见过分敏感；⑤避免甚至拒绝与他人密切交往，除非别人表示十分欢迎和不会批评他；⑥在日常生活中，对可能的危险估计过于严重，倾向于恐惧和回避，但未达到恐怖症的程度；⑦由于追求确定性与安全性，生活中过于拘谨或受到限制。

（八）依赖型人格障碍

这种人格障碍主要表现为：①习惯性地要求或求助于别人为自己生活的重要方面或做出抉择或承担责任；②将自己的需要附属于所依赖的人，过分地服从他人的意志；③不愿意对所依赖的人提出要求，即使是合理的要求；④缺乏自信，自觉难以独立，自认无能，并缺乏精力；⑤总是担心被抛弃，不断要求别人反复保证，独处时感到不自在或不舒服；⑥当与他人的亲密关系终结时，有被毁灭和无助的体验；⑦遭遇逆境时，有把责任完全推给他人的倾向。

依赖型人格常见于从小受到溺爱或“过分保护”的学生。独立地“做”生活中面临的事情，是克服依赖人格的重要手段。

第三节　大学生健康人格的培养与塑造

人格是人的一切品质的总和。健康的人格有助于人更有效地去适应变化着的社会生活环境，有助于人顺利地进行社会交往以及对人际关系的正确处理，有助于人的身心的健康发展，有助于促进个人学习、事业上的成功并为社会做出更大的贡献。培养、塑造健康的人格特征，不仅是大学生自身健康和成才的需要，也是社会进步和发展的需要。

那么，健康人格应该包括哪些基本精神要素，又具有哪些特征呢？

美国人格心理学家奥尔波特把具有健康人格的人称作“成熟者”，并从他们身上归纳出七个特点：①有自我扩展的能力；②与他人热情交往，关系融洽；③有安全感，能接纳自己；④具有现实性知觉；⑤能客观地看待自己；⑥有多种技能，并专注于事业；⑦行为的一致性是其人生哲学。

美国加州大学心理学家韦伯克·布莱多恩和其同事结合科学家几十年的研究，总结出了健康人格的十个衡量标准：①强烈的感受力；②坦诚；③有能力感；④友好；⑤心态积极；⑥不怨天尤人；⑦低焦虑；⑧低抑郁；⑨较好的抗压力；⑩自制力强。

美国人本主义心理学家马斯洛对“自我实现者”进行了深入研究，归纳出“自我实现者”的15种人格特征：①了解并认识客观现实，持有较为实际的人生观；②对自己、对他人、对整个自然能够做到最大限度的认同和接纳；③情绪与思想表达较为自然；④有较广的视野，就事论事，较少考虑个人利害；⑤喜欢独处，有超俗的品质；⑥有独立自主的性格；⑦对平凡事不觉厌烦，对日常生活永感新鲜，并有高品位的鉴赏力；⑧对事业与生活富有激情，常有高峰体验；⑨能建立持久的友谊；⑩有民主的价值观，尊重别人的意见；⑪有伦理观念，能区别手段与目的，绝不为达到目的而不择手段；⑫带有哲学气质，有幽默感；⑬有创见，不墨守成规；⑭对世俗和而不同；⑮对生活环境有时改进的意愿与能力。

我国学者高玉祥认为，健康人格的特点有：①内部心理和谐发展；②能够正确处理人际关系和发展友谊；③把自己的智慧和能力有效地运用到能获得成功的工作和事业上。黄希庭认为，具有健康人格特征的人应该是：①对世界持开放态度，乐于学习和工作，不断吸取新经验；②以正确的眼光看待他人，有良好的人际关系和团队精神；③以正确的态度看待自己，能自知、自尊、自我悦纳；④以积极的态度看待过去、现在和未来，追求现实而高尚的生活目标；⑤以坚韧的生活态度对待困难和挫折，能调控情绪，心境良好。

综合国内外学者关于健康人格的观点，当代大学生的健康人格不应是单面体人格，而应是一个以进取性为重要特征的，由进取性、创造性和协调性等基本精神要素有机而成的，集多种优良品质于一身的，朝气蓬勃、积极向上、全面发展的人格模式。其基本内容应当包括：①和谐的人际关系；②良好的社会适应能力；③正确的自我意识；④乐观向上的生活态度；⑤良好的情绪调控能力。

我们知道，一个人的人格是其社会经历的缩影。但是，人格的形成绝不是一蹴而就的，而是在潜移默化的境遇中逐渐形成和巩固起来的。因此，大学生要自觉地、有意识地、有计划地培养和锻炼自己的人格，这并不是一件轻而易举的事情，需要付出巨大的努力。对于大学生来说，要特别注意自己各种人格特征的平衡发展，防止形成某些方面过分或极端发展而某些方面又发展不足的倾向。因此，大学生要有意识地抑制某些过分发展的方面，注意培养和增强自己人格特征中比较欠缺的方面；同时矫正某些不良的人格特征，发扬健全的积极的人格因素。

心理学家通过对健康人格的研究，提出了以下有助于培养健康人格的途径。

①对自己和生活的世界持有积极的看法。把自己看作是被喜欢、被需要、被热情接待的而且有能力的，并生活在自己能应付的世界上的人。

②培养谦虚谨慎、沉着稳重、凡事三思而行的品质和习惯；同时完全冷静地反省自己，这有助于更好地了解自己的人格，做到扬长避短。

③培养广泛的兴趣和爱好，积极参加社会实践活动。这一方面可以充实和丰富自己的课余生活；另一方面，可以在活动中锻炼自己的意志，培养团结友爱、遵守纪律、坚忍顽强、勇于创新的个性特征。同时，在活动中学习、接受

各种社会规范和生活技能，更好地适应不断变化的社会环境。

④培养敢于面对现实和实事求是的精神，正确处理学习和生活中的矛盾和问题，不逃避现实，不存非现实的奢望和幻想，凡事从实际出发。

⑤保持乐观的心境，学会控制和调节自己的情绪，始终保持稳定、积极、愉快的心境。喜而不狂，悲而不绝。

⑥养成良好的思维品质，自觉提高自己的独立性和自主性，逐渐减少对他人的依赖，更多地依靠自己的能力，建立自己的价值体系。自信而不自负，自谦而不自卑。

⑦和周围人积极交往，保持良好的人际关系，善于助人为乐，不要对别人要求过甚，对别人的批评、指责要合情合理。

⑧培养自己崇高的理想和高尚的情操，树立科学的世界观、人生观和价值观，使之成为塑造健康人格的推动力量。

⑨加强意志磨炼，自觉主动地控制自己的行为，培养经受挫折的耐受力，不盲目冲动，不消极低沉，始终保持乐观的生活态度。

⑩积极参加弘扬社会主旋律的公益性活动。

需要指出的是，大学生人格的培养和塑造，绝不意味着千人一面，众口一词。相反，每个人都应当有自己的特色，每个人的人格都应当是丰满的、健全的，关键是每个大学生要明确自己人格优化的目标，并朝着这个目标不懈努力。

第八章　大学生情绪管理与心理卫生

情绪是重要的心理现象之一，也是人们行为活动中最为复杂的方面。大学生正值青春期中期，是情绪和情感丰富、强烈并日趋定型的关键时期。大学生情绪、情感的发展，不仅影响着他们的理想、信念、人生观、价值观的形成，也影响着他们的学习、生活以及心理健康。因此，学会管理和优化情绪，增强情绪调节能力，有利于提高大学生活的质量，促进自身的健康成长。

第一节　大学生的情绪特征与情绪健康

一、情绪概述

情绪是伴随着认知和意识过程产生的对外界事物态度的体验，是人脑对客观外界事物与主体需求之间关系的反应，是以个体需要为中介的一种心理活动。需要是情绪产生的基础。人的需要得到满足时就会产生积极的情绪体验，如愉悦、兴奋等；反之，就会产生消极的情绪体验，如焦虑、愤怒等。

人的情绪是复杂多样的，按其发展可分为：原始情绪，如愉快、愤怒、恐惧和悲哀；基本情绪，如兴奋、愉快、痛苦、惊奇、愤怒、厌恶、焦虑等；复合情绪，如对自己的态度有骄傲感和谦逊感，与他人相联系的有爱与恨、羡慕与嫉妒，对情景事件有求知、好奇心等。

情绪按其状态可分为：心境，即一种深入的、比较微弱而持久的情绪状态，如忧郁、焦虑、得意等；激情，即一种强烈的、爆发式的、相当短暂的情绪状态，如狂欢、暴怒、痛苦等；应激，即一种由出乎意料的紧张情景引起的情绪状态。

情绪通常以表情形式表现出来，包括面部表情、言语声调表情和身段姿态表情，如欢喜时眉开眼笑、手舞足蹈；愤怒时横眉立目，摩拳擦掌；惊讶时目瞪口呆，语无伦次；焦虑时愁眉苦脸、坐立不安；害羞时面红耳赤、忸怩作态。另外，人在不同的情绪状态下，讲话的声调、音色、节奏也会发生不同的变化，如悲哀时语调低沉、缓慢；喜悦时语调高亢、语速较快。

二、大学生的情绪特征

大学生的情绪特征主要体现在以下几个方面。

（一）两极性与矛盾性

大学生正处在青春期中期，他们在生理上的发育渐臻成熟的同时，心理上也经历着急剧的变化。同时在各种社会因素的影响和推动下，大学生的心理出现了许多矛盾，尤其突出地表现在情绪上，这使得大学生情绪摇摆不定、跌宕起伏，时而情绪激动，时而悲观消沉。而这种情绪矛盾性的极端形式就是情绪的两极性，表现为容易从一个极端跳到另一个极端。大学生情绪的矛盾性与两极性是大学生情绪固有的特征，它对大学生的心理发展和心理健康影响极大。

（二）理智性与冲动性

随着知识水平的提高、认知能力的增强，大学生对自己的情绪有了一定的控制能力。在大多数情况下，他们能够理智地思考问题和解决问题，但有时在外界因素的刺激下也容易产生冲动，表现为感情用事。例如，考试失利、情场失意、意外冲突等常常引起他们情绪上的巨大波动，从而使他们出现不冷静行为，甚至情绪失控。

（三）内隐性与外显形

一方面，大学生对外界事物的刺激反应敏感、迅速，喜怒哀乐常形之于色，较成年人更外露和直接。另一方面，大学生又具有闭锁心理，同时随着年龄的增长及自我控制和情绪调节能力的增强，他们在情绪表现上会带有掩饰性和压抑性的特点，常常将自己的真实情感隐蔽起来，尤其是在对待异性同学的问题上，有的同学明明内心喜欢对方，却表现出故意疏远的态度。

（四）丰富性与狭隘性

大学生随着自我意识的增强，学习、生活环境的变化，人际交往范围的扩大，特别是两性情感闯入大学生的精神生活之后，大学生的情绪、情感更加丰富多彩和细腻、复杂，但同时又表现出一定的浅薄性和狭隘性，如有些大学生对理想、事业的追求仅仅是兴趣较浓，也有的大学生把同学友情理解为“哥们儿义气”，等等。

三、情绪对大学生身心健康的影响

达尔文说，人的情绪是人类灵魂的“最神圣不可侵犯的东西”。大学生的情绪、情感不仅影响着他们的理想、信念、人生观和价值观的形成，而且对其身心健康也影响重大。

11世纪中叶，阿拉伯医生阿维森纳在其《医疗之书》中把情绪、情感作为保护健康必需的六点内容之一。我国医学家更是注重情绪对心身健康的影响，早在2000多年前就提出了情绪致病的理论，如《黄帝内经》认为喜则伤心，怒则伤肝、忧则伤肺、思则伤脾、恐则伤肾等，也说明了情绪与健康的关系。可见，良好的情绪是人身心健康的必备条件，而不良的情绪则会危害人的身心健康。

从心理卫生角度来看，轻松、愉快、乐观的情绪，有利于大学生增强记忆、活跃思维、发展心理潜能。而焦虑不安、忧郁苦闷、激愤恼怒等不良情绪则会使人意识范围狭窄、认知能力下降、自我评价降低以及自制力减弱，甚至导致精神错乱、行为失常。大学生中常见的失眠、头痛以及各种形式的神经症等，均与一定的消极情绪有着密切的联系。另外，一些大学生的自杀行为也与长期的抑郁情绪不无关系。

总之，健康的情绪不仅是促进心理卫生的有效途径，也是维持心理健康的重要保证。正如法国大作家乔治·桑所说："心情愉快是肉体和精神的最佳卫生法。"

第二节　大学生的情绪困扰及其调节

青春期是一个生理、心理迅速变化的过程，也是一个情绪困扰多出的时期。对于大学生来说，学习任务的繁重、紧张，人际关系的复杂、冲突，择业中的焦虑、迷茫，生物欲求与社会规范之间的矛盾，以及社会对大学生提出的期望和要求等，对大学生造成了极大的心理压力，使他们在情绪方面产生了诸多波动与困扰，影响着他们正常的学习、生活和心理健康。

一、焦虑

所谓焦虑是指主体预感到某种不祥的事情或不良后果将要发生而又无能为力时所产生的一种不安情绪，并伴有紧张、忧虑、焦急、担心和恐惧等复杂的情绪体验。它可以在人遭受挫折时出现，也可能没有明显的诱因而发生。

一般来说，对于客观上具有威胁或危险的刺激产生相应的焦虑反应是一种正常的适应方式。正常人可以在这种紧张刺激下激发斗志、增强信心，或懂得如何战胜它而获得解脱。但是，缺乏明显的客观原因而极度不安时，则是适应性不良的非常态行为。

焦虑会明显影响一个人的精神状态、认知和行为。被焦虑所困扰的大学生常表现为烦躁不安、思维受阻、行为迟缓、睡眠困难、食欲不振等。严重的焦虑情绪能使人丧失希望，甚至导致心理疾病。

引起大学生焦虑的原因主要有以下几个方面：一是一些大学新生由于生活环境和学习方式的改变，以及独立生活能力不足，对新环境难以很快适应，因而常会产生各种焦虑反应；二是人际交往中的障碍与冲突，也会导致焦虑情绪的产生；三是考前由于担心考试失败或期望获得较好的分数而产生焦虑反应；四是大学生在交友、恋爱、择业等方面面临动机冲突和选择困难时，时常会出现焦虑情绪。另外，焦虑情绪还表现在一些学生对自己身体状况的过分关注上。

要消除焦虑，首先要勇敢地面对现实，承认焦虑，同时明确自己为什么而焦虑。当你为某件事而紧张、焦虑、烦躁不安的时候，要想到你不可通过回避而使情况得到好转。相反，越是回避，越会焦虑不安。而当你一旦正视了它，并能勇敢地面对它时，你会发现，那不可名状的焦虑反倒会悄然消失了。其次，学会转移和升华。与其对某件事的结果过分担忧，何不将这种焦虑视为一种挑战，把焦虑化作成功的动力。也许，你会因此创造奇迹。最后，还要合理调整自己的目标期望，注重各种能力的培养、锻炼。

下面有二十条文字，请仔细阅读每一条，把意思弄明白，然后根据您最近一星期的实际感受，在表中右边对应的数字上打“√”，如表 8-2-1 所示。

表 8-2-1　焦虑自测量表（SAS）

自测内容	没有或很少有	少部分时间有	相当多时间有	绝大部分或全部时间有
1. 我觉得比平常容易紧张或着急	1	2		4
2. 我无缘无故地感到害怕	1	2	3	4
3. 我容易心里烦乱或觉得惊慌	1	2	3	4
4. 我觉得我可能将要发疯	1	2	3	4
5. 我觉得一切都很好，也不会发生什么不幸	4	3	2	1
6. 我手脚发抖	1	2	3	4
7. 我因为头痛、颈痛和背痛而苦恼	1	2	3	4
8. 我容易感到疲乏	1	2	3	4
9. 我觉得心平气和，并且容易安静坐着	4	3	2	1
10. 我觉得心跳得很快	1	2	3	4
11. 我因为一阵阵头晕而苦恼	1	2	3	4

续表

自测内容	没有或很少有	少部分时间有	相当多时间有	绝大部分或全部时间有
12. 我有晕倒发作，或觉得要晕倒似的	1	2	3	4
13. 我吸气、呼气都感到很容易	4	3	2	1
14. 我的手脚麻木和刺痛	1	2	3	4
15. 我因为胃痛和消化不良而苦恼	1	2	3	4
16. 我常常要小便	1	2	3	4
17. 我的手脚常常是干燥、温暖的	4	3	2	1
18. 我脸红发热	1	2	3	4
19. 我容易入睡并且一夜睡得很好	4	3	2	1
20. 我做噩梦	1	2	3	4

评分标准：请将20个项目各个得分相加，得到粗分，再将粗分 ×1.25，取整数部分即可得到标准分。

判断标准：以 50 ~ 55 分为界，分值越高，焦虑倾向越明显。

二、愤怒

愤怒是人类最为常见的负性情绪之一。它是指当愿望不能实现或为达到目的的行动受到挫折时引起的一种紧张而不愉快的情绪反应。大学生热情高涨、精力充沛、血气方刚，情绪波动较大，往往容易激动和发怒。有的学生为一些无关紧要的小纠纷、一句刺耳的话或一件不顺心的事，就会暴跳如雷、恶言相加，甚至拔拳相向。

易怒不仅破坏客观开朗的心境，使自己陷入烦躁不安的消极情绪之中，而且影响身体健康，妨碍正常的人际关系。研究表明，愤怒会导致人体心跳加快、血压上升，甚至心律失常等躯体反应。同时，发怒还会使人思维能力下降、认知范围缩小、自制能力减弱、行为冲动性增大等。如果愤怒情绪持续时间过长，或受到压抑，就会使人的整个心理状态失去平衡，甚至产生各种身心疾病，进而影响正常的学习和生活。

易怒与个性基础和生活经历有较大的关系，也与一些人的错误认知有关。为了有效地控制发怒，除应提高修养、学会宽容、及时克制外，掌握一些自我息怒的方法和技巧是很必要的。

第一，平心静气。美国经营心理学家欧廉·尤里斯教授提出了使人平心静气的三法则：一是降低声音，因为声音对自身的感情将产生催化作用，从而使已经冲动起来的表情更为强烈，造成不应有的结果；二是放慢语速，因为个人感情一旦掺入，语速就会随之变化，声音就会变高，这容易引起冲动；三是胸部向前挺直，因为情绪激动、语调激烈的人通常都是胸部前倾，一旦胸部挺直，就会淡化冲动紧张的气氛，而当身体前倾时，就会使自己的脸接近对方，这种讲话姿态将人为地制造紧张局面，增加怒气。

第二，转移注意。人在发怒时往往在大脑皮层中出现强烈的兴奋点，以致造成一时间的“意识狭窄”现象，而且这种有害的兴奋会进一步扩散升级，甚至会造成激烈的冲突。转移注意的作用就是理智地转移兴奋点，在大脑皮层建立另一个兴奋点，以削弱或抵消发怒的兴奋点，防止自己的情绪进一步恶化。

第三，理性升华。当冲突发生时，不妨在内心估计一下后果，想一想自己的责任，将自己升华为一个有理智、有豁达气度的人。这样就一定能控制住自己的情绪。“忍得一时气，免得百日忧。”合理的让步不仅有益于事情本身，也会赢得别人的爱戴。

第四，合理宣泄。当自己情绪激动时，不要将怒气压抑在心中，可通过正常的途径将怒气发泄出来。比如，把气愤的事情坦率地说出来，开展批评和自我批评，不仅可以释怒，而且可以增强团结。

此外，还可运用自我暗示法，即发怒时在心中默念“息怒！息怒！”此方法常常会收到一定的效果。

三、抑郁

抑郁是一种过度忧愁和伤感的情绪体验，一般表现为情绪低落、思维迟钝、意志衰退，对各种活动兴趣索然，不愿甚至回避与他人交往，对前途丧失信心，甚至有轻生厌世的念头。同时，在身体上还表现为食欲下降、失眠、言语和动作迟缓、表情冷漠、面容忧虑等。

抑郁是大学生中常见的情绪困扰。大多数情况下，大学生的抑郁情绪均可找到明显的精神因素的影响，如亲人的突然亡故，恋爱受挫、学习成绩不佳、求职不顺等都可能会引起抑郁情绪。

长期抑郁情绪会使人的身心受到损害，影响正常的学习、生活。因此，必须对抑郁情绪进行及时的化解和调适。最为关键的是，要正确评价自己，改变不合理的认知方式。专家认为，多数抑郁情绪均起因于对某一事件的歪曲认知和对自身价值的否定性评价，如有的大学生常常不加分析地把恋爱受挫、交友失败或学习成绩不佳等归因于自己能力不行，从而得出对自身价值的否定性评价。如果用积极进取的精神取代消极的思想观念，不要把自己的期望、成就、荣誉、时运当作自我价值的基础，这样不仅有助于消除抑郁，而且有助于培养乐观的心态、豁达的胸怀。此外，培养良好的人格，努力扩大交往空间，寻求适当的宣泄方式和必要的心理咨询等也有助于克服抑郁情绪。

下面有二十条文字，请仔细阅读每一条，把意思弄明白，然后根据您最近一星期的实际感受，在表中右边对应的数字上打“√”，如表 8-2-2 所示。

表 8-2-2　抑郁自测量表

自测内容	没有或很少有	少部分时间有	相当多时间有	绝大部分或全部时间有
1. 我感到沮丧、郁闷	1	2	3	4
2. 我感到早晨心情最好	1	2	3	1
3. 我要哭或想哭	4	3	2	4
4. 我夜间睡眠不好	1	2	3	4
5. 我吃饭像平常一样多	1	2	3	1
6. 我的性功能正常	4	3	2	1
7. 我感到体重减轻	4	3	2	4
8. 我为便秘烦恼	1	2	3	4
9. 我的心跳比平时快	1	3	3	4
10. 我无故感到疲劳	1	2	3	4
11. 我的头脑像往常一样清楚	1	2	3	1
12. 我做事情像平时一样不感到困难	4	3	2	1
13. 我坐卧不安，难以保持平静	4	3	2	4
14. 我对未来充满希望	1	2	3	4
15. 我比平时更容易愤怒	1	2	3	4
16. 我觉得决定什么事很容易	1	3	3	1
17. 我感觉自己是有用的和不可缺少的人	4	3	2	1
18. 我的生活很有意义	4	3	2	1
19. 我觉得我不在别人会过得更好	1	2	3	4
20. 我仍旧喜爱自己平时喜爱的东西	4	3	2	1

评分标准：请将 20 个项目各个得分相加，得到粗分，再将粗分 ×1.25，取整数部分即可得到标准分。

判断标准：以 50 ~ 55 分为界，分值越高，抑郁倾向越明显。

四、孤独

孤独是人的社交动机和合群需要得不到满足时所产生的一种内心情绪体验。人们在社会生活中具有各种各样的社会需要，形成了各种各样的社会关系。当某种社会需要得不到满足，或者对社会关系的渴望与现实拥有的实际水平产生差距时，就会感到孤独。社会心理学家派普劳和铂尔曼认为孤独有 3 个特点：

它是社会关系缺陷造成的；它是不愉快的、苦恼的；它是主观感受，而不是客观状态。一个人可能处于集体之中仍感到孤独，也可在漫长的独处中毫无孤独感。

孤独是一种令人不愉快的负性情绪体验。在孤独心态下，人们往往会感到寂寞、郁闷、焦虑、空虚、无助、冷漠甚至绝望，常伴有铭心刻骨的精神空落感。心理学家弗洛姆认为，人也许能够忍受诸如饥饿或压迫等各种痛苦，但却很难忍受所有痛苦中最痛苦的一种——那就是全然的孤独。

对于大学生来说，喜欢孤独是正常的现象，也是难以避免的。一方面，大学生的自我意识渐趋成熟，需要暂时的独处来进行自我省察；另一方面，随着自我意识的发展，大学生对交往的要求十分强烈，渴望得到他人的理解和尊重。而一旦自己的交往动机得不到满足，便会产生孤独感。

孤独产生的原因很复杂，它是一种综合因素的产物，是每个人所遭遇的内外环境中的种种不利因素双重作用的结果。比如，有失败时的孤独，也有成功时的孤独；有缺乏知己时的孤独，也有迷失生活目标时的孤独。从孤独的内涵来看，其原因主要有：自我评价过低、自信心不足、性格过于内向或过于偏激、社交生活遭到挫折等。另外，孤独也与个人的观念有关，如人们认为节日是家庭团聚的日子，而那些节日期间不能回家和亲人团聚的大学生往往易感到孤独。

古希腊哲学家亚里士多德说过，喜欢孤独的人不是野兽就是精灵。而现代研究认为，长期孤独不仅会使人失去青春活力，导致情绪紊乱、性格扭曲，而且还容易使人患心身疾病。要超越孤独，可从以下几个方面进行心理的自我调适。

第一，开放自我。孤独的人往往因怕遭到拒绝而羞于和他人交往，越是如此，越感到孤独。所以，要主动走出自己封闭的世界，多和他人交流，真诚而坦率地向同学、朋友敞开自己的心扉。在交往中，言语的交流和情感的沟通可使孤独的情绪得到减缓。自命清高只会使孤独加剧而于身心无益。

第二，寻求“代偿”。当感到内心孤独时，通过读书、绘画、听音乐、旅游等有意义的活动转移自己的情绪，以生活内容的丰富多样和充实来补偿交往的失败和孤独的情感饥渴，这是一种转移的作用。适当独处，利用无人干扰的时光充分认识自我，分析自身的长处和缺点，以理性的思考来冲淡孤独、忘掉孤独，这便是升华的结果。

第三，加入群体。置身于紧张、充实、丰富多彩的集体生活之中，不仅有利于驱散心中的孤独，还有利于扩大自己的交往范围，增强交往的勇气和信心。

另外，大学生中常见的情绪困扰还有自卑、嫉妒、恐惧等。

第三节　大学生自杀及心理危机干预

一、大学生自杀行为及其原因

所谓自杀是指个体在复杂心理活动作用下，蓄意或自愿采取各种手段结束自己生命的行为。自杀的一般心理行为过程：挫折—虚无感—对现实的泛化性曲解、反感—对人、对社会的报复心理—绝望—自杀强迫意念—自杀。

根据弗洛伊德的心理动机学理论，自杀是一个人经历强大的心理刺激时激发的内部冲突而导致的行为。这种刺激不仅可以使一个人倒退到更为原始的自我状态，也可以使这个人将对别人的攻击和社会的对抗内向折射于自己，出现自残或自伤行为。也就是说，自杀中的绝大多数人不是精神病患者，而是面临强大的心理刺激、形成内部心理冲突的正常人。个体心理学派的阿德勒认为，在面临困难时，最彻底的退缩表现就是自杀。此时，个人在所有的生活问题之前，都已经放弃寻求解决之道而表现出他的信念，即他对改善自己的情境已经完全无能为力了。当我们知道自杀必定是一种责备或报复时，我们便能了解：在自杀中对优越感的争取。在每个自杀案件中，我们总能发现：死者一定会把死亡的责任归之于某一个人。

从心理学的角度看，一般正常人的自杀可理解为个体遭遇挫折或在心理上陷入无法摆脱的困境时所采取的一种自我防卫机制。除正常人外，精神分裂症、抑郁症等精神疾病患者，以及有人格障碍者，在病理性激情、幻觉和妄想状态下也可能会出现自杀行为。依据上述有关理论，自杀行为应具有的特征如下：其一，自杀行为主体和客体的同一性，即行为主体的行为所指向的客体是其本人；其二，自杀行为动机是出于“自愿的”“蓄意的”，亦即故意采取的自我致死行为；其三，实现自杀的手段可以是积极的，也可以是消极的。

自杀是生理、心理和社会诸因素相互作用的结果。它既是一种心理现象，也是一种复杂的文化和社会现象，学界对其分类有着不同的角度和看法。比如，美国国立精神卫生研究所自杀预防研究中心将自杀分为完全性自杀、自杀企图和自杀观念三类。CCMD-3 将自杀分为：自杀死亡（死亡的结局系故意采取自我致死的行为所致）；自杀未遂（有自杀的动机和可能导致死亡的行为，但未造成死亡的结局）；自杀观念（有自杀意念，而未采取自杀的行为）；准自杀（又称类自杀，有自伤的意愿，但并不真正想死，采取的行为导致死亡的可能性很小，可以是一种呼救行为或威胁行为，通常不会造成死亡）。19 世纪末 20 世纪初，法国著名社会学家埃米尔·迪尔海姆（1858—1917）在其《自杀论》

一书中，将自杀定义为“任何由死者自己完成并知道会产生这种结果的某种积极或消极的行动直接或间接地引起的死亡”，并按照自杀的不同原因将自杀分为三种类型，即利己主义的自杀、利他主义的自杀和反常的自杀（由于社会混乱引起的自杀）。此外，根据自杀造成的结果，国际上通常还将自杀分为：自杀意念（有寻死的愿望，但没有采取任何实际行动）；自杀未遂（有意采取毁灭自我的行动，但并未导致死亡）；自杀成功（有意采取毁灭自我的行为，并导致了死亡）。

根据我国大学生心理发育及其成长成才的实际情况，我们把大学生自杀分为情绪性自杀和理智性自杀两大类。情绪性自杀是由突发性事件而引起的委屈、悔恨、内疚、羞愧、激愤、烦躁或赌气等情绪失控状态下的冲动行为。这类自杀行为的特点是，自杀进程比较迅速，发展期短，具有突发性，预测和防范较为困难。理智型自杀不是由于偶然的外界刺激唤起的激情状态导致的，而是自身在经过长期的评价和体验，并进行了充分的推理和判断之后，逐渐萌发了自杀的意向，并有目的、有计划地进行自杀的准备而采取的自杀行为。这类自杀行为的特点是，自杀进程比较缓慢，发展期长，在自杀过程中内心斗争激烈，心理矛盾复杂。

“每一个自杀者都给他的行为打上个人的印记，这种个人印记表示他的性格和他所处的特定环境，因此不能用这种现象的一般社会原因来解释。但是这些社会原因也必然给它们所引起的自杀打上一种特殊的印记，一种表示这些原因的特殊印记。”“乍看起来，自杀者所完成的动作似乎只表现他个人的性格，实际上是这些动作所表现出来的某种社会状态的继续和延伸。”自杀是个体生物因素、心理因素和社会因素共同作用的结果，或者说是个体与环境相互作用的结果。个人因素和外部因素的共同作用导致了大学生自杀行为的发生。个人因素是大学生自杀的根本原因，外部因素是大学生自杀的重要因素。下表汇总了影响我国大学生自杀的主要因素。

表 8-3-1　大学生自杀原因分析

<table>
<tr><td rowspan="14">个人因素</td><td>生理因素</td><td>生理缺陷或疾病</td><td rowspan="14">外部因素</td><td rowspan="4">社会因素</td><td>社会变革及竞争的压力</td></tr>
<tr><td rowspan="7">心理因素</td><td>自我期望过高</td><td>社会不良风气影响</td></tr>
<tr><td>动机冲突过强</td><td>大众传播媒介的误导</td></tr>
<tr><td>认知与思维方式偏差</td><td>缺少社会支持</td></tr>
<tr><td>挫折承受能力较低</td><td rowspan="6">学校因素</td><td>培养规格及学业压力</td></tr>
<tr><td>精神疾病或亚健康状态</td><td>专业设置与择业压力</td></tr>
<tr><td>个人性格缺陷</td><td>学校管理与教育方式不当</td></tr>
<tr><td>网络成瘾、迷信心理</td><td>挫折教育、生命教育缺失</td></tr>
<tr><td rowspan="2">思想因素</td><td>人生观、价值观不当</td><td>恋爱受挫</td></tr>
<tr><td>理想、信念、责任感缺乏</td><td>人际冲突</td></tr>
<tr><td rowspan="2">能力因素</td><td>环境适应障碍</td><td rowspan="4">家庭因素</td><td>父母期望及教育方式不当</td></tr>
<tr><td>重要考试失利</td><td>亲子关系紧张或父母溺爱</td></tr>
<tr><td rowspan="2">过去经历</td><td>生活阅历简单</td><td>父母离异或重病、死亡</td></tr>
<tr><td>曾有自杀行为或企图</td><td>家庭经济困难</td></tr>
</table>

二、大学生自杀心理及其先兆

长期以来，自杀的原因和机制一直是社会学、心理学、病理学、生物学等学科探究的一个重要问题，并从不同的角度提出了自己的观点，但可以肯定的是，不管是哪种原因导致的自杀，其背后都有心理机制在推波助澜。社会因素、病理因素、生物学因素等都必须通过影响人的心理因素才能发挥作用。大学生的自杀行为虽受制于一般的自杀心理规律，但也有其特殊性，这种特殊性是由大学生的心理特点所决定的。

大学生自杀行为的发生并非完全是突然的和不可预测的，大多数自杀行为通常会存在一定的先兆。一般来说，可以从言语、情绪、行为、身体几个方面来观察。

首先，在语言方面，有自杀意念的大学生往往通过聊天、电话、邮件等方式直接表达自杀的想法，或谈论有关死亡的话题；有的则可能通过日记、微博、网络日志等记录自己的心路历程，间接地流露出厌世、自杀的念头；也有的大学生会在自杀前与最亲近的人（如父母、恋人等）联系，对后事做出交代，如“感谢你们的养育之恩”“今后一定要注意身体”“祝你以后幸福”等。这些都是有自杀意念的大学生发出的自杀信号。此时，如果能通过这些语言信息及时发现其自杀意图并给予有效的帮助，很可能促使其放弃自杀。

其次，在情绪方面，人们在自杀前，往往处于复杂的心理矛盾中，因而会出现一些异于往常的变化，如极度悲伤，感觉万念俱灰，对任何事情都毫无兴趣；情绪反复不定，焦躁不安，或由沮丧、低落变得异常平静开心；或者平时乐观开朗，突然郁郁寡欢；或平时寡言少语，突然爱说爱笑；等等。

再次，在行为方面，当自杀意念增强时，也会明显改变，甚至出现一些失去理智或怪异的行为。比如，无缘无故整理自己的东西，归还所借物品，将自己最爱的物品赠送给他人；个人喜好发生改变，对以前关心的事物漠然处之；避开朋友或亲人，不想和他人沟通或希望独处；作息时间和饮食习惯发生改变，无故逃学旷课、夜不归宿、频繁洗澡；等等。

最后，在身体方面，有自杀意念的人本身没有生理疾病，但在自杀前常常感到身体不适，如头痛、出汗、呼吸急促、手脚发麻、身体疲劳、食欲不振、体重减轻、失眠等。这是心理冲突在生理上的反应。

总之，在大多数情况下，试图自杀的大学生总是或多或少地通过语言、情绪、行为和身体等向周围的人表现出各种征兆。这一方面是自杀者内心激烈冲突的外在表现，另一方面也可能是有意无意发出的引起他人注意的求助信号。为此，家庭、学校及周围亲朋、同学应高度警惕和慎重对待，及时识别并给予有效干预，以防止不良后果的发生。

三、大学生自杀危机干预及预防

大学生自杀事件的发生，不仅是自杀者本人的不幸，也给其父母、亲朋、同学、老师等带来了巨大的心理创伤。他们本应该健康成长，成为国家的栋梁，但他们却在风华正茂、求学、就业、交往、恋爱之时失去了战胜挫折、品味多彩人生的勇气和机会。无论从哪个角度看，大学生自杀事件的发生于己于国于家无疑都是一个不小的损失。美国自杀学协会主席希尼亚·帕佛认为："防止自杀最好的办法不是注意自杀本身，而是应当更广泛地注意是什么因素导致了自杀的发生……。"因此，我们必须针对大学生自杀的原因，采取有效的预防对策，从而达到防患于未然的目的。

首先，要根据自杀的一般心理表现和有关的知识经验，对大学生自杀的危险性进行评定和预测，鉴别出自杀高危人群，以采取一定的措施提前进行危机干预和防范。例如，一般认为，情绪低落抑郁者、过去曾有过自杀企图或行为者、谈论自杀并考虑过自杀的方法者、性格较内向者、有明显精神因素者（动机冲突或受挫折）、慢性酒精中毒和吸毒者等，具有较大的自杀危险性。危机干预是近40年来国外常用于自杀企图者以及遭受严重心理创伤者的一种有效心理社会干预方法，即强调干预的时间紧迫性和干预的效果，尽可能地在短时间内采用有效应付策略，帮助人恢复已失去平衡的心理状态。国内有学者指出，自杀的干预主要在预防，预防可分为三级：一级预防主要是指预防个体自杀倾向的发展，其主要措施有管理好农药、毒药、危险药品和其他危险物品，监控有自杀可能的高危人群，积极治疗自杀高危人群的精神疾病或躯体疾病，广泛宣传心理卫生知识，提高人群应付困难的技巧。二级预防主要是指对处于自杀边缘的个体进行危机干预。通过心理热线咨询或面对面咨询服务帮助有轻生念头的人摆脱困境，打消其自杀念头。三级预防主要是指采取措施预防曾经有过自杀行为的人再次发生自杀。干预的方法有电话危机干预、面谈危机干预及社区性危机干预等，干预技巧既有共性之处，也各有侧重。

其次，要建立健全心理健康教育和咨询辅导机构，加强相关师资队伍建设。《中共中央国务院关于进一步加强和改进大学生思想政治教育的意见》（中发〔2004〕16号）指出："要重视心理健康教育，根据大学生的身心发展特点和教育规律，注重培养大学生良好的心理品质和自尊、自爱、自律、自强的优良品格，增强大学生克服困难、经受考验、承受挫折的能力。要制定大学生心理健康教育计划，确定相应的教育内容、教育方法。要建立健全心理健康教育和咨询的专门机构，配备足够数量的专兼职心理健康教育教师，积极开展大学生心理健康教育和心理咨询辅导，引导大学生健康成长。"具体来说，要通过专门课程、选修课程、专家讲座、心理沙龙、心理剧场、知识竞赛、校刊、橱窗等多种形式和渠道，宣传普及心理健康知识，加强大学生的挫折教育，指导他们了解、掌握有关挫折心理自我调适的方法和技巧，学会以积极的自我防御机制应对各种心理社会应激，提高他们的心理健康水平和挫折应对能力；要通过个别咨询、团体咨询、电话咨询、网络咨询、书信咨询、班级辅导、心理行为训练等多种形式，为大学生提供及时、有效、高质量的心理健康指导与服务，特别是要做好新生、应届毕业生、家庭贫困学生、学习困难学生、失恋学生、违纪学生、言行异常学生的心理辅导和咨询工作，帮助他们化解心理压力，克服心理障碍；要构建和完善大学生心理问题高危人群预警机制，通过建立大学生心理档案，全面、准确地把握学生的心理状况及变化，对有心理疾病或自杀倾向的高危学生进行筛查与甄别，从而做到心理问题及早发现，并有针对性地给予及时疏导与有效干预，同时建立从学生骨干、辅导员、班主任到院系、部门、学校的快速危机反应机制，建立从心理健康教育机构到校医院、专业精神卫生机构的快速危机干预通道。要做好以上工作，必须建设一支以专职教师为骨干，专兼结合、专业互补、相对稳定、素质较高的大学生心理健康教育和心理咨询工作队伍，这是对大学生自杀危机进行积极防范和干预的核心要素与关键环节。

再次，要进一步加强和改进高校思想政治教育工作，提高大学生的思想认识和精神境界。高校思想政治教育与挫折教育和心理辅导咨询虽属两个不同的学科，但二者之间相互交叉与渗透，有着十分密切的联系。一方面，思想政治教育的任务是教育和引导大学生树立崇高的理想信念和正确的世界观、人生观、价值观；而挫折教育和心理辅导咨询的目的则在于帮助和指导大学生形成良好的意志品质和健康的心理素质。二者都是为了塑造大学生健全和高尚的人格，使之成为适应社会、服务社会的合格人才，都服务于高校人才培养的总目标。另一方面，高校思想政治教育和挫折教育、心理辅导咨询都是立足于教育模式和发展模式，着眼于帮助学生认识和解决自身存在的问题，释疑解惑、理顺情绪、激发潜能，因而在内容和方法上相互渗透、相互借鉴。许多思想问题背后都有着复杂的心理因素，而许多心理问题也常常会引发思想、行为的偏差。从某种意义上说，一些大学生的心理问题和自杀危机就是因为理想、信念扭曲或者人生目标、社会责任感缺失而导致的。为此，要把大学生挫折教育和心理辅导咨询纳入学校思想政治教育工作体系，正确区分思想道德问题和心理问题，通过加强理想信念教育、生命教育、人生观和价值观教育，有针对性地帮助大学生处理好学习成才、择业交友、健康生活等方面的具体问题，使其明白生命的意义和自身的使命，将珍爱生命、乐观进取、奉献社会作为基本的人生态度和价值观念，将其根植于自己的头脑之中。此外，要组织并引导大学生参加丰富多彩、形式多样的校园文化活动和社会实践活动，加强大学生思想、感情上的交流与沟通，陶冶大学生的高尚情操，努力营造有利于大学生心身健康成长的良好氛围，促进其全面发展。

最后，充分调动各方面积极性，形成学校、家庭、社会、学生“四位一体”的联动与互助机制。一方面，大学生自杀危机干预及防范是一项复杂的系统工程，既涉及学校教育与管理、家庭教养与环境，也涉及社会诸多方面的共同配合与协调。因此，为大学生创造一个良好的学习、生活以及交往、就业的社会心理环境，减少危害大学生心理发展和心理健康的各种不良因素的影响，进而建立学校、家庭和社会齐抓共管的联动、互动机制，是维护大学生心理健康、促进大学生全面发展的必然要求。参照美国学者多罗西·罗吉斯在其所著的《当代青年心理学》中的观点，一个良好的社会心理环境所具备的特征应当包括五个方面：①能保证大学生稳定地与正直、善良、有健康心理思想的人相互接触，以培养其积极的情绪；②能为大学生提供健康的情绪表达机会，使他们的不良情绪得以合理宣泄，以免破坏性地爆发；③能使大学生的社会行为有充分成功的机会，以免其长期遭受挫折，从而产生内心冲突；④能培养大学生有效的心理防卫机制，帮助他们学会有效地保护自己；⑤能预示生活的艰苦复杂性，这有助于锻炼大学生百折不挠的勇气和信心，从而增强他们的心理耐挫力。另一方面，尽管导致大学生自杀的原因复杂多样，但不论何种原因，最终都要通过大学生自身而起作用。因此，预防大学生自杀的关键，在于通过教育完善其认知，提高其挫折应对能力，同时建立以学生为主体的自助与互助机制。因为大学生大多数时间都与同学在一起，其情绪、情感在同学中得到表现，其心理变化也最容易被同学察觉，而心理健康教育与辅导咨询机构不可能完全解决全体学生的问题，只有充分发挥大学生自我教育和相互救助的作用，才能使大学生的心理问题得到及时发现和解决。这一机制的建立将有助于增强大学生的心理卫生意识和自杀防范意识，对预防大学生自杀行为、减少悲剧的发生起到积极的促进作用。

此外，对于大学生来说，当自己受到不良情绪的困扰而不能自拔时，要善于及时、主动地寻求心理咨询机构的帮助或社会支持，以减轻内外环境的压力，避免冲动的自杀行为。

第四节　大学生情绪管理的有效方法

情绪管理是指运用心理科学的方法，有意识地感知、调节、控制或激发情绪，以保持适当的情绪表达、情绪体验与行为反应，避免或排解不当情绪与行为反应的实践活动。心理学家指出，情绪管理并非是消灭或压制情绪，而是在觉察情绪后，调整情绪的表达方式。在这个过程中，通过一定的策略和机制，使情绪在生理活动、主观体验、表情行为等方面发生一定的变化，进而以适当的方式在适当的情境表达适当的情绪。因此，情绪管理是一门学问，也是一种艺术。大学生要成为情绪的主人，必须善于体察和表达自我的情绪，并掌握一定的有效管理情绪的方法。

一、体察和了解自己的情绪

绝大多数“情绪问题”之所以是个“问题”，其根本的原因并不在于情绪本身，而在于人们对于自身情绪的阻抗，这会导致其不能面对真正的问题，于是情绪就会不断地提醒，焦虑、愤怒或抑郁等不良情绪也就变得越来越难以抑制。为此，情绪管理的第一步就是要善于体察、了解和接受自己的情绪。一方面，要承认不良情绪的存在，时时提醒自己注意：“我现在的情绪是什么？”例如，当你因为朋友约会迟到而对他冷言冷语、责怪埋怨时，可以问问自己：“我为什么这么做？我现在有什么感觉？”当你察觉到自己的情绪，并承认和接受自己的情绪时，就可以对不良情绪做理性的思考和管理。而拒绝、逃避情绪的存在，最终都会在到达情绪抑制的极限时，以更加猛烈和具有破坏性的方式爆发出来。另一方面，要冷静地分析产生不良情绪的原因，弄清楚究竟为什么会苦恼、忧伤或愤怒？你的不安和焦虑到底来自哪里？是否确实可恼、可忧、可怒？当你对不良情绪的出现进行正确归因，并意识到实际上并非是这样时，那么不良情绪就会得到消解。如果确实有可恼、可忧、可怒的理由，那就要寻求适当的方法和途径来解决它。比如，因为考试前把握不大，对能不能考好感到焦虑不安，你就要积极地把时间和精力转移到学习上来，努力地搞好复习，从而减轻自己的忧虑。

二、以适宜的方式疏解情绪

日趋复杂的现实社会为现代人带来了日益凸显的情绪危机，每个人都会由于诸多因素的刺激而产生一定的负面情绪。如不采取适宜的方式及时疏解，就会影响人的身心健康和正常生活。疏解情绪的目的不是暂时逃避痛苦，而在于给自己一个理清想法的机会，使自己更好地驾驭情绪和更有能量去面对未来。对于大学生来说，可运用以下几种方式来疏解不良情绪。

第一，能量发泄法，即通过适当的途径将不良情绪发泄出来。比如，当遇到不如意、不愉快的事情及烦恼时，不要将其压在心里，可向父母和可以信任的老师、同学倾诉或大哭一场；当情绪低落时，可以和同学一起参加体育活动或唱唱欢快的歌曲等。

第二，注意转移法，即有意识地把注意力从消极方面转到积极的、有意义的方面上来。比如，当感到苦恼、烦闷时，可以将它抛到脑后或找到光明的一面；或做点其他的事情来分散注意力；在余怒未消时，可以通过看电影、听音乐、下棋、散步等有意义的轻松活动，使紧张情绪得以缓解。

第三，意识调节法，即通过语言和思想意识来调节和升华情绪。比如，在情绪激动时，可以默诵“冷静些”“不能发火”“发怒会使事情更糟”等词句来自我提醒、自我暗示；当情绪低落时，可运用对人生、理想、事业等目标的追求和道德、法律等方面的知识，告诫自己为了实现长远目标，不要被烦琐之事所干扰。

第四，环境调节法。环境对人的情绪、情感起着重要的影响和制约作用。素雅整洁的房间，光线明亮、颜色柔和的环境，使人产生恬静、舒畅的心情。相反，阴暗、狭窄、肮脏的环境会给人带来不快的情绪体验。因此，改变环境也能起到调节情绪的作用，当你受到不良情绪困扰时，不妨外出旅游，欣赏一下大自然的美景，因为美景能够旷达胸怀、欢娱身心，对于调节人的心理活动有着很好的效果。

此外，还可以培养幽默感，用寓意深长的语言、表情或动作，用讽刺的手法机智、巧妙地表达自己的不良情绪。

三、学会保持良好的情绪

生活是复杂的，挫折和失败是在所难免的。既然如此，我们只有承认现实、接受现实，并采取积极的态度和相应的措施来对待它、解决它，才能使自己时常保持健康、愉快的情绪状态。那么，大学生怎样才能在学习、工作和生活中有效地驾驭自己的情绪，保持良好的情绪状态呢？除了要确立合理的需要和远大的目标，正确评价自己并建立与自己能力相适应的具体目标，增强生活适应能力，加强性格锻炼，学会宽容和克制，以及努力扩大交往空间，多交朋友等之外，还应把握以下几点。

第一，要面对现实，“知足常乐”。每个人都有自己的憧憬和愿望。但是，我们不能指望所有的愿望都会轻易实现，不能指望一切事态都按自己的意愿发展。在理想与现实的冲突、矛盾、协调、相互作用过程中，不愉快的或自己不愿接受的事实是经常会发生的，我们不能对此视而不见。面对现实，只有使自己对可能发生的不快做好充分的心理准备，才能提高对不快情绪的抗拒力，不会因一时的失误和挫折而丧失信心，无法承受心理压力。而“知足常乐”则是指对自己要有一个恰当的认识和评价，对自己的愿望和目标的实现要有一个合理的期望，对于自己已取得的成绩要感到满意，从而缩小目标与欲望之间的差距。但是，“知足常乐”也并非一味地压抑欲望、安于现状，沉浸于阿Q式的“精神胜利”之中，而是说要扎根于现实土壤，对自己有一个正确的评价，不要牢骚满腹、苛求现状。

第二，要正确对待目标与过程。人们的行为活动都是在一定动机驱使下进行的，都是为了实现动机所指向的目标。但是，目标的实现是要经过一定的途径、手段和过程的。如果只注意目标，那么只能在目标实现以后才会真正感到快乐，而在整个过程中往往因害怕失败，紧张、忧虑而导致心态不良。如果看重目标的同时也注意到奋斗的过程，把追求、创造过程中的每一件事、每一步骤都作为一种精神的寄托与享受，那么，快乐便将时时伴随，从而能经常保持一种良好的心理状态。如同外出旅游一样，不仅要以到达目的地为快乐，也应把沿途看到什么风景、结识什么人物、产生什么心理体验等作为旅游中的乐趣与享受。否则的话，就会觉得没什么意思。

第三，要学会全面、多角度地看问题。当遇到烦恼或不幸的事情时，不妨变换一下角度，辩证地看问题。这样就不会一叶障目、夸大烦恼，也不会因为一时的得失而破坏情绪。这就要求我们不断拓宽生活空间，培养多种兴趣，做到胸襟坦荡、眼界开阔，从不同角度、不同方面感受更多的乐趣，从而保持良好的心态。例如，曹雪芹虽然过着“举家食粥酒常赊”的清贫生活，却从写作《红楼梦》，研究诗、画乃至工艺、色彩等艺术活动中获得了解脱和愉快；梵高一生坎坷艰辛，却从绘画中汲取了创作的快乐；等等。

第四，了解保持良好情绪的技巧。美国心理健康专家、颇有名望的精神医学家乔治·斯蒂芬森博士，根据他多年的临床实践，提出了十条保持心态良好和心理健康的“秘诀”。包括：①坦率地交谈。找你所信任的、谈得来的、头脑冷静的人交谈，把你的喜怒哀乐尽情地向他倾诉，彼此进行思想交流，找到情感共鸣，“君优我亦悲，我喜君亦乐”，因同情而引起相对流泪，因高兴而相对开怀大笑，不让内心积存任何消极不利的情感和情绪。②暂时地逃避。如果你遇到了紧张的刺激冲击，或是遇到的挫折、困难、失败而陷入深深的自我烦恼状态，那么，这种自我烦恼无异于一种自我惩处。可是，一切内疚、自我谴责或自我惩罚都会于事无补，不能解决任何问题。不妨暂时离开你所厌烦的情境，转移一种环境，经过一段时间之后，将会恢复心理的平静或填平心灵上的创伤。③把思想感情转移到其他活动上。当你的情感遭到刺激而强烈振荡的时候，“忘我”地热衷于一件你可以干的事物。比如，专心致志地写作、绘画、抄写、缝纫等，就可以把你的苦闷、烦恼、愤怒、悲哀、忧愁、焦虑等不良情绪替换掉。④经常对人谦让。一个人如果总是自我表现，干什么都想抛头露面，那就会使他忙碌不堪。如果你甘当配角和后台工作人员，那你就会时间充裕，享受到从紧张感里解放出来的乐趣。⑤为别人服务。多为别人着想，多为别人服务，可以帮助你消除自己的烦恼。做好事会使你心安理得，心满意足。⑥做一件事要善始善终。当你面临很多难题的时候，先解决一个问题，而且要从最容易解决的问题入手，有了成果后，你就会有信心，成果越多、越大，信心也就越足、越强。⑦避免超乎异常的行为。不要做力不从心的事，不要一个接一个地连续承担难题，否则你会一事无成。性情急躁的人更应注意这一点。⑧对别人要宽容大量。不要对别人要求过甚，让别人一定得按照你的想法去做。对别人的批评、责难要合情合理，给别人一个考虑反省的机会。否则，会增加自己的烦恼、愤怒、焦虑等消极情绪。⑨给对方机会。有时你可以处于被动的守势状态，给对方一个表现自我的机会。这样做可以避免人际关系紧张，避免使自己陷入烦恼、苦闷之中。⑩自己动手。不要总是停留在观望阶段，不要推诿说自己忽视了，或者说什么正想要去做，等等。路是要人走的，所以我们应该自己动手去做，要破除依赖心理。

第九章　大学生择业与心理卫生

就业是民生之本。对于大学生来说，就业是他们人生成长中的一个重要转折点。每个大学生都要面临就业的现实。随着我国高等教育由“精英教育”向“大众化教育”的转变，高校毕业生的数量迅速增加，就业形势和择业压力变得十分严峻和日益突出。这是每个大学生尤其是高年级学生面临的一个现实问题，并深深地影响着大学生的心理状态。引导大学生树立正确的择业观念，消除择业心理误区，选择自己最佳的职业位置，坚定在艰苦中磨炼、在实践中成才的意志和信念，对于大学生顺利地进入职业生涯具有十分重要的现实意义。

第一节　影响大学生择业的主要因素

择业是大学生根据自己的职业理想和社会发展需要，主动选择自己所从事的工作的过程。大学生作为择业过程的主体，其对未来职业的选择无论受到外界因素怎样的影响，最终都是通过个体自身的考量和权衡而做出的。其中，个体心理因素起着十分重要的作用。不同的心理倾向或个性特征影响着人们的处事方式、生活态度、价值取向和择业方向；而不同个性心理特征的人适合不同的社会职业，在选择职业时又有不同的心理表现。这对大学生择业有着重要启示，即认识自己，了解自己，把个人的职业心理倾向与自身能力素质相联系，充分考虑社会的需要和现实的可能性，以积极的态度去选择职业。

一、兴趣与择业

兴趣是人认识某种事物或从事某种活动的心理倾向。它是一种无形的动力，每个人都会对他感兴趣的事物给予优先注意和进行积极的探索，这些事物会令其心驰神往。拥有对某一职业的兴趣，将会增加个人的工作满意度、职业稳定性和职业成就感。美国约翰·霍普金斯大学心理学教授、著名职业指导专家约翰·霍兰德于 1959 年提出了具有广泛社会影响的职业兴趣理论，将职业兴趣分为常规型、艺术型、实践型、研究型、社会型、管理型六种类型。各个兴趣类型的共同特征及较为适合的职业环境如下（表 9-1-1）。

表 9-1-1　不同兴趣类型的共同特征及适合的职业环境

兴趣类型	共同特征	职业环境与职业倾向
常规型	尊重权威和规章制度，喜欢按计划办事，细心、有条理，习惯接受他人的指挥和领导，自己不谋求领导职务；喜欢关注实际和细节情况，通常较为谨慎和保守，缺乏创造性，不喜欢冒险和竞争，富有自我牺牲精神	喜欢要求注意细节、精确度、有系统、有条理，具有记录、归档以及依据特定要求或程序组织数据和文字信息的职业，并具备相应能力，如秘书、办公室人员、记事员、行政助理、图书馆管理员、会计、出纳员、投资分析员等
艺术型	有创造力，乐于创造新颖、与众不同的成果，渴望表现自己的个性，实现自身的价值；做事理想化，追求完美，不重实际；具有一定的艺术才能和个性；善于表达、怀旧、心态较为复杂	喜欢要求具备艺术修养、创造力、表达能力和直觉，并将其用于语言、行为、声音、颜色和形式的审美、思索和感受的职业，并具备相应的能力，如演员、导演、摄影、剧本创作、艺术设计、广告制作、乐队指挥、作曲家、歌唱家、雕刻家、建筑师、小说家、诗人等
实践型	愿意使用工具从事操作性工作，动手能力强，做事手脚灵活，动作协调；偏好于具体任务，不善言辞，做事保守，较为谦虚；缺乏社交能力，通常喜欢独立做事	喜欢使用工具、机器，需要基本操作技能的工作，对要求具备机械方面才能、体力或从事与物件、机器、工具、运动器材、植物、动物相关的职业有兴趣，并具备相应能力，如计算机硬件人员、摄影师、测绘员、制图员、机械装配、厨师、修理工、司机、农民等
研究型	抽象思维能力强，求知欲旺盛，肯动脑，善思考，不愿动手；喜欢独立的和富有创造性的工作；知识渊博，有学识，有才能，不善于领导他人；喜欢用理性思考问题，做事精确，喜欢逻辑分析和推理，不断探讨未知的领域	喜欢智力的、抽象的、分析的、独立的定向任务，要求具备智力或分析才能，并将其用于观察、估测、衡量、形成理论、最终解决问题的工作，并具备相应的能力，如科学研究人员、教师、工程师、电脑编程人员、医生、系统分析员等

续表

兴趣类型	共同特征	职业环境与职业倾向
社会型	喜欢与人交往，不断结交新的朋友，善言谈，愿意教导别人；关心社会问题、渴望发挥自己的社会作用；寻求广泛的人际关系，比较看重社会义务和社会道德	喜欢要求与人打交道的工作，能够不断结交新的朋友，从事提供信息、启迪、帮助、培训、开发或治疗等事务，并具备相应能力，如教育工作者、社会工作者（咨询服务、公关人员）等
管理型	追求权力、权威和物质财富，具有领导才能；喜欢竞争，敢冒风险，有野心、有抱负；为人务实，习惯以利益得失，权利、地位、金钱等来衡量做事的价值，做事有较强的目的性	喜欢要求具备经营、管理、劝服、监督和领导才能，以实现机构、政治、社会及经济目标的工作，并具备相应的能力，如项目经理、销售人员，营销管理人员、政府官员、企业领导、法官、律师等

霍兰德所划分的六大职业兴趣类型并非是并列的、有着明晰边界的，每一种类型与其他类型之间存在不同程度的关系。通常情况下，人们会倾向于选择与自我兴趣类型相匹配的职业环境，但也应当认识到，个体本身常是多种兴趣类型的综合体，同时影响职业选择的因素是多方面的，因而要求大学生既要清晰地了解自己的职业兴趣类型和在职业选择中的主观倾向，避免职业选择中的盲目行为和从众行为，又要注意在择业时不能一味地强调自己的兴趣类型，还要参照社会的职业需求及获得职业的现实可能性。

二、气质与择业

气质是人的一种典型的、稳定的心理特征之一。它主要表现在心理活动的强度、速度、灵活性及指向性上。人们情绪体验的强弱、意志努力的大小、知觉或思维的快慢、注意集中时间的长短、注意转移的难易，以及心理活动是倾向于外部事物还是倾向于自身内部等都是气质的表现。人的气质本身没有好坏之分，它不能决定一个人的道德品质如何，也不能决定一个人的社会价值和成就的高低。每一种职业领域都可以找出各种不同气质类型的代表，同一气质的人在不同的职业部门都能做出突出的贡献。虽然气质在人的职业活动中不起决定作用，但它对人们所从事的职业性质和工作效率有一定的影响。某种气质特征往往能为人们胜任某项工作提供有利条件，而对另一些工作则可能表现出明显的不适应。研究和实践表明：气质特征是选择职业的重要依据之一。为此，大学生在择业过程中，除了考虑社会需要、个人能力和职业兴趣等因素外，还应根据自己的气质类型，有针对性地选择适合自己的职业。

人的气质有 4 种最基本的类型，至今人们仍习惯于沿用古希腊著名医师希波克拉底划分的气质类型的名称，即胆汁质、多血质、黏液质、抑郁质。各种气质类型的心理特征及其适合的职业环境可大致表述如下。

胆汁质的基本特征：直率热情，精力旺盛，反应迅速；性情急躁，容易冲动，抑制性差；情绪明显外露，但持续时间不长；行为上表现出不平衡性，工作特点带有明显的周期性。这种气质类型的人适合于有竞争性、挑战性的工作，如导游、节目主持人、外事接待员、勘探工作者、运动员、推销员、演员等。

多血质的基本特征：活泼好动，思维敏捷，善于交际，容易适应新的环境；注意力不稳定，兴趣易于转移，接受新事物快，但印象不很深刻；情绪和情感易于产生也易于变化和消失，并直接表露于外。这种气质类型的人工作积极主动，能力较强，适应面广，适合做政府及企事业管理工作、外事工作、公关工作，以及新闻工作者、艺术工作者等。

黏液质的基本特征：安静平稳，反应缓慢，态度持重，不卑不亢；沉默寡言，善于忍耐，情绪不易外露；生活有规律，对工作埋头苦干，有耐久力；固定性有余而灵活性不足，注意稳定但难于转移。这种气质的人一般适合于管理人员、文员、财会、统计、医务、情报翻译、教师、法官、播音员等工作，不适合做富于变化和挑战性大的工作。

抑郁质的基本特征：行为孤僻，反应迟缓，感情细腻，体验深刻；思虑周密，优柔寡断，做事谨慎；情绪不易外露，善于察觉到别人不易察觉的细小事物。这种气质类型的人一般较适合从事需要持久耐心、操作精细的工作，如实验研究、文献管理、财务出纳、化验分析、教育培训、艺术造型、文字编辑、排版校对、机要文秘等工作，而不适合做需要与各色人物打交道、变化多端、大量消耗体力和脑力的工作。

以上只是从气质类型的角度论及各种气质与职业选择的关联。大学生在择业时应从自己的实际气质特征出发，认真考察职业气质要求与自身特征的对应关系，尽量选择那些能使自己气质的积极方面得到发挥的职业与岗位，避开其消极的一面。

三、性格与择业

性格是个性心理特征中的核心部分，是一个人对现实的稳定的态度，以及与这种态度相应的、习惯化了的行为方式中表现出来的人格特征。人与人的个性差别首先表现在性格上。在职业活动中，性格影响着一个人对职业的适应性，一定性格的人适于从事一定性格特质的职业；反过来，不同的职业对人也有不同的性格要求。一般说来，开朗、活泼、热情、温和的性格，比较适合于从事涉外工作、文体工作、教育工作、服务工作，以及其他同人群交往多的职业；多疑、好问、倔强的性格，比较适合于从事科研、治学方面的工作；深沉、严谨、认真的性格，比较适合做人事、行政、党务工作；而勇敢、沉着、果断与坚定则是新型企业家和管理者不可缺少的性格。因此，大学生在求职择业时，应准确判断自己的职业性格，尽可能充分考虑自己的性格特征与职业性质和岗位要求是否匹配，这对于自己的职业规划和职业发展是十分重要的。

人的性格有很多类型。研究人员根据我国的实际情况，将职业性格分为九种基本类型，即变化型、重复型、服从型、独立型、协作型、劝服型、机智型、自我表现型、严谨型。

“变化型”能够在新的或意外的工作情境中感到愉快，喜欢工作内容经常有些变化，在有压力的情况下工作很出色，追求并且能够适应多样化的工作环境，善于将注意力从一件事转移到另一件事情上去。这种性格类型的人适合从事记者、演员、市场营销等工作。

“重复型”适合连续不断地从事同一种工作，按照固定的模式或别人安排好的计划办事；喜欢重复的，有规则的，有标准的职业，如纺织工、机床工、电影放映员等。

“服从型”喜欢配合别人或按照别人的指示办事，而不愿意自己独立做出决策和担负责任，适合做办公室职员、秘书、翻译等工作。

“独立型”喜欢计划自己的活动和指导别人的活动，或者对未来的事情做出决定，在独立负责的工作情境中感到愉快。一般适合做管理人员、律师、警察等工作。

“协作型”会对与人协同工作感到愉快，善于引导别人，希望自己能受到同事的喜欢，适合从事社会工作、咨询服务工作。

“劝服型”乐于设法使别人同意自己的观点，并能够通过交谈或书面文字达到自己的目的；对别人的反应具有较强的判断能力，并善于影响他人的态度、观点和判断。这种性格类型的人适合做辅导员、思想政治教育工作者、宣传员、作家等。

“机智型”在紧张、危险的情况下，能够自我控制、沉着应对，发生意外和差错时不会惊慌，能出色完成任务。这种性格类型的人适合做驾驶员、飞行员、消防员、救生员等。

“自我表现型”喜欢表现自己的爱好和个性，通过自己的工作和情感来表达自己的思想，如演员、诗人、画家、音乐家等。

“严谨型”注重工作过程的各个环节、细节的精确性，愿意按照一套规则、步骤将工作做得尽善尽美；倾向于要求严格、努力、自觉、认真地工作，看到自己出色完成工作后的效果。这种类型的人一般适合从事会计、出纳、统计、校对和图书、档案管理等工作。

此外，随着科学技术的迅猛发展，社会分工越来越精细，各种职业都对人们的综合素质提出了更高的要求。大学生必须了解自己的专业特长及优势，根据自己的实际能力来选择适合自己的工作。

第二节　大学生常见的择业心理问题

在择业过程中，绝大多数大学生能够根据时代发展和社会需求，以及个人的职业兴趣和专长，来选择未来所从事的职业。但是，也有一些大学生由于主客观因素的影响，在择业问题上出现这样或那样的心理误区或矛盾冲突，甚至产生较为严重的心理障碍或心理危机，这对大学生的职业选择和心理健康造成了不良的影响。这些择业心理问题应当引起有关方面和大学生自身的关注与重视。

一、大学生择业心理误区

大学生择业过程中的心理误区，可概括为以下几个方面。

一是自负心理。主要表现为：一些大学生对充满竞争的社会现实缺少全面的了解，对严峻的就业形势缺乏足够的认识，把就业和择业想象得简单而轻松；同时，一些大学生自我评价过高，自我感觉良好，因而在择业过程中好高骛远、傲慢自大，在与用人单位洽谈时，表现出非常强的优越感，常常表现出一种“挑三拣四”或“舍我其谁”的态度，或者对用人单位在待遇、住房和工作岗位等方面提出过高的要求。这种脱离实际、眼高手低的自负心理容易使大学生陷入择业观念和目标定位的误区，而用人单位亦往往对这样的毕业生“退避三舍”，结果导致其高不成低不就，既挫伤了其择业的积极性，又使其失去了就业机会。有的大学生看到其他同学均已落实了工作单位，感到心理失衡，牢骚满腹、怨天尤人，甚至会向相反方向发展，出现比较严重的自卑心理，从而不敢应聘。

二是自卑心理。与上述自负心理误区相反，自卑则是一种缺乏自信的表现。面对严峻的就业形势，一些大学生对自身综合素质和就业竞争能力评价过低，总是觉得技不如人，害怕被用人单位拒之门外，因而不敢主动向用人单位推销自己，陷入不战自败的困境之中；也有的大学生认为自己所学专业供大于求，消极看待就业前景，不敢积极参与就业竞争，稍遇挫折便畏缩不前、心灰意冷；还有的大学生尤其是女生认为自己相貌不好，害怕被用人单位拒绝而无地自容。这种自卑心理或消极暗示不仅有碍于大学生向用人单位展示自己的实际能力与优势、特长，也使他们容易在心理上提前产生挫败感，从而悲观失望、精神不振，最终错失择业的良机。

三是虚荣心理。表现为一些大学生缺乏应有的客观和独立的思考与分析，没有明确的职业理想和价值取向，他们不是根据自身的专业特长、兴趣爱好，以及今后事业发展的需要等，来选择自己的理想职业，而是盲目地和别人进行攀比。比如，你就业去北上广等大城市，我就到沿海经济发达地区；你找到了经济效益好的大型国企，我就找一个相对稳定的国家机关单位；等等。这种心理倾向的人不问“我需要什么样的工作，我适合做什么样的工作”。对于他们来说，择业似乎只是为了让别人羡慕，而不是为自己寻找用武之地，他们缺乏正确的自我认识和社会认知，始终处在被动和盲从的地位，结果不仅错过了许多择业机会，也使自己的心理失去平衡，稍遇挫折便畏缩不前，甚至心灰意冷、自暴自弃。

四是图利心理。一些大学生受功利思想的影响，忽视自身职业发展，片面追求眼前利益，一味贪图安乐享受，以经济收入的多少和物质待遇的好坏作为选择职业的唯一标准，“只要能挣钱，管它专业对口不对口”。在与用人单位洽谈时，常常过分强调工作条件的优越和工资报酬的丰厚，而不考虑该单位的发展潜力及能否发挥自己的专业特长。事实上，这些大学生对社会现实的认识较为肤浅，只关注个人的实际利益而不了解用人单位选人用人的标准和取向，尽管他们自恃学习成绩优秀，但结果常常是事与愿违，被用人单位所拒绝，从而在心理上产生强烈的失落感和挫折感。

五是茫然心理。主要表现在：一些大学生对自己所学的专业缺乏深入了解和把握，对该专业的社会需求分析不够细致和透彻，对自我职业定位不够明晰和准确，并且缺乏一定的自我决断力，因而在择业过程中找不到自己的职业方向，不知道应该找什么样的工作，对自己的未来和前途深感迷惘和困惑。在这种情况下，有的大学生为了逃避择业压力，无奈加入“考研”大军，有的则以从众心态被迫就业，但在求职择业时又缺乏主见、犹豫不决，从而错失良机，心理上亦感紧张、焦虑。

六是依赖心理。具体表现为：一些大学生在择业过程中明显存在“等”“靠

“要”的思想意识，缺乏应有的独立性、自主性和计划性。比如，有的学生被动地等待学校组织招聘会或发布招聘信息，而不是主动拓展思路，通过多种信息渠道扩大自己择业的范围和机会；有的学生则一味地依靠父母的意见和安排，甚至由父母代替自己同用人单位洽谈；还有的学生不是凭自己的职业规划和独立思考来决断，而是听从同学或亲朋好友的意见。这种依赖心态既是心理不成熟的表现，也与竞争激烈的社会现实格格不入。

此外，大学生择业心理误区还表现为嫉妒心理、刻板心理、逃避心理等。

二、大学生择业心理冲突

我国社会主义市场经济的深入发展和国家坚持实施更加积极的就业政策，为大学生自主择业提供了良好的条件和机会，但也应当看到，由于社会环境因素和大学生自身的原因，不少大学生在职业选择过程中也存在着一些心理矛盾和冲突，这成为导致他们产生择业压力或挫折的重要来源。这些心理矛盾和冲突主要表现在以下三个方面。

其一，择业观念与实际行为的矛盾冲突。目前，市场经济所倡导的竞争、效益的观念与原则，已为当代大学生所普遍接受。然而，面对就业形势的压力，一些大学生在求职择业过程中常常表现出知行矛盾的心理困惑与冲突。比如，他们渴望公平、公正的竞争，但又缺乏必要的勇气和信心；希望自主择业，但又不乏依赖心理；坚持“专业对口”，但又难以一步到位；有强烈的创业激情，但又不敢承担风险；想去基层施展才华，但又缺乏从平凡岗位做起的心理准备；想到农村或西部建功立业，但又担心条件艰苦。这些观念与行为的矛盾与冲突往往使大学生感到无所适从、烦躁不安。

其二，职业理想与客观现实的矛盾冲突。职业理想是人们对未来职业活动和职业成就的向往和追求。大学生的职业理想，是他们为自我发展而设计的一幅理想化的“职业蓝图”。许多大学生在面临择业之时，对自己未来的事业与成就充满了美好的期待和憧憬，表现出较强的社会责任感和使命感。但是，由于一些大学生不能准确认识和评价自己，自我期望过高，同时对就业形势和用人单位的需求了解不够，一厢情愿地按照自己的理想提出不切实际的择业要求和目标，结果在择业过程中屡屡碰壁，导致职业理想与现实条件、高期望值与低实现率之间的矛盾与冲突，内心感到巨大的落差和沮丧，有的大学生开始怀疑自己，产生自卑、冷漠、抑郁等不良情绪。

其三，多重择业目标与动机的矛盾冲突。大学生在职业选择过程中，由于职业和用人单位的多样化，以及大学生自身价值取向的多元化，导致大学生发生择业目标与动机的冲突，从而引发心理的困扰和行动上的迟疑问题。比如，去大城市工作还是到小地方就业？选择条件较好的大企业还是急需人才的小公司？出国留学、考研深造还是直接就业？这是许多大学生在择业前都会思考和纠结的问题。某大学生在招聘会上同时遇到两个单位：一个经济效益较好，但专业不对口；另一个虽然专业对口，但经济效益相对较差。而这位大学生的择业标准却是既要专业对口，又要收入颇丰，因而出现喜忧参半的趋避冲突，面对两个单位难以取舍。还有一位大学生找到了比较适合自己的工作单位，并希望与自己同班的恋爱对象一同前往，然而用人单位却不能满足他的要求，这使得该生进退两难、犹豫不决。

三、大学生择业心理障碍

择业是一个非常复杂的心理过程，不仅受学校、家庭、社会等诸多客观因素的影响，也受个体自身生理、心理因素的制约。因此，大学生在择业过程中，难免会遭遇诸多无法克服或自以为无法克服的障碍或干扰，这使其择业需要或动机不能得到满足，进而产生心理挫折，甚至出现种种消极反应或心理障碍。具体如下。

第一，认知障碍。大学生择业中的认知障碍主要表现如下。①自我评价不当。即有的大学生在择业受挫后，不能客观、公正地评价自己的知识、学识和能力，或自我评价过高，对用人单位求全责备；或自我评价过低，对求职择业胆怯、恐惧。②挫折归因偏差。即有的大学生一旦择业愿望不能实现，往往归咎于就业制度、学校教育和用人单位等外部因素的限制，而不善于从择业观念、职业规划、知识能力等自身方面找差距，这容易使大学生产生择业无助感，不利于其主动性和积极性的发挥。③负面后果夸大。即有的学生在暂时找不到工作或理想职业时，往往在心理上夸大其负面后果，认为会影响自己一生的幸福生活、爱情婚姻和事业发展，觉得前途无望、心灰意冷，甚至产生“知识无用”“读书后悔”的偏激认识。

第二，情绪障碍。择业不仅是对大学生德智体美诸方面的综合检查，也是对大学生心理素质的考验。择业挫折常常带给大学生巨大的心理压力，使一些大学生出现紧张和烦恼的情绪，具体表现如下。①焦虑，如一些大学生既向往自主择业，又害怕双向选择；既想通过竞争找到自己理想的工作单位，又担心被用人单位拒之门外。还有的大学生把择业看得过重，唯恐“一失足成千古恨”，为此常常举棋不定、焦躁不安。②冷漠，如一些大学生在较高的择业期望破灭后，由起初的紧张、愤怒、焦虑逐渐发展为失落、孤寂、无助乃至逃避，表面来看平静如常，而内心却隐藏着极大的失望和痛苦。③抑郁，如一些大学生在择业过程中因屡屡遭受挫折和打击，便产生强烈的自卑感、无助感和无用感，情绪低落、兴趣减退、郁郁寡欢、自罪自责，甚至悲观厌世。

第三，行为障碍。大学生在遭遇择业挫折后，常见的行为反应或行为障碍如下。①攻击行为，表现为一些大学生把择业受挫的愤怒情绪发泄到学校、自身或其他事物上。比如，撕毁求职简历、损坏公共财物、与他人发生争斗等。②退缩行为，表现为一些大学生在择业受挫后态度冷漠、逃避现实，如有的缺乏主见、盲目从众；有的依赖他人、消极等待；有的则拒绝就业，成为“校漂族”或“啃老族”。③固执行为，表现为一些大学生缺乏思维的灵活性和行为的应变力，不能根据现实的就业形势和用人单位的实际要求，及时调整自己的择业观念和择业预期，而是坚持以刻板的方式来应对所遭遇的择业困境，结果一挫再挫。此外，大学生择业行为障碍还表现为人际恐惧，“一朝被蛇咬，十年怕井绳”，一到应聘现场便神情紧张、面红耳赤、举止拘谨、谈吐失常。

第三节　大学生择业心理问题的调适

大学生是国家宝贵的人才资源，是民族的希望、祖国的未来。大学生择业问题不仅关系到个人成长与家庭利益，更关系到社会稳定和国家发展。为此，面对大学生在择业过程中遇到的困难和压力，政府要进一步推进经济社会发展，完善高校毕业生就业制度和就业市场，为大学生择业创造良好的宏观环境；同时，制定优惠政策，鼓励大学毕业生到农村和西部地区就业和自主创业。高等学校要进一步深化教育综合改革，优化学科专业结构和人才培养模式，构建高校与有关部门、科研院所、行业企业协同育人机制；加强创新创业教育，强化学生创业实践和分类指导；加强和改进思想政治教育和就业指导服务工作，大力引导毕业生到基层就业。家长要进一步转变思想观念和对子女的教育方式，正确引导子女就业方向，注重对子女心理素质方面的培养，尊重子女的选择，避免给子女施加过大的压力，减少子女的择业挫折感。

对于大学生自身来说，需要从择业观念、择业目标、择业信心和择业技巧几个方面加以积极调整和应对。

（一）认清就业形势，矫正择业观念

随着我国经济的快速发展和国家采取积极的就业政策，大学生就业工作取得明显成效，但也应当看到，我国人口基数大，就业人员多。随着我国高校扩大招生规模，在校生人数和毕业生人数增长，大学生的就业高峰与全社会的就业高峰重叠；同时，人才结构失衡、供求关系错位，毕业生就业总量压力和结构性矛盾仍十分突出，这无疑使大学生的择业压力不断增大。大学生要正视这一客观事实，冷静分析就业形势，打破以往的择业观念，避免理想主义和眼高手低，矫正功利思想和浮躁心态，强化就业的自主意识，树立正确的择业观。这就是：要树立崇高的职业理想，重视人生价值实现，即职业活动不仅是人谋生的方式和手段，更是人奉献社会、完善自身的必要条件；要服从社会需要，追求长远利益，即把个人的职业期望与社会发展的需要统一起来，着眼现实，面向未来，既不好高骛远，也不消极被动，以积极主动的态度面对择业问题；要脚踏实地，树立普通劳动者观念，即摒弃“居高临下”和傲慢自大的思想，以普通人的心态定位择业期望，不仅考虑“我想做什么”，更要考虑“我适合干什么和我能做什么”。观念是行为的先导。大学生有了这样的观念和认识，也就为积极应对择业中的困难与压力奠定了坚实的思想基础。

（二）客观认识自我，明确择业目标

古人云：“知人为聪，知己为明；知人不易，知己更难。”大学生只有充分认识和全面了解自己的知识结构、能力水平、兴趣爱好、个性特征、价值取向以及身体状况等，才能清楚自己的优势与劣势，克服择业中的盲目自负和自卑怯懦，做到心中有数，扬长避短，从而结合社会需求确立适合自己的择业目标。这是大学生择业成功的重要前提和必要环节。与此同时，大学生只有正确评价自我、找准择业定位，才能明确自己的职业方向，并善于抓住机遇和利用现有环境条件，有目的、有意识地训练和充实自己，积极做好求职择业的各项准备。比如，转变择业观念，增强竞争意识，做好求职择业的心理准备；完善知识结构，锻炼实践能力，做好步入职场的业务准备；了解市场需求，收集职业信息，做好招聘面试的技能准备；等等。没目标、没规划、没准备，盲目跟风，势必在择业时陷入被动和迷茫之中。当然，一个人全面、客观地认识自己并不是一件容易的事。除了进行自我剖析、自我反省外，还应善于听取他人对自己的优势和短处的评价，征求他人对自己未来职业道路选择的意见和建议。

（三）增强择业信心，善用防卫机制

信心是成功的第一要诀。大学生择业不可能都是一帆风顺、一蹴而就的。面对择业压力与困难，长时间沉浸在紧张、焦虑或自卑、抑郁之中是徒劳无益的，重要的是调整择业心态，强化自我激励，直面客观现实。择业压力与挫折本身并不可怕，可怕的是大学生丧失了战胜困难的勇气和自信心。法国启蒙思想家卢梭说过：“自信力对于事业简直是一个奇迹。有了它，你的才干就可以取之

不尽，用之不竭；一个没有自信的人，无论他有多大的才能，也不会抓住一个机会。”大学生在择业过程中始终保持自信，就不会被严峻的就业形势和激烈的职场竞争所吓倒，更不会在挫折面前自我排斥、自我否定、自暴自弃，而是冷静分析失利的原因，寻找自身存在的差距，重新审视社会需求和择业期望，将压力转换为动力，注重发挥自己的优势，尽量避开自己的不足，努力在择业竞争中占据主动，以积极的态度去争取新的机会和迎接新的挑战。英国大文豪萧伯纳曾经说：“成功是经过许多次的大错之后才得到的。”大学生择业也是如此。一次择业失败并不代表永久失败，不断尝试和积累经验，最终一定会实现自己的目标。同时，择业挫折会使大学生产生不同程度的情绪反应，合理地运用心理防卫机制，不仅有利于其保持心理平衡，提高适应能力，而且也有利于大学生以自信、健康的精神面貌投入择业竞争之中。

（四）掌握择业技巧，学会推销自己

择业过程是对大学生德智体美等诸多方面的综合检验，也是大学生整体形象的集中展示。在求职择业过程中，大学生明晰自己的长处与优势十分重要，而如何让用人单位充分地了解自己的长处与优势同样重要。这是择业成功的关键环节。事实上，许多大学生都输在了这一环节上。这就要求大学生不仅要树立正确的择业观，做好职业规划，明确择业目标，还要善于运用沟通的技巧，积极推销自己。从某种意义上来说，大学生求职择业的过程就是有效沟通和“推销”自己的过程。为此，在诚信的前提下，大学生可以通过自我形象设计和对个人信息的精心组织，突出自己的特长与优势，给用人单位留下鲜明、深刻的良好印象。比如，自荐材料作为大学生求职择业的敲门砖，应客观真实、重点突出，文辞简洁、个性鲜明，有的放矢、针对性强，整洁美观、形式大方，切忌面面俱到、拖泥带水，更不能弄虚作假、移花接木。又如，在面试过程中，要讲究礼仪、注重细节，既要服饰得体、举止文雅，又要态度谦虚、自信大方，以展示出大学生应有的内在素养；同时，回答问题要把握重点、切中要害，扬长避短、展现才能，条理清楚、有理有据，切忌畏畏缩缩、拘谨难耐，答非所问、自以为是。

此外，积极寻求社会支持，及时得到老师、同学和亲朋好友的关怀和帮助，也有助于缓解大学生择业心理压力和调适择业心理问题。

第十章　大学生心理咨询与心理治疗

心理咨询是大学生心理卫生工作的重要内容。它对于缓解大学生的心理危机，解决其心理困惑，促进大学生心理健康具有十分重要的作用。大学生在产生心理冲突或障碍时，除了进行自我调适外，还应积极主动地寻求心理咨询方面的帮助。

第一节　大学生心理咨询的基本原则

一、心理咨询的含义及特点

“咨询”一词在中国古代是分而言之的，最早载于《书·舜典》。其中说：“咨有十二枚。”这里的“咨”即“商量”之义。《书·舜典》又载：“询于四岳。”这里的“询”即为“询问”。因此，心理咨询就是在心理方面给人以帮助、商讨、劝告、指导的过程。

目前，心理咨询尚无统一的定义。美国心理学家罗杰斯认为，心理咨询是一个过程，在此过程中咨询人员与来访者的关系能给予后者一种安全感，使其可以从容地开放自己，甚至可以正视自己过去曾经被否认的经验，然后把这些经验融合于已经转变了的自己并进行整合。心理学家泰勒认为，咨询是一种从心理上进行帮助的活动，它集中于自我同一感的成长以及按照个人意愿进行选择和做出行动的问题。塞西尔·帕特森认为，咨询是一种人际关系，在这种关系中咨询人员提供一定的心理气氛或条件，使咨询对象发生变化，做出选择，解决自己的问题，并形成一个有责任感的独立个体，从而成为更好的人和更好的社会成员。综合各方面的意见，我们可以把心理咨询定义为：心理咨询是运用心理科学的理论与方法，通过语言、文字等交流媒介，给咨询对象以帮助、启发和教育的过程。亦即通过心理咨询帮助咨询对象分析心理不适的原因和问题的症结所在，进而寻求摆脱困境、解决问题的条件和对策，以便恢复心理平衡，增进心理健康，提高对环境的适应能力，以及促进人格发展和潜能开发。

心理咨询的对象不是典型的精神病患者，而是有教育、情感、职业等心理或行为问题的正常人。他们可以是在自我成长和发展问题上感到困惑迷茫的人，也可以是在交往、婚恋等方面产生心理纠葛的人。大学生这一特定群体所肩负的使命、心理问题的性质以及高等学校立德树人的根本任务，决定了大学生心理咨询以发展性咨询为主要内容。在针对少数学生的障碍性咨询的同时，它面向全体大学生并以教育为基本模式。

心理咨询既是一种关系，也是一个过程。这个过程具有双向性、多端性、社会性、渐进性和反复性等一系列特点。双向性是指咨询过程是咨询人员与咨询对象互相作用、相互配合的过程，并最终通过咨询对象来起作用。多端性是指人的心理结构和人的心理面貌主要由知、情、意、行组成，人的心理冲突或障碍也主要体现在这四个方面发生了偏差，心理咨询必须根据具体情况，选择最需要、最迫切的方面作为突破口。社会性是指人的心理冲突来自自身、家庭、学校及社会各个方面，心理咨询必须争取各方面的支持与配合。渐进性是指人的心理品质的形成与发展是渐进的，同样，心理危机的疏导与消除也是渐进的。心理咨询应循序渐进、由浅及深地进行而不可操之过急。反复性是指心理咨询不是一劳永逸的，期间可能会反复。因此，应重视巩固咨询成果。

二、心理咨询的历史发展

心理咨询迄今不过百余年的历史，但具有心理咨询性质的活动可上溯到两千多年以前。在中国、希腊、印度等历史悠久的国家，当人们遇到心理挫折或在精神上感到困惑的时候，常常从哲人、圣经、巫师、神父那里寻求慰藉。我国早在先秦时期的医学甚至哲学著作中就有大量的关于心理咨询和心理治疗的论述。

从世界范围来说，建立在科学理论基础上的心理咨询始于20世纪初期。1896年，韦特默在美国宾西法尼亚大学建立了世界上第一个儿童行为矫治中心，从此，心理咨询开始正式与生活实践发生了密切的联系。随着职业指导、心理测量技术和心理治疗的兴起，心理咨询才作为一门新的学科和一项新的实践而出现。1908年，美国学者弗兰克·帕森的《选择职业》一书出版，为心理咨询的诞生奠定了第一块基石。书中指出，一个人要想获得理想的职业，不仅要掌握必要的知识，不仅要对工作环境、工作条件等因素有正确的把握，而且要考虑自己的兴趣、能力、气质等心理因素。从此，西方开始了重视结合个人的心理特点的职业指导。在20世纪30年代，出现了一次大规模的职业指导浪潮。

在第一次世界大战期间，由于美国军队面临着对征募的士兵进行甄别和分类的需要，因而委托一些心理学家设计一种智力测验，以便在培训过程中识别和淘汰那些智力低下的人。1904 年，法国为对低能儿童进行特殊教育，提出要将真正智力落后的儿童从一般学生中甄别出来这一问题。为解决这一问题，心理学家比奈受法国教育局的委托与西蒙医生合作制定了智力的测量方法。1905 年，第一个比奈 - 西蒙量表出版后，引起了全世界心理学家的广泛关注。测量技术的出现也为心理咨询的发展奠定了基础。

随着社会生活的变革和理论研究的深化，尤其是第二次世界大战的爆发和三十年代经济萧条局面的缓和社会历史条件的变化，人们开始寻求在适应社会和调整情绪、改善人际关系等方面的帮助，心理咨询也超出了职业指导的范围，向更广泛的方面发展。1942年，人本主义心理学家罗杰斯出版了《咨询心理治疗》一书，这标志着现代心理咨询的开始。1954 年，美国成立了心理学会第 17 个分会——咨询心理学分会。此后，心理咨询事业迅猛发展，一些发达国家的许多社区、学校、厂矿设立了心理咨询机构，心理咨询工作者人数急剧增加，高等院校的心理系也设立了咨询心理学专业。近几十年来，心理咨询在世界各地得到了迅速发展，理论和方法不断完善，服务领域涉及人们生活的各个方面。

目前，科学技术的快速发展，带来了人们物质生活水平的提高；同时，生活节奏的加快、竞争的日益激烈和观念的更新所带来的新型人际关系使得人们的心理负荷加重，也促使人们加大了对自我精神状态的关注。这既对心理咨询提出了新的要求，也必将推动心理咨询事业的发展。

三、心理咨询的基本原则

心理咨询是一项严肃而严谨的工作，从事这一工作的专业人员必须遵循相应的基本原则和要求。其中，交友性原则、保密性原则、耐心倾听与细致询问原则、疏导抚慰与启发教育原则、审慎解答与非指示性原则等乃是最为主要的方面。

（一）交友性原则

从社会学角度看，心理咨询是一种人际交往。交友性原则就是要求咨询人员要与咨询对象交朋友，这是咨询工作顺利进行并富有成效的重要保证。

主动要求咨询的人，一般来说是在学习、工作和生活中遭到了挫折或意识到自己在心理上存在某种问题的人。一方面，他们对于咨询抱有很大的希望，相信通过咨询一定会减轻或消除自己内心的困惑和障碍，使自己恢复心理平衡；另一方面，他们又常常担心咨询人员不能诚恳接待，不能理解他们的苦衷。

为此，咨询人员应本着交友的原则，热情接待每一位来访者，尊重他们的人格，同情他们的遭遇，鼓励他们打消顾虑、畅所欲言，努力创造一种和谐、轻松的交谈气氛，使他们建立信任感。这样，当咨询对象感到咨询人员是可信赖的朋友时，就会毫无保留地吐露自己内心的烦恼与冲突，这有助于咨询人员分析烦恼与冲突形成的原因，找到症结所在。

（二）保密性原则

这是心理咨询中最重要的原则之一。它要求咨询人员保守与咨询对象的谈话内容，拒绝任何关于他们的情况的调查与采访（触犯刑法除外）以及尊重他们的合理要求，如不公开咨询对象的姓名，不能在任何场合谈论咨询对象的隐私，等等。保密性原则是鼓励咨询对象畅所欲言的心理基础，是咨询双方相互信任的重要保证和咨询成功的重要前提。同时，替咨询对象保密，也是对咨询对象的人格及隐私权的最大尊重，是社会主义伦理道德和法律的基本要求。

（三）耐心倾听与细致询问原则

心理咨询是一门科学，也是一门艺术。耐心倾听是心理咨询的重要步骤。只有做到耐心倾听，才能了解咨询对象存在的心理问题，才能找到“病灶”所在。实际上，认真听取咨询对象的诉说本身就是帮助对方宣泄情绪、减轻心理负荷的过程。咨询人员在倾听咨询对象的陈述时，不要过早地进行评论，也不要随意打断其讲话。当咨询对象吞吞吐吐、不敢直言时，应鼓励其消除顾虑。当咨询对象的诉说告一段落时，咨询人员可以提出问题，仔细询问有关细节或者未听清的某个谈话内容。只有这样，才能更好地把握咨询对象的真实情况和真实思想，有的放矢地给予其支持和帮助。

（四）疏导抚慰与启发教育原则

一个人在情绪不安或精神上遭受挫折而感到痛苦的时候，最需要别人的理解、支持与安慰。有时几句温暖人心的话语，一些同情与关怀的表示，都可能会使他们摆脱消极的情绪而重新振作起来。因此，在咨询过程中，咨询人员要对咨询对象在情绪上进行适当的疏导与抚慰，及时肯定咨询对象心态中的积极因素，鼓励他们增强信心、克服障碍。同时还应注意对咨询对象进行正面的启发和教育。因为咨询对象存在的问题，有的属于青春期心理卫生问题，有的则属于不正确的人生观、价值观、道德观、恋爱观等思想品德问题。

（五）审慎解答与非指示性原则

这一原则要求咨询人员在解答问题时应慎重、准确，而不是信口开河、草率定论。对于一些把握不准的问题，就不能给予解答。这不仅有利于其准确地找到“病灶”，进而寻求解决问题的最佳途径，而且也是对咨询对象的尊重和负责的体现。同时，心理咨询是以咨访双方相互信任关系为基础的，这种关系不是一种外部指导或灌输的关系，而是一种启发或促进内部成长的关系。心理咨询人员的任务在于与咨询对象共同分析问题的原因，寻求解决问题的方法和途径。咨询人员不能把自己的意见强加于咨询对象，更不能主观地指示咨询对象一定要怎样做或一定不能怎样做，而是在帮助咨询对象弄清存在的心理问题以及解决问题的方法和途径的基础上，由咨询对象自己进行选择。

（六）咨询、治疗和预防相结合原则

心理咨询和心理治疗虽有区别，但在本质上是一致的。咨询的过程本身就有一定的治疗意义，心理治疗也离不开必要的咨询过程。如咨询对象向咨询人员诉说心中的不快、吐露压抑的心情，本身就有“宣泄疗法”的作用。因此，心理咨询应与心理治疗结合起来。同时，对待心理疾病也要像对待生理疾病一样以预防为主，在咨询过程中，注意咨询对象的整个心理特点，及早提醒预防心理障碍的加深和可能出现的其他心理问题，及时采取措施，防患于未然。

第二节　大学生心理咨询的一般过程

一、心理咨询的形式与分类

心理咨询的范围很广，可依不同的内容、形式和角度进行分类。

根据咨询对象的人数多少，可分为个别咨询和集体咨询。个别咨询是指咨询对象单独向咨询机构提出咨询要求，由单个咨询人员与咨询对象通过面对面的交谈，给予咨询对象直接的解答、辅导、支持和帮助的一种形式；集体咨询是指咨询人员把具有同类问题的咨询对象分成若干小组或较大的群体，对其集中进行咨询、商讨和引导，从而解决心理问题的一种形式。

根据咨询的内容，可分为障碍咨询和发展咨询。障碍咨询是指对咨询对象存在的各种不同程度的心理障碍问题进行咨询和化解；发展咨询是指对希望完善自己的生涯规划、开发自己的发展潜力，以及做出更好的选择的咨询对象进行咨询与谋划。

根据咨询的途径和方式，可分为门诊咨询、电话（或网络）咨询、书信咨询、专栏咨询和现场咨询等。门诊咨询是指通过医院或咨询中心的心理门诊部进行咨询的一种形式；书信咨询是指针对咨询对象的来信所描述的情况和提出的问题，咨询人员以通信方式解疑答难、疏导教育的一种形式；电话（或网络）咨询是指利用电话通话或网络通信的交流方式，给咨询对象以解答、支持和安慰的一种形式；专栏咨询是指通过报刊、广播、电视、网站等媒介方式，对读者、听众和观众提出的典型问题进行解答的一种形式；现场咨询是指咨询人员深入学校、家庭、厂矿、农村等实际现场，对咨询对象提出的各种问题给予帮助的一种形式。

二、心理咨询的方法和手段

古人云："工欲善其事，必先利其器。"心理咨询作为一项实践活动，也有其自身的方法和手段。这些方法和手段对于咨询人员全面而准确地分析和把握咨询对象的心理问题，以帮助他们有效地解决问题，具有十分重要的意义。

所谓心理咨询的方法是指咨询人员了解、分析咨询对象的心理问题及其原因的门路、程序和途径。如观察法、个案法、问卷法、测验法、访谈法等。

观察法是通过对咨询对象的情绪、动作、语言、表情等外显行为表现的观察，有目的地了解咨询对象的心理活动，从而判断其心理问题的性质和程度的一种方法。一般来说，一个人的心理问题常常在情绪、动作、语言、表情等方面表现出一系列的"信号"。

个案法是通过收集与咨询对象有关的个案材料，以深入而系统地了解其心理特征和产生心理问题的背景的一种方法。个案材料既可以由咨询对象本人提供，也可以由其家人、学校、同学、朋友、老师等提供。其主要内容包括咨询对象的成长经历、学习情况、工作情况、交往状况、个性特征以及家庭背景等。

问卷法是通过咨询对象的书面回答来分析其心理活动和心理问题的一种方法。具体做法是，由咨询对象对特制的问卷进行逐项回答，然后收回问卷并对其整理统计、分析研究。问卷法比较简单易行，但往往信度较差，关键是要让咨询对象了解问卷的意义，并使他们在亲密、和谐的气氛中填写问卷。

测验法是通过用预先设计好的测量表对咨询对象的智力水平和个性特征的测定，以此作为分析他们心理状况的科学根据。测验的种类很多，如智力测验、性向测验、人格测验、职业测验等。

访谈法是根据事先拟定好的提纲同咨询对象进行交谈，以了解和分析其心理特点的一种方法。交谈应在轻松、和谐的气氛中进行，同时注意观察对象的言谈举止，最后做出准确的判断。

所谓心理咨询的手段是指咨询人员帮助、指导咨询对象摆脱困境，恢复心理平衡的具体方法和对策，如宣泄、移情、领悟、升华等。

宣泄是指咨询对象将心中的不良情绪和心理问题向咨询人员倾吐的过程。它是一种发泄痛苦的形式，可给人以极大的精神解脱，使人感到轻松、舒畅。因此，宣泄是人摆脱恶劣心境的必要手段，它可强化人们战胜困难的信心和勇气。宣泄也是咨询人员深入了解咨询对象的心理状况的重要条件，它可增进咨询人员对咨询对象的理解以及后者对前者的尊重，使二者建立起有效的情感沟通。同时，在宣泄过程中，无论是一种巨大的痛苦，如失恋、亲人亡故，或是某种自觉难以启齿的行为，如害怕见某人、某物、生理缺陷等，也都是对有碍于个人心身健康的不良情绪进行自我调节的过程。因此，宣泄本身可强化咨询对象对自身问题的认知，调整其应付策略，最终产生积极的心理平衡效能。

移情是指咨询人员建议、帮助咨询对象通过另外一种活动暂时避开挫折情境，转移或摆脱不良情绪的困扰和纠缠，从而淡化或驱散内心的痛苦，恢复心理平衡的过程。移情的方式可因人而异，如有的人投入大自然的怀抱，被蓝天绿水所吸引，胸中的烦恼会荡然无存；有的人陶醉在音乐的海洋里，内心的苦闷会融化于跳动的音符之中；有的人拼杀于激烈的绿茵场中，让汗水弥合心中的伤口；有的人置身于集体活动之中，让集体的温暖驱散内心的孤独；也有的人走向影院、舞厅，以此冲淡受挫后的情绪纷扰；等等。

领悟是指咨询对象在咨询人员的帮助下，全面、深刻地认识自身存在的心理问题，从而树立信心、采取有效措施、解决心理问题的过程。它常伴有深刻的认识飞跃，使咨询对象得以积极地协调自我与环境的关系，改变以往不合理的认知和消极的行为反应。因此，领悟是帮助咨询对象恢复心理平衡的关键。只有咨询对象真正领悟了自身存在的心理问题，才有可能冷静、理智地面对现实，寻求对策。

升华是指咨询人员指导咨询对象不要沉浸于心理冲突或受挫后的痛苦之中，而要以此为动力，把精力和情感导向比较崇高的目标，并使之有利于社会和自身的发展。比如，有的大学生在失恋后，不是陷于绝望的境地而不能自拔，而是将全部精力和情感转移到发奋学习中去，以淡化失恋的痛苦，寻求新的精神慰藉。

三、心理咨询的过程和步骤

正如任何事物都有一个发展的过程一样，心理咨询也遵循一定的步骤。参考国内外学者对心理咨询过程阶段的划分，心理咨询的过程及其基本步骤可表述如下。

（一）了解问题，掌握材料

这是心理咨询的第一阶段。当咨询对象登门来访的时候，咨询人员应热情接待，并简明扼要地介绍心理咨询的性质和原则，使咨询对象消除心理上的紧张与顾虑，初步建立咨访双方的相互信任关系。了解问题，掌握材料，主要是通过咨询对象的自述，了解咨询对象的基本情况以及存在的心理问题。前者包括咨询对象的年龄、性别、民族、专业、年级以及与咨询有关的社会文化背景，如家庭情况、个人经历等。后者主要是通过咨询对象的自述和必要的询问，了解其心理问题的性质、程度、持续的时间以及产生的原因等。

（二）分析诊断，把握实质

这一阶段主要是在掌握材料的基础上，进行系统思考、认真分析，从而把握咨询对象存在的心理问题的实质，弄清问题的类型、性质及严重程度，以帮助咨询对象寻求解决问题的方法和途径。在这一阶段，咨询人员必须察言观色，注意咨询对象叙述问题时的语气和表情，结合咨询对象自述的信息和材料，对其心理状况做出正确的评估。同时，还可以借助心理测量进一步分析咨询对象的心理问题。需要指出的是，心理测量是分析咨询对象心理问题的重要手段之一，但它只能提供人格特点、智力水平、心理健康程度等方面的参考信息，而不能作为心理诊断的主要依据。

（三）帮助指导，寻求对策

在全面分析咨询对象存在的问题之后，下一步就进入对解决问题的方法进行探讨的阶段。在这一阶段，咨询人员不是指示咨询对象做这做那，而是鼓励咨询对象充分发挥主观能动性，与其共同分析问题的性质，寻找问题产生的根源，共商解决问题的对策。要尽可能多地提出行动的方案，预测可能产生的结果，列举他人成功或失败的例证，使咨询对象结合自己的环境条件和个性特点，对各种方案进行选择。咨询人员要尊重咨询对象的意愿，切忌硬性规定方案。

（四）检查巩固，跟踪研究

咨询对象在经过劝导、帮助或心理治疗以后，一般都会有不同程度的改善。对此，咨询人员应给咨询对象以积极的肯定和支持，鼓励他们进一步增强战胜困难的信心。咨询对象离开咨询机构并不意味着咨询过程的彻底结束，还需要咨询人员进行追踪研究，了解咨询对象思想行为的变化，了解咨询人员的分析诊断是否正确，劝导、治疗是否合适，咨询对象是否重新适应了环境以及是否又出现了新的问题，等等。追踪研究的目的是检查、巩固咨询成果，体现对咨询对象的负责。同时，也是总结经验，提高咨询水平的需要。

第三节　大学生心理治疗的常见方法

心理治疗，或称精神治疗，其概念目前尚未完全统一。比如，美国学者沃尔培格在其《心理治疗技术》一书中认为，心理治疗是一种“治疗”工作，由治疗者运用心理的方法治疗与患者心理有关的问题，治疗者必须是经过训练的专家，用心与患者建立信任与治疗关系，以减轻其心理与精神上的症状，并使其获得人格上的成长与成熟。德国某学者认为，心理治疗是一种对行为障碍和精神痛苦状态产生影响的有意识、有计划的互相作用过程，它的实施应在同意的基础上或被认为是有必要的。《牛津精神病学辞典》（1996）认为，心理治疗是指通过沟通来处理精神疾患、行为适应不良和其他情绪问题的各种治疗形式，即一名训练有素的治疗者与患者建立起工作关系，旨在减轻症状、纠正不良行为方式，以及促进健全人格的发展。

由以上观点可知，心理治疗是双方互动的一个正式的过程，是一种治疗形式和特殊的人际沟通。它是运用语言、动作、态度、表情以及环境设置等心理学手段，对患者在认知、情感、行为等方面的障碍进行治疗、矫正的一种方法。心理治疗在理论基础、目标取向和实施过程等方面与心理咨询基本相同，但二者是两个专业领域，也存在着一些区别。

心理治疗的方法很多，这里仅介绍其中的几种。

（一）认知领悟疗法

认知领悟疗法是通过解释、开导，使患者对其病因有所领悟，从而使症状得到缓解或消失的一种心理疗法。这一疗法由中国心理治疗专家钟友彬首创，其治疗原理是把无意识的心理活动变成有意识的，使患者真正认识到症状的意义，并得到领悟，症状即可消失。由于这种心理疗法是通过患者对自身病因的领悟而奏效的，因而对于智能低下、缺乏领悟能力以及坚信病因不在自身内心冲突的人，很难奏效。

认知领悟疗法主要适用于强迫症、恐怖症等。此疗法采取直接全面交谈的方式。初次会谈由患者自述症状产生和发展的历史以及症状的具体内容，治疗者可依患者情况进行初步解释，说明病是可治的，鼓励患者树立信心，勇敢地面对问题。在以后的会谈中，可咨询患者的阅历及有关背景，与患者一起分析症状的性质、根源以及症状的幼稚性和不符合成人逻辑规律的感情和行为，使患者真正领悟到自己的某些想法和做法是幼稚的，甚至是荒唐可笑的，从而改变自己原先的认知和行为。

（二）系统脱敏疗法

系统脱敏疗法又称交互抑制法，是由美国学者沃尔帕创立的。它是通过循序渐进的过程逐步消除焦虑、恐怖及其他恐惧反应的一种行为疗法。这种方法是根据条件反射学说中关于刺激的类化、增强与消退等原理，设计一种可以同时使个体产生两种对抗反应的情境，并使其中的一种逐步增强，而使另一种逐步消退，以达到治疗的目的。

系统脱敏疗法的具体步骤如下：第一步，将患者的焦虑、恐惧反应按照频率、时间和反应程度按由弱到强的次序排列，确定焦虑、恐惧的等级；第二步，帮助患者学会运用放松方法，以抑制焦虑或恐惧反应；第三步，按焦虑、恐惧等级逐渐加强引起焦虑、恐惧反应的刺激强度，同时要求患者放松，使患者逐步适应引起焦虑、恐惧的情境，从而逐渐达到治疗的目的。

系统脱敏疗法对害怕某种客体或情境的患者有特别明显的效果。

（三）支持疗法

支持疗法是通过在精神上给患者以不同形式和不同程度的劝导、启发、同情、鼓励、支持等，帮助和指导患者分析、认识自己所面临的问题。这种疗法的实施一般以治疗者为主导，给予患者各种建议并协助其改变自己对一些问题的态度和行为方式，以缓和、减轻以至消除其心理障碍和心理疾病。

支持疗法多用于某些短暂的挫折、环境的严重压力、紧张刺激，以及其他灾难所导致的心理冲突或心理疾患，并在心理上需要一种权威性支持的患者。支持疗法的重心是治疗者用自己的知识经验帮助患者分析面临的问题，挖掘自身的潜力，增强战胜困难的信心和勇气，从而度过心理危机。

支持疗法的主要方式有：①悉听倾诉，即引导患者将压抑的体验、生活中的矛盾、不满、委曲等倾诉出来，从而使其消极情绪得到缓解；②支持鼓励，即给患者以同情和关心，鼓励他们振作精神、增强信心，指导他们提出解决问题的办法和途径；③分析提示，即在支持鼓励的基础上，进一步帮助患者分析问题的性质和根源，找到解决问题的具体方法；④调整行为，即有些人的心理问题是由于缺乏自控能力或者行为不当造成的，遇到这种情况就需要使他们调整自己的行为，以改变现有的处境。

（四）森田疗法

森田疗法是日本精神病学家森田正马根据他对神经症的研究，而创立的一种具有独特见解的心理治疗方法。该疗法认为，强迫症之类的神经症主要是由于患者对人、对己、对事过分敏感所致的。这类患者的求生欲很强，也具有一定的自知力，常为自己的身体健康、精神安宁和生命安全担忧，因此常常把一些躯体和精神方面的日常变化，如偶然头痛、腹胀不适、心跳、失眠，甚至梳头掉发等误认为是病理现象，并进而产生恐惧、紧张、焦虑等消极情绪。而这些消极情绪反过来又强化了上述主观感受，结果形成恶性循环。森田称这种状况为精神交互作用。

森田疗法的要点在于：提倡“保持原状”，主张“听其自然”“不以为意”，达到心理的“自然活动，无所居心”。森田肯定地指出，对神经症的治疗，听其自然好了，听其自然以外没有别的办法，必须听其自然。也就是要做到“三不”，即不害怕、不理睬、不对抗。不害怕，就是要消除患者各种脱离实际、毫无根据的恐惧心理，从而缓解紧张情绪，树立战胜疾病的信心；不理睬，就是不去注意、体验那些症状，也不谈论和听别人谈论症状，患者要带着症状，甚至不适、痛苦去从事正常的学习、工作和生活；不对抗，就是不要去抗争和企图排斥这些症状，而要任凭它出生，完全接受这些症状，做到“忍受痛苦，为所当为”。如果患者真正做到了这“三不”，症状就会很快缓解。

森田疗法对于强迫症、恐怖症、焦虑症、神经衰弱等神经症疗效显著，但关键在于患者要采取积极的态度，与医生密切配合。

（五）音乐疗法

音乐疗法在我国古代就有记载。随着社会的进步、科学的发展，音乐对人的身心健康的影响和作用，越来越受到各界人士的关注和重视。音乐疗法在不少国家已经盛行，如在美国就设有四年制的音乐治疗大学，以培养音乐治疗的专科医生；在日本还出现了商业性的音乐治疗中心。目前我国的一些医院、高校也相继建立了音乐治疗室。

音乐对于人的身心影响和作用是通过生理和心理两个方面来实现的。一方面，音乐声波的频率和声压会引起人生理上的反应。音乐的频率、节奏和有规律的声波振动是一种物理能量，而适度的物理能量会引起人体组织细胞发生和谐共振现象，能使颅腔、胸腔或某一个组织产生共振，这种声波引起的共振现象会直接影响人的脑电波、心律、呼吸节奏等。科学家认为，当人处在优美悦耳的音乐环境之中时，人体的神经系统、心血管系统、内分泌系统和消化系统的功能可以得到改善，从而分泌出一种有利于身体健康的活性物质，其可调节人体内血管的流量和神经传导。另一方面，音乐声波的频率和声压会引起人的心理上的反应。良性的音乐能提高大脑皮层的兴奋性，可以改善人们的情绪，激发人们的情感，陶冶人们的情操，振奋人们的精神。同时，有助于消除心理、社会因素所造成的紧张、焦虑、忧郁、恐怖等不良的心理状态，提高应激能力。

在进行音乐治疗时，我们要根据患者的症状性质、情绪状态、性别、年龄、文化修养、欣赏水准等来选择不同节奏、曲调、旋律的音乐。比如：情绪忧郁的患者以倾听“忧郁感”的音乐为好，如莫扎特的《第40交响曲（b小调）》、西贝柳斯的《忧郁圆舞曲》、格什文的《蓝色狂想曲》等；性情急躁的患者宜听节奏缓慢、让人思考的乐曲，如一些古典交响乐曲的慢板部分；受惊或不安的患者可听一些柔和、轻松的乐曲，如巴赫的《幻想曲和赋曲（G小调）》、圣桑的交响诗《死亡舞曲》以及中国的《塞上曲》《春江花月夜》等；悲观、消极、厌世的患者应多听宏伟、粗犷和令人振奋的音乐，如贝多芬的《第五“命运”交响曲（c小调）》、柴可夫斯基的《第六“悲怆”交响曲（D小调）》等；失眠的患者可常听节奏徐缓与和声悦耳的音乐，如莫扎特的《摇篮曲》、门德尔松的《仲夏夜之梦》和中国的《二泉映月》《平湖秋月》等。

总之，音乐疗法就是在特定的环境气氛和特定的乐曲旋律、节奏中，使患者在心理上产生自我调节作用，从而达到治疗的目的。

此外，心理治疗还有暗示疗法、生物反馈疗法、催眠疗法、气功疗法、暴露疗法、厌恶疗法等。

参考文献

[1] 边和平 . 大学生心理卫生概论 [M]. 徐州：中国矿业大学出版社，1995.

[2] 边和平 . 大学生挫折心理辅导与教育 [M]. 上海：上海交通大学出版社，2017.

[3] 中国大百科全书（心理学卷）[M]. 北京：中国大百科全书出版社，1991.

[4] 张伯源 . 变态心理学 [M]. 北京：北京大学出版社，2005.

[5] 马建青 . 大学生心理卫生 [M]. 2 版 . 杭州：浙江大学出版社，2003.

[6] 教育部思想政治工作司 . 大学生心理健康教育读本 [M]. 北京：高等教育出版社，2007.

[7] 易法建 . 心理医生 [M]. 重庆：重庆大学出版社，1996.

[8] 蒋敏，黄军利，范韶维 . 大学生心理健康教育 [M]. 徐州：中国矿业大学出版社，2012.

[9] 季建林 . 医学心理学（第 3 版）[M]. 上海：复旦大学出版社，2001.

[10] 王以仁等 . 教师心理卫生 [M]. 北京：中国轻工业出版社，1999.

[11] 张小乔 . 心理咨询治疗与测验 [M]. 北京：中国人民大学出版社，1993.

[12] 梅青海 . 心理治疗方法 [M]. 北京：人民军医出版社，1992.

[13] 埃米尔・迪尔凯姆 . 自杀论 [M]. 北京：商务印书馆，1996.

后 记

2018年7月，中共教育部党组印发的《高等学校学生心理健康教育指导纲要》明确指出，心理健康教育是提高大学生心理素质、促进其身心健康和谐发展的教育，是高校人才培养体系的重要组成部分，也是高校思想政治工作的重要内容。随着科学技术的日新月异和国际国内形势的深刻变化，人们在物质生活水平不断提高的同时，心理上的负荷与危机也在日益增加。正值青春期中期的大学生，作为社会中的一个特殊群体，更是处在任务繁重、困扰多出的时期。他们在心理上不仅面对来自外界的各种压力，也承受着自身内部的诸多问题。如何全面贯彻党的教育方针，坚持育心与育德相结合，着力培育大学生理性平和、积极向上的健康心态，促进心理健康素质与思想道德素质、科学文化素质协调发展，是高等学校立德树人这一根本任务的应有之义，也是大学生自身健康成长的期待与诉求。

本书以党和国家关于大学生心理健康教育的一系列重要指示精神为指导，以塑造大学生健全人格、促进大学生健康成长为主旨，根据目前我国建立社会主义市场经济新体制的客观要求和大学生心理卫生现状，阐述了大学生心理卫生的基本理论，并针对大学生普遍在学习、交往、性爱、择业等方面存在的心理困扰与问题进行分析，并提出了具体的调适途径和方法。

本书由中国矿业大学边和平教授策划、拟定、编写大纲，盐城工学院陈小玲（第一、二、三、七、八章）和徐州医科大学袁子桐（第四、五、六、九、十章）共同编著。在本书撰写过程中，参阅并汲取了许多国内外专家、学者的研究成果。为了表示对作者的尊重和感谢，书后列出了参考书目。尽管作者主观上已尽全力，但因学识、水平所限，不足之处在所难免，诚恳地期望有关专家、同行和广大读者给予批评、指正。

本书的出版得到了有关领导、同行的热情鼓励，吉林大学出版社给予了大力支持。在此一并深表谢忱！